dtv

Was erwarten sich Frauen von ihrer persönlichen Zukunft? Wie wird der Alltag berufstätiger Mütter aussehen? Welche Karrierechancen werden Frauen künftig haben? Wie wird es um die Institution der Ehe stehen? Und welche Trends werden die wichtigsten Frauenthemen – Karriere, Partnerschaft, Familie – beeinflussen? Uschi Fellner erläutert nicht nur die zukünftigen Entwicklungen, sondern auch die Strategien, mittels derer Frauen diese Trends erfolgreich für sich nutzen können. „In diesem Buch finden Sie handfeste Antworten – und zwar von den Betroffenen selbst. Denn wer könnte die weibliche Zukunft besser skizzieren, wer könnte sie besser erzählen und anderen Frauen (und Männern und Kindern) begreifbar machen als die Frauen selbst?" (Uschi Fellner)

Uschi Fellner, geboren 1962 in Wien, begann ihre journalistische Karriere 1982. 1992 gründete sie gemeinsam mit ihrem Ehemann das Wochenmagazin ‚News', wo sie als stellvertretende Chefredakteurin tätig ist. Ihre beiden Kinder waren Anstoß für ihr Buch ‚Wir Rabenmütter' (1994). Weitere Buchveröffentlichungen: ‚Die kleinen Tricks der Klassefrauen' (1993) und ‚Klassefrauen' (1996).

Uschi Fellner

Die Zukunftsfrau

Leben, Liebe, Arbeit im 21. Jahrhundert

Deutscher Taschenbuch Verlag

Ungekürzte Ausgabe
September 1998
Deutscher Taschenbuch Verlag GmbH & Co. KG, München

ISBN 3-7015-0353-0
Umschlagkonzept: Balk & Brumshagen
Umschlagfoto: © Stefan Schütz
Gesamtherstellung: C. H. Beck'sche Buchdruckerei, Nördlingen
Gedruckt auf säurefreiem, chlorfrei gebleichtem Papier
Printed in Germany · ISBN 3-423-36082-8

Inhalt

Vorwort

Geht es Ihnen auch manchmal so? Sie plaudern mit einer anderen Frau und merken plötzlich, daß Ihre Gesprächspartnerin im Alltag offenbar mit den gleichen Problemen wie Sie selbst konfrontiert ist.
Oder Sie unterhalten sich mit einem Bürokollegen und schließen aus seinen Erzählungen, daß seine berufstätige Lebensgefährtin ein schlechtes Gewissen gegenüber ihren Kindern hat. Ein Zustand, der Ihnen selbst vertraut ist . . .
Oder Sie stürmen drei Minuten und 25 Sekunden vor Ladenschluß in den Supermarkt und registrieren mit einer gewissen Befriedigung, daß außer Ihnen noch ein Dutzend andere Frauen zur selben Zeit das selbe Problem hat: nämlich binnen drei Minuten und nunmehr nur noch 15 Sekunden die Zutaten für eine kreative Nachtmahlzeit zusammenstellen zu müssen (sie finden sich samt praktischer Zubereitungsanleitung im Gang mit der Tiefkühltruhe).
Sie und ich und Millionen andere Frauen haben ähnliche Wünsche (mehr Zeit?), Ziele (mehr Lebensqualität?), Vorstellungen (Traummann? Traumkinder? Traumberuf? Traumfigur?) und Sorgen. Und zwar unabhängig von der jeweiligen Lebenssituation. Und noch etwas eint uns, abgesehen von der wenig existentiellen Frage der Abendessenzubereitung: die Tatsache, daß wir neben einer tadellos kernigen Pasta auch das Kunststück zuwege bringen, Familienmutter und Alltagsorganisatorin zu sein; energiegeladene Berufstätige und verständnisvolle Partnerin zu sein; berufstätige Mutter und gelegentlich erschöpfte Nicht-Vorzeigefrau zu sein, oder – bingo! – alles in einer Person zu sein.
Die meisten unter uns entsprechen einem Typ, den ich als „Marathonfrau" bezeichne (sie ist ab Seite 22 ganz genau beschrieben). Diese kennt den Begriff „Sport" zwar möglicherweise nur vom Hörensagen (mangels Zeit und Muße, was die Ausübung betrifft), zieht aber ähnlich einer Marathonläuferin mit respektgebietender Energie ihre Bahnen: Marathonfrauen erziehen Kinder, klettern unermüdlich die Karriereleiter nach oben, sind ihren Männern starke Partnerinnen, fangen – wenn

sie übers persönliche Ziel hinausgeschossen oder es verfehlt haben – manchmal ganz von vorne wieder an.
Und sie sind allgegenwärtig.
Daraus ergibt sich: Die aktuelle Lage der (Marathon-)Frauen ist zum Medienthema des Jahrzehnts avanciert, die Frage nach der weiblichen Zukunft ist zum Mittelpunkt für unzählige Statistiken und Spekulationen geworden. Ist es für Frauen wirklich erstrebenswert, sich zwischen Kindern, Küche und Karriere-Job aufzureiben? Ist der Wunsch nach beruflicher Selbstverwirklichung bereits so ausgeprägt wie der nach einer glücklichen Familie? Und wie wollen Frauen es künftig anstellen, allen Anforderungen gerecht zu werden, ohne den Verlust ihres persönlichen Gleichgewichts zu riskieren?
In diesem Buch finden Sie handfeste Antworten – und zwar von den Betroffenen selbst. Denn wer könnte die weibliche Zukunft besser skizzieren, wer könnte sie besser erzählen und anderen Frauen (und Männern und Kindern) begreifbarer machen, als die Frauen selbst?
In den folgenden Kapiteln werden Sie Aufschlußreiches über Ihre Geschlechtsgenossinnen erfahren – und damit auch über Ihre eigene Zukunft. Sie werden eine Menge über den Alltag, die Probleme und die Wünsche anderer Frauen erfahren – und in manchen Erzählungen bestimmt auch Ihre eigene Situation wiederfinden.
Sie werden nachher wissen, wohin der weibliche Weg in Zukunft führt – und viele Anregungen, Gedankenanstöße und konkrete Tips für Ihre eigene Zukunft finden.
Und lassen Sie mich Ihnen versichern: Die wird spannend . . .

Die Basis des Buches:
Die Lebenssituation von 10.000 Frauen

So kamen die aktuellen Zahlen und Zukunftsprognosen zustande
Die Frauenumfrage, die für dieses Buch die Basis bildet, wurde von mir gemeinsam mit dem Wochenmagazin NEWS durchgeführt. Das angeführte Datenmaterial wurde durch einen ausführlichen Fragebogen ermittelt, der die aktuelle Situation und die Zukunftsvorstellungen der Leserinnen bezüglich Karriere, Familie und persönliche Entwicklung erhob.
Von den insgesamt 25.000 ausgefüllten Fragebögen wurden 10.000 für die Statistik ausgewertet (die Auswertungen, Analysen und die sich daraus ergebenden Prognosen erfolgten im Wiener Institut für Angewandte Tiefenpsychologie, unter der Leitung von Dr. Walter Hoffmann).

Diese Zielgruppe wurde erhoben
Die persönlichen Daten der 10.000 Frauen, deren ausgefüllte Fragebögen ausgewertet wurden, setzen sich folgendermaßen zusammen:

Das Alter
49 Prozent . . . zwischen 31 und 49 Jahre alt
46 Prozent . . . unter 31
5 Prozent . . . über 49

Der Familienstand
52 Prozent . . . verheiratet oder in fester Lebensgemeinschaft
35 Prozent . . . derzeit ohne Partner bzw. ledig
12 Prozent . . . geschieden
1 Prozent . . . verwitwet bzw. ohne Angaben

Die Ausbildung
38 Prozent . . . Maturaabschluß/Abitur
14 Prozent . . . abgeschlossenes Studium
26 Prozent . . . Fachschule (ohne Matura/Abitur)
20 Prozent . . . abgeschlossene Lehre
2 Prozent . . . Pflichtschulabschluß

Die berufliche Situation

52 Prozent . . . Angestelltenverhältnis
13 Prozent . . . Beamtinnen
9 Prozent . . . Studentinnen
7 Prozent . . . Freiberuflerinnen/Unternehmerinnen
10 Prozent . . . derzeit zu Hause

Die Einkommenssituation

6 Prozent . . . monatlich über 4.500 DM
19 Prozent . . . monatlich bis 4.500 DM
46 Prozent . . . monatlich bis 3.000 DM
17 Prozent . . . monatlich bis 2.000 DM
12 Prozent . . . darunter bzw. unterschiedliches Einkommen (unter diese Gruppe fallen auch Studentinnen und Hausfrauen)

Der Zukunftsreport

Alltag im Jahr 2015:
Wie Sie und ich ihn erleben könnten

Haben Sie heute schon geträumt?
Falls nicht, lassen Sie sich in folgendes futuristisches Szenario entführen:
Es ist ein ganz normaler Donnerstag, 16 Uhr nachmittags, irgendwann im Jahr 2015. Sie arbeiten – wie etwa 70 Prozent aller berufstätigen Mütter mit kleinen Kindern – via Computer von zu Hause aus. Ihr Job macht Ihnen Spaß: Sie sind, angenommen, Ernährungsberaterin. Und erstellen im Auftrag des Sozialministeriums gerade ein Health-food-Konzept für die regionale Selbsthilfegruppe der anonymen Workaholics – jener Vereinigung, in der bedauernswerte Unentbehrlichkeitsfanatiker von Lebensqualitätstherapeuten entstreßt werden.
Seit drei Stunden sitzen Sie vor dem 3-D-Bildschirm in Ihrem Heimbüro, nebenan in der Küche programmiert Ihre Hausangestellte – deren Gehalt Sie zu 50 Prozent von der Steuer absetzen können – den Kaloriencomputer. Er listet auf, welches Familienmitglied beim abendlichen Gemeinschaftsdinner (ein exotisches Ritual, auf das der sentimentale Urmensch in Ihnen gelegentlich drängt) welche Kalorienzufuhr benötigt.
Gleichzeitig läßt sich Ihre Perle via Küchenbildschirm über die im Tiefkühler befindlichen „Versace-Gourmet"-Menüs informieren (die Firma des Ex-Modegurus hat sich erfolgreich auf das Produzieren vitaminreicher Instantspeisen verlegt), die per Fernbedienung aufgetaut, durch eine unter Putz verlegte Küchenröhre befördert und auf Tellern plaziert werden können. Da für heute abend Gäste erwartet werden, tippt die Angestellte Code Nr. 5 in den Küchencomputer. Was bedeutet: Die Speisen werden auf gefälligen Plexiglastellern von Chanel angerichtet.

Apropos: Die einstige Luxusmodemarke wurde von einem US-Konzern aufgekauft und stellt nun ausschließlich Nützliches für den Hausgebrauch her. Ein Plexiglasservice von Chanel zählt praktisch zu den Standards jedes gut sortierten Haushaltes. Sie haben es von Ihrer Mutter zur Hochzeit bekommen. Da es erst Ihre dritte Hochzeit war, fehlen noch die Moccatassen. Mama hat sie Ihnen für die allfällige nächste Trauung fix zugesagt.
Beim täglichen Routineblick in die aktuellen Home-shopping-Bildschirmseiten stach Ihnen kürzlich auch ein von Chanel-Chef-Createur Karl Lagerhaus (der rüstige Designergreis wurde von der neuen Geschäftsleitung umbenannt und avancierte zum Generalbevollmächtigen der Chanel-Hartwaren-Erzeugung) entworfener Toilettensitz ins Auge. Sie haben Ihrem aktuellen Ehemann signalisiert, daß Sie ihn gerne zum dritten Hochzeitstag geschenkt bekämen.
Vorsichtshalber haben Sie den Wunsch auch als originelle Präsentidee gegenüber Ihrem geschiedenen Mann erwähnt, der mit seinem neuen Ehepartner Knut (liberale Gesetze haben die Homosexuellenehe kürzlich legalisiert) und den adoptierten Zwillingen aus Nicaragua ohnehin zu Ihrer Geburtstagsfeier kommen wollte.
Sie feiern übrigens gerne mit Ihren Lieben, den aktuellen wie den verflossenen. Alle Beteiligten haben sich im Sinne der zahlreichen, aus alten und neuen Beziehungen eingebrachten Kinder miteinander arrangiert. Freilich hat sich so mancher Familienbegleiter – so die Bezeichnung für therapeutisch geschultes Fachpersonal, das zwischen Ex- und neuen Paaren samt Anhang vermittelt – an Ihrer Patchwork-Sippe eine goldene Nase verdient.
Das automatische Warnsystem auf Ihrem Bildschirm beginnt zu blinken. Und meldet: „Ihre Kreativitätsphase ist auf dem Tiefpunkt. Legen Sie 40 Minuten Arbeitspause ein, nehmen Sie einen Imbiß, und absolvieren Sie Ihr persönliches Workout-Programm. Anleitung siehe Seite 1287 auf dem Bildschirm."
Der automatisch nachfüllbaren Instant-food-Bar in Ihrem Home-Office entnehmen Sie ein Brainfood-Yoghurt mit Va-

nillearoma. Nur sechs Kalorien und durch die Mischung aus Aminosäuren und Makromolekülen äußerst konzentrationsfördernd. Auf das vom Computer empfohlene Workout verzichten Sie, obwohl der individuell nach Ihren Körpermaßen entworfene Fitneßmaster im Health-Room nebenan seiner Benützung harrt. Wird er länger als zwei Tage nicht frequentiert, blinken auf der vollautomatisierten Körperwaage in Ihrem Wohnbad rote Warnlämpchen auf. Die Waage müssen Sie betreten, ob Sie wollen oder nicht. Sie ist in den Boden, der zur Toilette führt (leider noch ohne Lagerhaus-Sitz) eingebaut und meldet mittels Computerstimme automatisch das Gewicht jener Person, die darüberspaziert.
Der Fitneßmaster ist an und für sich ja eine feine Sache: Mit diesem Gerät können Sie auf Knopfdruck einzelne Muskelpartien stimulieren, ohne daß Sie sich bewegen müssen. Ein 3-D-Fernsehschirm samt Pay-per-view-Decoder (auf dem Sie rund um die Uhr Ihr persönliches Wunschprogramm – Nachrichten, Style-News, Filme, Kultur etc. – auswählen können) und darauf montierte Bildtelefone sorgen für Kurzweil während des Trainings.
Der angeschlossene Minicomputer listet nach absolvierter Muskelarbeit dann auf, was Sie sich als Belohnung an Extraleckereien gönnen dürfen (drei Kekse mit Cappuccinogeschmack aus Versaces neuer Snack-Linie „Fit over Fifty").
Sie sind sich allerdings nicht mehr ganz sicher, ob Ihre über den Tag verteilten 10-Minuten-Trainingseinheiten zur Erhaltung eines straffen Leibes wirklich noch zeitgemäß sind.
Zwar sind Ihre Jugenderinnerungen vom disziplinierten Geist der Fitneßgesellschaft geprägt, doch die Zeiten sind lockerer geworden. Der schon seit Jahren propagierte Megatrend heißt „New Romantic", und ein wesentlicher Faktor dieser auf Natürlichkeit und esoterischem Urwissen basierenden Bewegung ist die Kultivierung des Unvollkommenen.
Statt wie im ausgehenden 20. Jahrhundert Models über Laufstege zu jagen, deren Proportionen ungleich geringer als ihre Honorare waren, lassen die Designer nun ganz normale Menschen mit ganz normalen Figuren auf den abrufbaren Style-Programmen der Bildschirme flanieren. Das hat den Vorteil,

daß jeder Betrachter in die gezeigten Kleider durch simplen Mouseklick seine eigene (oft bedeutend bessere) Figur einprojizieren kann.

Auch Ihre 15jährige, einigermaßen dralle Tochter hat Sie schon wiederholt der Lächerlichkeit geziehen. Nur Sentimentalos, sagt sie, kultivieren heutzutage noch die Knackiform der Modeldinosaurier von einst (wie hießen die doch gleich?). Angesagt sei selbstbewußt zur Schau gestellter Wildwuchs. Damit haben Sie noch Ihre Probleme.

Um derlei zu überdenken, fehlt jetzt aber die Muße, denn eine froh klingende Computerstimme meldet aus dem Off: „Sie haben noch 30 Minuten Zeit, um Moses vom Kindergarten abzuholen."

Ihr Jüngster, Moses (biblische Namen sind ausgesprochen angesagt, und nur deklarierte Angehörige sozialer Randgruppen beharren trotzig auf Chantal oder Patrick), besucht die „Krabbelgruppe für Frühbegabte von Müttern über 50" in der Nachbarschaft. Sie haben ihn erst mit 51 Jahren bekommen, was durch die vorher absolvierte Hormonkur kein Problem war. Und schließlich ist Ihr derzeitiger Mann erst 34 und hat im Kinderzeugungsvertrag, ohne den zurechnungsfähige Frauen keine Schwangerschaft mehr eingehen, unterzeichnet, für die tägliche Routinearbeit bis zum zehnten Lebensjahr des Knaben zuständig zu sein (dann muß neu verhandelt werden). Vernachlässigt er seine Vaterpflichten, drohen ihm – geht es hart auf hart – bis zu fünf Jahren Knast.

Sie sehen das aber, wie die meisten Mütter in Ihrer Umgebung, nicht so streng. Und außerdem ist Ihr Mann, so wie meistens, gar nicht da. Zwar hätte er seit Einführung der Viertagewoche heute frei, aber davon profitieren nur seine Angestellten. Als selbständiger Meteorologe, der unter anderem zahlreiche TV-Wetterkanäle und Radiostationen im Umkreis mit Prognosen beliefert, liegt sein Einkommen dafür deutlich über dem Durchschnitt.

Sie drücken also selbst auf die Taste des Bildtelefons vor Ihrem Computer und lassen sich mit dem Kinderzustellservice der Krabbelgruppe verbinden. Eine praktische Einrichtung: Gegen geringe Gebühr wird der Knirps von geschulten Betreuern bis vor die Haustür geliefert. Zwar gibt es immer noch nicht genügend staatliche Kindergartenplätze: Seit die Heimcomputer-Erwerbstätigkeit überhandnimmt, haben Politiker ein fadenscheiniges Argument mehr gegen deren Errichtung. Doch private Unternehmen haben längst die Marktlücke erkannt und einen flächendeckenden Kinderbetreuungsservice geschaffen.

Ihr Bildtelefon klingelt, Ihr Mann ist dran. Er flog in der Früh nach New York – was dank der neuen Dreifach-Schallgeschwindigkeitsmaschinen jetzt ein gemütlicher Tagesausflug ist –, doch der Retourflieger hat Verspätung. Er kann nicht wie vereinbart um 21 Uhr zum Dinner kommen, wird sich per Welt-Handy mit angeschlossenem Reisemodem aber via Bildschirm in die Familienrunde einklicken. Zumindest zum „Hallo"-Sagen.

Ihr zwölfjähriger Sohn ruft an, er hat vor, heute bis 20 Uhr in der Schule zu bleiben. Dafür braucht er am nächsten Tag erst nachmittags zum Unterricht zu erscheinen: Dank gleitender Lernzeit darf sich jedes Kind ab zehn Jahren seine Unterrichtsstunden frei einteilen.

Sie beschließen, heute nichts mehr zu arbeiten. Und den Rest des Nachmittags in der Karibik zu verbringen. Nicht persönlich natürlich, sondern geistig mittels Cyberbrille. Einmal übergestülpt, vermittelt sie Ihnen jedes gewünschte Ambiente: vom Shopping-Erlebnis in Mailand (selbstverständlich kann gewünschte Ware per Computer geordert werden) bis zum Trekking in Nepal. Nach Anstrengung steht Ihnen aber nicht der Sinn: Sie wollen zwei Stunden lang den karibischen Müßiggang pflegen. Ein bißchen Meeresrauschen am Strand von St. Barth wird Ihnen jetzt wohltun. Geistig konsumierter Banana-Daiquiri inbegriffen.

Auf dem Weg zur Cyberothek im Family-Room – das kleinste Zimmer des Hauses, da jedes Familienmitglied selbstverständlich über großzügig bemessene Privaträumlichkeiten samt Individualbad verfügt – kommen Sie am Trakt Ihrer Tochter vorbei. Sie schauen kurz hinein. Auf dem Bett ihrer von reinem Gebirgswasser umspülten und nur durch kleine Holzstege erreichbaren Schlafzimmerinsel (der letzte Schrei

in neuromantischen Hardcore-Kreisen) liegt die Fernbedienung ihres persönlichen Breitband-Leinwand-TV-Gerätes.
Um sich jugendkulturmäßig auf den letzten Stand zu bringen, rufen Sie auf dem mit der Leinwand verbundenen Internet-Anschluß die neueste Ausgabe von „Maria", dem Magazin für die moderne 16jährige, auf. Und stellen fest, daß Ihre Tochter, neben gezählten zwölf New-Romantic-Magazinen, auch schon „Magdalena", das Magazin für die moderne 17jährige, abonniert hat.
Keine Frage, auf wessen Kosten. Derzeit aber noch vier Wochen auf Probe.
Sie zappen sich durch die Zeitungsmeldungen, alle auf Wunsch 3-D-bebildert.
Eine üppig dimensionierte Mittvierzigerin schiebt sich ins Bild. Claudia Schiffer. Sie ist, so lesen Sie, mitsamt ihrer Großfamilie – fünf Kinder, zwei Exmänner und eine fixe Geliebte – nach New Mexico übersiedelt. Dort will sie weitere Bücher über die Wirkung der Planeten auf das Paarungsverhalten der Kriechtiere verfassen.
Sie erinnern sich: Schiffers jüngstes Werk „Mars macht senil" wurde zum Politbestseller bei Anhängern der Grüngruppierung „Recht der Larve auf beide Maden".
Ex-Popdiva Madonna, ehrenamtliche Präsidentin des amerikanischen Gehörlosenverbandes und so fettleibig, daß es schon wieder exzentrisch anmutet, ist ebenfalls eine Meldung wert: Sie wurde von der neuen US-Präsidentin Demi Moore (einer Ex-Schauspielerin, die vor Jahren ihre Silikonbrustfüllungen karitativ versteigern ließ und zur Symbolfigur der selbstbewußten Neuen Romantikerin aufstieg) ins Weiße Haus zum Ladies' Lunch gebeten. Zur Vorspeise soll jene Köstlichkeit gereicht werden, die derzeit in Gourmetlokalen von Paris bis Wanne-Eickel als Insidertip gilt: Schweinskopfsülze nach Home-Managerinnen-Art (seit Home-Managerinnen ein kleines Gehalt vom Staat beziehen, ist ihr Status bis in die Gourmetküchen vorgedrungen).
Hier, unter „Lifestyle-Tendenzen", eine Nachricht, die Ihr Interesse weckt: Der Weltverband der Soziologen hat eine Studie veröffentlicht, die Verwirrendes birgt. Sie lesen: Die euro-

päischen Einpersonenhaushalte sind in den letzten 15 Jahren auf fast 50 Prozent angewachsen, Familien machen nicht einmal mehr ein Viertel aller Haushalte aus. Ausschlaggebend dafür sei Bindungsangst sowie die Unfähigkeit der Menschen, sich in einer multimedial bestimmten Welt aufeinander intensiver einzulassen.
Zuletzt zitiert die Studie ein Befragung von 10.000 Jugendlichen über ihre Zukunftswünsche: 80 Prozent der Befragten, so registrieren Sie mit wachsendem Staunen, träumen davon, eine aus Vater, Mutter, Kindern bestehende Kleinfamilie vergangener Tage zu gründen.
Das vorherrschende, von den meisten Eltern umgesetzte Konzept der Lebensabschnittspartner stößt bei der Mehrheit der Jugendlichen auf Ablehnung.
Lebenslange Treue, ein gemütliches Heim mit Kindern, regelmäßige, echte Urlaubsreisen (anstelle von Cybertouristik) stehen auf der Jugendwunschliste ganz oben.
Sie schalten den Bildschirm aus.
Ja, die Kinder. Rührend, wie sich grenzenlose Naivität über die Generationen vererbt.

Ab Seite 275 ff. finden Sie einen ausführlichen Test, der Ihnen verrät, wie sich Ihre persönliche Zukunft entwickeln könnte. Und wo Sie in etwa 20 Jahren stehen.

Die im Text genannten technischen Innovationen und die gesellschaftlichen Entwicklungen sind Prognosen aus folgenden Veröffentlichungen: „Megameda Shakeout" von Kevin Maney. „Clicking" von Faith Popcorn. „Megatrends Women" von Patricia Aburdene/John Naisbitt. Delphi-Bericht des Deutschen Bundesforschungsministeriums. „Trends 2015" von Gerken/Konitzer. „Trendbuch 2" von Matthias Horx.
Einzelne Prognosen im Kindererziehungs-, Fitneß- und Foodbereich beruhen (derzeit noch) auf dem Wunschdenken der Autorin, sind aber im Bereich des Möglichen.

Was Frauen von ihrer Zukunft erwarten

So denken Frauen über ihre Zukunft (ausgewertet wurde ein Sample von 10.000 Antworten).

Welche Beziehungsform wird sich Ihrer Meinung nach künftig durchsetzen?

die traditionelle Form der Ehe	55%
offene Partnerschaften mit wechselnden Beziehungen nebenbei	25%
Single mit wechselnden Beziehungen	20%

Trotzdem die Institution der Ehe, wie die steigenden Scheidungszahlen beweisen, in der Krise steckt: Die Mehrheit der Frauen gibt dem traditionellen Ehemodell die meisten Zukunftschancen.
Und: Trotzdem die klassische heterosexuelle Zweierbeziehung scheinbar ihr Monopol verliert – jede dritte verheiratete Frau hat oder hatte, der einschlägigen Statistik nach, ein außereheliches Verhältnis (siehe auch „Der Partnerschaftsreport" ab Seite 69) –, ist die monogame Beziehung nach wie vor das Ideal:
52% der Frauen wünschen sich ausdrücklich eine lebenslange, monogame Beziehung.
37% der Frauen wünschen sich eine monogame Beziehung auf Zeit, also eine Lebensabschnitts-Partnerschaft. (Man bleibt dem Partner treu, aber nur solange man das wirklich möchte. Dann geht man kompromißlos eine neue, wiederum monogame Beziehung ein.)
Nur 11% der Frauen können sich für sich persönlich ein Singleleben mit wechselnden Beziehungen vorstellen.

Worin besteht Ihrer Meinung nach die Zukunft der Frau?
(Mehrfachantworten waren möglich)

berufstätige Mutter	74%
Familienmanagerin, die auch außerhäusliche Interessen hat (Beruf)	70%

Karrierefrau, die sich verstärkt im Beruf verwirklicht (was Kinder nicht ausschließt)	60%
ausgleichendes Element zwischen Beruf und Familie	70%

Die Antworten machen sehr eindrucksvoll deutlich, wie die Frauen ihre Zukunft sehen: Das Bild der berufstätigen Mutter dominiert (auch bei derzeit ausschließlich im Haushalt tätigen Frauen, die zu 59 Prozent auch dieser Meinung sind). Zumindest gleichwertig neben dem Beruf steht die Familie: 70 Prozent der Frauen, egal ob berufstätig oder nicht, sehen sich künftig in der Rolle der Familienmanagerin, ebenso viele als ausgleichendes Element zwischen Beruf und Familie. Die „harten" Karrierefrauen, denen der berufliche Ehrgeiz sämtliche sonstigen Genüsse des Lebens verbietet, existieren scheinbar nur in der Phantasie von Drehbuchautoren: Nicht einmal ein Prozent der befragten Frauen beurteilten dieses Modell als zukunftsweisend.

Wie schätzen Sie den Trend zur Gleichberechtigung ein?

rückläufig	8%
gleichbleibend	53%
ansteigend	39%

Die Mehrheit von 53 Prozent macht sich keine allzu großen Hoffnungen auf eine tendenziell ansteigende Gleichberechtigung. Allerdings meinen 76 Prozent unter den befragten Frauen, daß Frauen in den nächsten 50 Jahren das Weltgeschehen stärker als bisher beeinflussen werden (23 Prozent meinen, daß sie es gleich stark wie bisher beeinflussen werden; nur ein Prozent ist der Meinung, daß Frauen das Weltbild künftig weniger als bisher beeinflussen werden).

Worauf wird es Ihrer Meinung nach in Zukunft bei einer Frau verstärkt ankommen?

auf die Fähigkeit, Beruf und Familie zu vereinbaren	85%
auf gutes Aussehen	55%

auf eine gute Ausbildung	90%
auf Durchsetzungsvermögen	90%
auf Egoismus	51%

Das Zukunftsmodell der berufstätigen Mutter dominiert auch bei diesen Antworten. Interessant: Mehr als jede zweite Frau findet „gutes Aussehen" für die Zukunft wichtig.

Werden sich die Frauen der Zukunft wieder stärker an den Wünschen der Männer orientieren?

ja	1%
eher ja	13%
eher nein	65%
nein	21%

Zu einem eindeutigen „Nein" bekennen sich nur 21 Prozent, allerdings auch nur ein Prozent zu einem eindeutigen „Ja". Die Interpretation dieses Ergebnisses (laut Institut für Angewandte Tiefenpsychologie): 65 Prozent der Frauen wollen sich zwar nicht an den Wünschen der Männer orientieren, haben aber anscheinend ihre Zweifel, ob das in der Praxis funktioniert.

Welche Männertypen werden Frauen in Zukunft verstärkt ansprechen?

der zärtliche Männertyp	58%
der familiäre Typ	48%
der männliche Typ	30%
der Hausmann	13%
der väterliche Typ	7%
der jungenhafte Typ	6%

Fazit: Das harte und zugleich zarte Mannsbild in Familienausführung wird als Ideal gesehen. Der Hausmann wird nur von 13 Prozent akzeptiert. Besonders deprimierend für die ohnehin rare Spezies der bekennenden Raumpfleger: Von beruflich erfolgreichen Frauen, deren Verdienst im oberen Einkommensdrittel liegt, wird der Hausmann überhaupt nur zu vier Prozent gewünscht. Motto: Dann schon lieber professionelles Reinigungspersonal gegen Bezahlung.

Glauben Sie, daß sich Frauen künftig vermehrt für Kinderlosigkeit entscheiden?

ja	12%
eher ja	47%
eher nein	35%
nein	6%

Die „Ja"- und „Eher ja"-Antworten sind prozentuell erstaunlich hoch, entsprechen aber – sieht man sich die internationalen Statistiken an – dem europäischen Durchschnitt: Europas Frauen bringen derzeit durchschnittlich 1,7 Kinder zur Welt, in Ländern mit flächendeckenden Netzen an Kinderbetreuungseinrichtungen (z. B. Schweden) steigt die Geburtenrate signifikant an (etwa auf 2,3 Geburten in Schweden).
Hauptargument gegen Kinder: die zunehmende weibliche Berufstätigkeit und damit verbundene Betreuungsfrage. Und der Wunsch nach einer uneingeschränkten Lebensform.
Die Frage war allerdings nicht auf die eigene Lebensvorstellung bezogen, die zu 80 Prozent noch immer vom Kinderwunsch dominiert ist (man glaubt also offenbar nur, daß die anderen keine Kinder mehr wollen).

Würde eine von Frauen regierte Welt Ihrer Meinung nach besser funktionieren als jetzt?

ja	14%
eher ja	42%
eher nein	31%
nein	12%

Eindeutig: Die Mehrheit der Frauen vertraut dem weiblichen Führungsstil.

Marathonfrauen wie Sie und ich

Sie ist fraglos der Frauentyp des Jahrzehnts. Auf den Hochglanzseiten der Medien, wo sie straff organisierte Tüchtigkeit verbreitet. In Werbespots, wo sie deofrische, weichgespülte Kompetenz demonstriert.

Und im wirklichen Leben. Hier, jetzt, live.

Und wären wir nicht von der gleichen Sorte wie sie, würden wir ob ihres schneidigen Tempos, das sie täglich beim Wettlauf gegen die Uhr an den Tag legt, verschreckt zur Seite spurten.

Sie – das ist die sogenannte Marathonfrau des zur Neige gehenden 20. Jahrhunderts.

Und Sie, geschätzte Leserin, zählen mit hoher Wahrscheinlichkeit zu einer ihr artverwandten Gattung. Wenn nicht gar zum Urstamm.

Genauso wie Barbara, 37, Ärztin in Wien und Mutter von Zwillingen; Renate, 29, Kindergärtnerin in Linz und täglich für 25 Knirpse (exklusive der beiden eigenen, die erst nach Dienstschluß Priorität genießen) erste Anlaufstelle; Ursula, 43, alleinerziehende Mutter eines Sohnes und Sonderschullehrerin in München; Vera, 36, Starmoderatorin des österreichischen Fernsehens und Mutter zweier Töchter; Antonella, 38, Unternehmensberaterin in München, Mutter von drei Kindern und zwischen ihrem Arbeitsplatz und ihrem Wohnsitz in Wien (wo auch die Kinder leben) pendelnd. Auch Madeleine zählt dazu, österreichische Spitzenpolitikerin mit zwei Töchtern und trotz 24-Stunden-Streßjob im Einkochen von Marmelade ein As. Und natürlich Valentina, jene 34jährige Mailänderin, die ich auf einer fernen Karibikinsel antraf. Sie gönnte sich dort mit ihrem Mann zehn Tage Urlaub vom Alltag, der normalerweise der Aufzucht ihrer vier Kinder gewidmet ist. Lauter Töchter. Ihr Mann, ein Architekt, den sie an der Uni kennenlernte, will eigentlich weiterprobieren. Sechs Kinder möchte er, erzählt Valentina, und man sieht ihr an, daß sie die Bambiniproduktion lieber heute als morgen einstellen würde. Der Gatte lächelt gewinnend. Christine, die Fotografin, die sich die Latte so hoch gelegt hat, daß sie nie mit sich zufrieden ist. Senta, die Journalistin, die Schumacher in seinem Rasantmobil gegen ihr eigenes Tempo alt aussehen läßt.

Und, und, und ... Die Liste der mir persönlich bekannten Frauen, die es an Ausdauer, Energie und Zielstrebigkeit durchaus mit den Partizipanten des jährlichen Stadtmarathons von Manhattan aufnehmen können (und die sind erstklassig durchtrainiert!), ist länger, als dieses Buch erlaubt.

Der Hauptgrund, warum ich für den dominierenden Frauentyp dieser Dekade die Bezeichnung „Marathonfrau" passend finde: weil Sie und ich und all die oben genannten weiblichen Prachtexemplare – gleich ehrgeizigen Sportlerinnen – gewinnen wollen. Und zwar die Goldmedaille (Silber geht noch, Bronze ist schon heikel) in folgenden Ehrendisziplinen:

1. Täglich zwei Dutzend Aufgaben zu koordinieren, von denen jede für ein Leben reichen würde.
2. Tadellos dabei auszusehen.
3. Spaß beim täglichen Rollenspiel zu demonstrieren, das mühelose Transformationen bedingt: von der knackigen Vorzeigefrau (was, Sie haben teigige Pobacken? Fauxpas, Fauxpas!) in die intellektuelle Diskussionspartnerin (der neue Handke, der neue Roth? Alles zwischen Mitternacht und ein Uhr dreißig quergelesen), in die treusorgende Mama, in die Fronbedienstete am häuslichen Herd, in die joviale Karrierefrau oder garstige Bürohexe (je nachdem, wie die anderen uns zu sehen aufgelegt sind), in die kreative Gastarbeiterin (falls sie, was vorkommt, als Gattin im gemeinsamen Unternehmen werkt), in die selbständige Frau, die auf der Bettstatt des Geliebten rasch und effizent zum Schwachmatikus mutiert (wer will schon einen Egoknacks bei ihm riskieren), in ...

Schluß, bevor Ihnen schon beim Lesen die Luft ausgeht! Sie sparen sie besser auf für jene Verwandlung, die täglich und besonders nahtlos zu erfolgen hat: die vom gutwilligen August (der daheim seine Lieben verwöhnt) zum bösen Manegenkasper mit weißgekalkter Visage (in unserem Fall darf es ein leichtes, verjüngendes Make-up sein). In der Busineßwelt, wo unsereins ja mitunter an vorderster Front agiert, gewinnen ausschließlich die Weißgekalkten, die dem netten Trottel mit den Geigenkastenschuhen immer dann auf den Knöchel treten, wenn der gerade wegschaut (aber das ist eine andere Geschichte).

Tatsache ist: Nicht einmal die Kreativabteilung von Paramount in Hollywood kommt beim Ausdenken weiblicher Hauptrollen auf so hübsche Ideen wie das wirkliche Leben.

Was aber noch viel wichtiger ist: Wir finden die fröhliche Kostümierung, die Tag für Tag unseren vollen Einsatz verlangt, im Grunde sehr erbaulich (solange man uns zumindest ab und zu ins Prinzessinnenkostüm schlüpfen läßt).

Wir Marathonfrauen sind immerhin die gelungenen Resultate aus dreißig Jahren intensiver feministischer Bewegung. Die Töchter jener Mütter, die dafür kämpften, daß wir es einmal besser haben sollten. Die Töchter der ersten großen Scheidungsgeneration (statistisch hat jede sechste mitteleuropäische Frau über 25 geschiedene oder getrennte Eltern). Die Enkeltöchter jener Omas, die Opa noch persönlich die Hölle heiß machten, wenn er nachts um zwei mit Schnapsfahne ins eheliche Heiabettchen schlich (wir bemühen in so einem Fall lieber den Paartherapeuten); oder die – nach der Devise „Augen zu und durch" – resignierten.

Letzteres ist uns besonders fremd. Marathonfrauen sind gemeinhin so emanzipiert, daß dieser Begriff eigentlich schon aus ihrem Wortschatz gestrichen ist. Sie sind, in den allermeisten Fällen, gut ausgebildet. Und gleichberechtigt, zumindest beinahe.

Wie die letzte Weltfrauenkonferenz in Peking aufzeigte, regiert außerhalb unserer mitteleuropäischen und erfolgsamerikanischen Wohlstandsgesellschaft aber noch immer blanker Wahnsinn. Ein paar Zahlen aus den aktuellen Statistiken:

- Wegen mangelnder medizinischer Versorgung in den Entwicklungsländern sterben jährlich eine halbe Million Frauen während ihrer Schwangerschaft.
- Die Zahl der Frauen, die unter der Armutsgrenze lebt, hat sich in den letzten zehn Jahren weltweit fast verdoppelt: von 20 Prozent auf 36.
- In bekannt frauenfeindlichen Ländern wie Indien stirbt bei-

nahe jedes fünfte Mädchen an den Folgen der Männerherrschaft: Töchter werden gemeuchelt, ausgesetzt, zum Freiwild erklärt.

- In den Parlamenten aller Länder dieser Erde liegt der Frauenanteil bei mageren zehn Prozent, 100 Länder weisen nicht einen einzigen Regierungssitz für Frauen auf.
- Weniger gravierend, aber immerhin eine Tatsache, die das Gerede von der endgültigen Gleichberechtigung am deutlichsten als Farce entlarvt: Im Durchschnitt verdienen Frauen noch immer 40 Prozent weniger als Männer.

Diese Zahlen berühren freilich nur, wenn wir sie gerade vor Augen haben. Eine Verkäuferin, deren Kind krank wird, obwohl sie ihren Pflegeurlaub bereits ausgeschöpft hat; eine junge Mutter, der ihr Kindesvater durchgegangen ist und die beim Sozialamt mit den Worten „Nächstes Mal besser aufpassen" empfangen wird; eine leitende Angestellte, der die Tagesmutter ausfällt, während die Tochter Grippe hat (bleibt sie beim Kind zu Hause, büßt sie schnell ein paar Prozentpunkte Marktwert ein) – all diesen Frauen ist es nicht zu verdenken, daß ihre persönlichen Probleme schwerer wiegen als die noch wesentlich gravierenderen anderer Kulturen. Und um gegen die nächstliegenden Ungereimtheiten – siehe Lohngefälle – vorzugehen: Dazu fehlt, mit Verlaub, wirklich die Energie. Wir haben uns schon zu viel aufgehalst, als daß wir auch noch gegen Ungerechtigkeiten in den eigenen Reihen aktiv werden könnten. Immerhin sind wir jene Frauengeneration, die wenig Zeit hat und am liebsten alles will – oder zumindest von überall ein bißchen: Job, Kinder, eine gleichberechtigte Partnerschaft, persönliche Freiheit.

Daß wir an der X-large-Packung selbstauferlegter Anforderungen schwer zu schleppen haben, ist nur logisch:

- Streßbedingte Krankheiten gelten als frauenspezifisches Problem des Jahrzehnts. Laut einer Studie des Österreichischen IMAS-Institutes leiden doppel- und durch Kinder, Haushalt und Beruf dreifachbelastete Frauen zumindest zeitweise unter gravierenden Beeinträchtigungen ihres Wohlbefindens.

- 47 Prozent aller berufstätigen Mütter laborieren regelmäßig an Kopfschmerzen und Migräne.
- 40 Prozent bezeichnen sich als „sehr streßgeplagt".
- Offiziell greifen 15 Prozent der berufstätigen Frauen mitunter zu Schlaftabletten, Beruhigungspillen oder Appetitzüglern. Die Dunkelziffer wird von sozialmedizinischen Instituten in Deutschland wie in Österreich auf das Dreifache geschätzt.
- Die Mehrbelastungen äußern sich neuerdings auch in besonders makabrer Form: Das sogenannte „Paniksyndrom" wird von Ärzten immer häufiger als typische Frauenkrankheit diagnostiziert. Plötzlich und scheinbar grundlos treten Schweißausbrüche, Herzklopfen und Beklemmungen auf, die bis hin zu schwerer Atemnot reichen können.

Ausreden, daß wir alles nur wegen der Männer tun, gelten nicht. Die haben uns zu all dem nämlich nicht gezwungen. Genügsam, wie sie sind, finden die meisten von ihnen mit einer Partnerin ihr Auslangen, die ihnen morgens winke, winke macht und abends die warme Mahlzeit schon fertig hat, bevor sie eintreffen.

Daß sich unsere Gefährten lieber in Luft auflösen, als sich in die Niederungen der Haushaltsarbeit zu begeben; daß sie den Zärtlichen gerne dann herauskehren, wenn wir vor Erschöpfung schon besinnungslos daliegen; daß sie stolz auf unsere beruflichen Erfolge sind, aber trotzdem nichts dagegen haben, wenn wir beim Windelshopping autonom agieren: Dies alles sind Tatsachen, die sich auch durch die eintausendfünfhundertste Studie, die belegt, daß Männer faule Hunde sind und die offenbar in Suaheli verfaßte Gebrauchsanweisung des Sanitärreinigers nicht zu kapieren imstande sind, nicht ändern.

Ganz unter uns: Wir würden das Klo ja auch nicht putzen, wenn wir eine gute Seele fänden, die's täte.

Die feministische US-Autorin Betty Friedan stellte vor ein paar Jahren in ihrem Buch „The Second Stage" fest: „Was die Frauen von heute brauchten, wäre im Grunde eine Ehefrau."

Nette Idee. Aber bitte eine, die möglichst zum Richard Gere Look-alike transformiert, sobald sie uns elanvoll auf das Laken wirft, das sie eben noch gebügelt hat. Richtig dosierte

Männlichkeit wissen wir Marathonfrauen durchaus zu schätzen, genauso wie wir es anerkennen, wenn man uns im Restaurant artig den Stuhl unters Gesäß schiebt.
Männer, die uns am liebsten hauptberuflich unserer Anno-dazumal-Bestimmung – die der Kinderaufzucht und Heimpflege – zuführen wollen, regen uns nicht mehr wirklich auf. Auch wenn traditionsverbundene Herren nach wie vor gerne skurriles Gedankengut verbreiten. So etwa der Vorstand der Wiener Philharmoniker, der in seinem ausschließlich mit Männern besetzten Verein die „Dienstarithmetik gefährdet sieht, würde ein weibliches Mitglied zum Orchester stoßen. Und zwar aus Gründen, die direkt oder indirekt mit einer Mutterschaft in Zusammenhang stehen . . ."
Ja, Fiedeln ist eben Männersache. Ebenso wie Bergsteigen: Im obersten Management sind Frauen immer noch so selten wie Herren in der Putzbrigade. Die Zahl weiblicher Manager in Spitzenpositionen beträgt weltweit nicht einmal zehn Prozent.
Passend dazu erstellte die US-Autorin Susan Faludi in ihrem Bestseller „Backlash – die Männer schlagen zurück" Prognosen, die der weiblichen Internationale so bekömmlich sind wie ein Faustschlag in die Magengrube: „Die Siege des Feminismus haben sich in Niederlagen verwandelt. Die Frauen sind durch die Dreifachbelastung mit Familie, Karriere und Haushalt am Rande ihrer Kräfte angelangt und zum Kämpfen zu müde geworden." Ihr Fazit: „Das gibt den Männern alle Chancen zur Vernichtung der Emanzipation."
Faludis Buch avancierte trotz verdrießlich stimmender Zukunftsperspektiven zur neuen Bibel der Feministinnen. Und um dem Ungemach noch eines draufzusetzen, orten Soziologen in Amerika eine verzehrende Sehnsucht nach alten Werten:
Während noch vor zehn Jahren die Mehrheit der Amerikanerinnen erklärte, daß sie lieber arbeiten als ständig zu Hause bleiben würde, überwiegt nun knapp die Mehrheit jener Frauen, die dem Hausfrauendasein gegenüber der Berufstätigkeit den Vorzug geben.
Die sentimentale Rückbesinnung auf die fünfziger Jahre, als

tüchtige Hausfrauen in ihren Einbauküchen medienwirksam die Elektromesser schwangen, ist kontinentübergreifend. Bücher mit Titeln wie „Ich bin Hausfrau, na und?" sollen auch im deutschsprachigen Raum eine an sich wünschenswerte Ego-Aufbesserung bei jenen Frauen bewirken, die daheim bei den Kindern bleiben wollen. Gemeinsames Kennzeichen der nach Bratäpfeln duftenden Schriften ist aber, daß sie allesamt diskret ein Kapitel aussparen. Nämlich jenes, in dem nachgeschlagen werden kann, was zu tun ist, wenn der Familienernährer abhanden kommt. Tritt der Supergau ein, nützt auch der ausgefeilteste Tagesplan (Kapitel 2: Wie Sie den kleinen Hausputz effizent erledigen und dadurch Zeit zum Flöteüben mit den Kindern gewinnen) einen feuchten Kehricht.
Der Totalrückzug ins Privatleben – und die damit verbundene finanzielle Abhängigkeit vom Brot zuteilenden Gottvater – ist für die überwiegende Mehrheit der Marathonfrauen keine Alternative. Ein paar Jahre leisertreten – fein. Den Lieben daheim ein Leben lang servil sein – das ist wie Sonnenbaden ohne Schutzfaktor. Die Folgen können im besten Fall lästig, im schlimmsten eine Katastrophe sein.
Nicht, daß Marathonfrauen ihre Siebzigstundenwoche (falls Kinder zu versorgen sind) so dringend brauchen wie ein Fixer seinen Stoff. Sie wissen Lebensqualität durchaus (und wie Sie in den nachfolgenden Kapiteln lesen werden: auch immer mehr!) zu schätzen.
Doch die neue Qualität des weiblichen Daseins beinhaltet eben – neben der Familie – auch noch andere Bereiche.
Und auch wenn wir all unseren selbst- und von anderen auferlegten Anforderungen nur mit hängender Zunge gerecht werden können: Es macht doch, ehrlich gesagt, auch irgendwie Spaß.

Welche Trends das weibliche Leben in den nächsten 15 Jahren dominieren werden, lesen Sie auf den folgenden Seiten.

Der Zukunftsguide:
Superweib und Putztrottel

„Die Zukunft ist fest in weiblicher Hand", jubeln Frauenmagazine, Soziologen und Trendforscher (deren Prognosen von Frauenmagazinen gerne aufgegriffen werden) seit gut einem Jahrzehnt. Die atemlose Leserin erfährt, daß Frauen längst souverän die Chefetagen der Weltkonzerne erobern; daß sie knapp davorstehen, als Politikerinnen die Macht im Staat zu übernehmen; daß sie mit Klugheit und Intuition den zeitgemäßen Führungsstil prägen. Und das alles, ohne auf ihr Privatleben zu verzichten: Kinder, Familie, die Lebensqualität im Eigenheim leiden nicht im geringsten unter Mutters schwindelerregendem Aufstieg in die Zentren der Macht.

Heißa, ist das Leben schön. Und es hält so viele hübsche Überraschungen bereit, wenn man eine Frau ist. Einen prächtigen Timeplanner von Louis Vuitton etwa, mit dem die richtige Zeiteinteilung rucki, zucki klappt. 9 Uhr: Vorstandssitzung (erraten! Der Vorstand der Sitzung trägt Chanel!), 10 Uhr: Anruf daheim, um dem emsigen Hauspersonal knapp mitzuteilen, daß abends ein Minister zum Dinner kommt (man ahnt, welches Angebot er einem machen will, wird sich aber noch nicht festlegen), 11 Uhr: Friseur („Andreas, heute bitte so, daß es nachher etwas unfrisiert aussieht"), 13 Uhr: Konferenz, 14 Uhr: Konferenz, 16 Uhr: Massage (wird im Büro erledigt, damit die Sekretärin in Rufweite ist), 18–19 Uhr: 60 Minuten Qualitätszeit mit den Kindern verbringen (drei sind's), dann die persönliche Viertelstunde des Tages (Nägel maniküren? Schaumbad? Roman schmökern?), 20 Uhr: Ministerdinner à trois (der karriereunterstützende und auch sonst immer gutgelaunte Gatte ist anwesend), nachher froh in die Federn, um mit dem Gatten, der übrigens gerne die Hausaufgaben der Kinder kontrolliert und seine schmutzigen Socken bereitwillig selbst wegräumt, den Beginn der politischen weiblichen Machtergreifung zu feiern. À deux, diesmal.

Bussi. An all die Chefredakteurinnen dieser Welt, die nicht müde werden, das Bild des mühelos auf der Siegerstraße stökkelnden Superweibes zu präsentieren.

Zugegeben: Man liest so was ja gerne. Märchen haben Entspannungseffekt. Fließbandarbeit? Gewalt gegen Frauen? Fehlende Kindergartenplätze? Der Hund, der auf den Teppich kackt, den man ganz alleine putzen muß, weil der neue Mann samt Kindern vor der Drittglotze hockt, die vom schlecht bezahlten Halbtagsjob der Zusatzverdienerin finanziert wurde? (Und außerdem: „Wann gibt's endlich Essen, Mama?!")
Hmm, hat man schon davon gehört. Kommt aber als Zukunftsentwurf nicht in Frage.
Die wirkliche Zukunft der Frauen liegt irgendwo in der Mitte, zwischen Louis Vuitton und Hundekacke. Zwischen Superweib und Putztrottel.
Und die Frau der Zukunft wird weder direkt ins Paradies aufsteigen, das die mühelose Vereinbarkeit von Job/Kind/Selbstverwirklichung/Partnerschaft (in beliebiger Reihenfolge) garantiert, noch wird sie in die Hölle der neuerlichen Unterdrückung fahren.
Analysiert man die aktuellen soziologischen Studien zum Thema, läßt sich das Frauenbild der nächsten Jahrzehnte nämlich ziemlich genau entwerfen. Addiert man zu dieser Analyse die Auswertung der diesem Buch zugrundeliegenden Zukunftsstatistik (die Ergebnisse einer Befragung, bei der 10.000 Frauen zu allen Lebensbereichen – von Partnerschaft bis zu Karriere – Stellung nahmen), ergibt sich sogar ein relativ genaues Bild jener Bereiche, die für Frauen zukunftsweisend, in jedem Fall aber wichtig sind.

Die wichtigsten Trends für Frauen – und wie Sie das Beste für sich selbst daraus machen

Nachstehend finden Sie deshalb einen Überblick der wichtigsten zukunftsbestimmenden Tendenzen. Und die Strategien, die diesen Trend für Sie persönlich zum Erfolg machen können. (Die ausführliche Beschreibung der einzelnen Trends finden Sie in den jeweiligen Kapiteln, wie „Der Partnerschaftsreport", „Der Familienreport", „Der Karrierereport" etc.)

Trend 1: Gute Mütter arbeiten

Die Millionen „Rabenmütter" dieser Welt dürfen langsam aufatmen – denn sie befinden sich in hervorragender Gesellschaft: 74 Prozent unter den 10.000 Frauen, deren Meinung für unsere Zukunftsumfrage ausgewertet wurde, meinen: Die künftige Hauptrolle der Frau ist die der berufstätigen Mutter. Der interessanteste Aspekt dabei: Sogar 59 Prozent der derzeit ausschließlich im Haushalt tätigen Frauen schließen sich dieser Meinung an. Auf die Frage „Finden Sie es richtig, wenn der Mann das Geld verdient und die Frau zu Hause bleibt?" antworteten insgesamt nur noch zehn Prozent der 18- bis 50jährigen Frauen mit „Ja". Zum Vergleich: Vor 15 Jahren waren noch 30 Prozent der Frauen dieser Ansicht. Bis zum Jahr 2015 werden – so die Prognosen der Arbeitsmarktforscher – um ein Drittel mehr Frauen als derzeit berufstätig sein. In der Altersgruppe der 20- bis 55jährigen sind das geschätzte 85 Prozent.

Die wichtigsten Strategien für berufstätige Mütter in den kommenden Jahren

1. Den richtigen Partner wählen. So abgeklärt es klingen mag, aber: Wo die Liebe hinfällt, ist sie nicht unbedingt gut aufgehoben. Falls Sie noch in der Familienplanungsphase sind, unterziehen Sie den potentiellen Partner und Kindesvater einer scharfen Qualitätskontrolle. Neigt er zum Sich-bedienen-Lassen? Ist ihm seine Karriere sehr wichtig und Ihre eher weniger? Ist er selbst traditionell erzogen (Mutter zu Hause, Vater in der weiten Welt)? Trifft alles zu, sollten bei Ihnen die Alarmglocken schrillen, sofern Sie sich selbst künftig als berufstätige Mutter sehen. Sie werden diese Rolle zwar vermutlich grandios meistern – aber die Bürde der Doppelbelastung werden Sie weitgehend alleine schleppen. Statistisch ist derzeit nur einer unter 50 Ehemännern tatsächlich bereit, die Hälfte der Hausarbeit zu übernehmen (theoretisch sind es über 80 Prozent; aber die dreckigen Fenster werden praktisch dadurch nicht sauberer). Ergo: Ein Partner, bei dem sie von vornherein das Gefühl haben, daß er mit Ihrer Lebensvorstellung nicht „mitzieht", ist Ihr ganz persönlicher Luxus. Ändern wird er sich nicht, schon gar nicht, wenn ein Kind da ist.

2. Delegieren – ohne schlechtes Gewissen. Privilegierte berufstätige Frauen kennen den Wert von Hilfeleistungen. Der Idealfall – nämlich abends zu glücklichen, von einem Kinder- oder Au-pair-Mädchen betreuten Rangen, zu einer fertig zubereiteten Nachtmahlzeit und in eine aufgeräumte Wohnung zurückzukehren – ist derzeit nur für eine unter fünfzehn berufstätigen Müttern Realität. Freilich nicht immer nur aus finanziellen Gründen: Fünf von zehn Frauen hätten ein schlechtes Gewissen dabei, Kinder, Haushalt und die damit verbundenen Versorgungsleistungen zu delegieren. Für die Zukunft gilt: Schlechtes Gewissen bitte ablegen, und zwar so rigoros wie ein mottendurchwirktes Erbstück, das im Kleiderschrank den Platz verhängt. Kinder mutieren weder zu verwahrlosten Krähen noch zu Seelenkrüppeln, wenn sie nicht 24 Stunden täglich der mütterlichen Obsorge ausgesetzt sind. Anderslautenden (merkwürdigerweise hauptsächlich von Männern ausgestreuten) Gerüchten zum Trotz gedeihen sie sogar prächtig. Ist die Mutter mit ihrem Leben im Einklang, ist es der Nachwuchs auch. Und daß sich die Berufstätigkeit auf die Mütter selbst positiv auswirkt (immer vorausgesetzt: die Mütter sind zufrieden mit ihrem Job), hat unter anderem eine Langzeitstudie der University of California gezeigt: 140 Mütter, berufstätige wie „Nur-Hausfrauen", wurden von einem Team über 22 Jahre hinweg beobachtet. Das Fazit: Die berufstätigen Mütter erfreuten sich insgesamt besserer Gesundheit, erwiesen sich als ausgeglichener und gaben doppelt so häufig wie Hausfrauen an, „glücklich" zu sein.

Delegations-Faustregel für die Zukunft: Soviel Hilfe von außen annehmen, wie Ihr Einkommen gerade noch gestattet. Sie investieren damit in Ihr eigenes Nervengerüst. Und wenn das zusammenkracht, ruft der Croupier: „Rien ne va plus!"

3. Kinder-Networks aufbauen. Zumindest für das nächste Jahrzehnt gilt: Wer sich auf die Allgemeinheit – also auf den Staat – verläßt, ist verlassen. Ganz besonders gilt das für berufstätige Mütter. Europaweit wird das Geld für die Errichtung zusätzlicher Kindergärten und Krippen gestrichen. Das gesetzliche Recht auf einen Betreuungsplatz für Kinder berufstätiger Mütter? Dabei kann es sich nur um den bekannten Endloswitz handeln, der von Politikern in Wahlkampflaune so gerne strapaziert wird und über den sie mittlerweile nicht einmal mehr selbst lachen können. Was in Deutschland und Österreich unter Garantie auch in den nächsten Jahren nicht eingeführt wird, funktioniert allerdings mit großem Erfolg in Frankreich. Dort steht jedem Kind einer berufstätigen Mutter automatisch ein Betreuungsplatz zu. Fazit: 80 Prozent der Französinnen mit Kindern unter zehn Jahren sind berufstätig (was das fadenscheinige Politikerargument, die meisten Frauen wollten ja zu Hause bleiben, einmal mehr widerlegt. Stimmt die Kinderbetreuung, ist vom Zu-Hause-bleiben-Wollen keine Rede).
Immer mehr Unternehmen bieten zwar betriebseigene Kinderbetreuungseinrichtungen an, doch nicht einmal am Ende des nächsten Jahrzehnts wird diese Möglichkeit für die Mehrheit der berufstätigen Mütter eine Alternative sein. Nur drei von zehn Müttern werden – so schätzen die Statistiker – dann in solchen Unternehmen arbeiten. Der Rest – also sieben von zehn Müttern – ist auf privat organisierte Kinderbetreuung angewiesen. Heimarbeit (etwa via Computervernetzung mit dem Unternehmen) ist eine Alternative. Die andere Alternative sind privat organisierte Kindergruppen, die – so schätzen Soziologen – in den nächsten zehn Jahren boomen werden.
Wie Sie diesbezüglich persönlich aktiv werden können: Schließen Sie sich mit Freundinnen und Bekannten zusammen, die ebenfalls Kinder haben. Wer hat Räume zur Verfügung, in denen mehrere Kinder betreut werden können? Teilen Sie sich die Kosten fürs Personal. Annoncieren Sie, um andere berufstätige Mütter zu finden, die ebenfalls Kinderbetreuung benötigen. Falls Sie Kinderliebe mit Geschäftstüch-

tigkeit zu verbinden verstehen: Private Kinderbetreuung ist jener Dienstleistungszweig, nach dem in den nächsten Jahren die größte Nachfrage bestehen wird.

4. Berufe wählen, in denen Sie flexibel agieren können. (Die genauen Vorschläge finden Sie im Kapitel „Der Karrierereport" ab Seite 229.)

Trend 2: Die späte Mutterschaft boomt

Bedingt durch Ausbildung und damit einhergehende Karrierechancen werden immer mehr Frauen zu „späten Müttern". Die erste Schwangerschaft tritt bei Mitteleuropäerinnen heute zwischen 25 und 35 Jahren ein, die Tendenz zur Erstschwangerschaft zeigt deutlich in Richtung Dreißigjähriger. Noch vor zehn Jahren lag das häufigste Gebäralter für das erste Kind bei Anfang Zwanzig.
Aber nicht nur die Berufstätigkeit der Frauen wird für die späte Familiengründung künftig ausschlaggebend sein: Auch der Mangel an Kindergartenplätzen, die ungelöste Frage der Kleinstkinderversorgung, familienfeindliche Arbeitsbedingungen und Wohnungsnot werden – zumindest noch während der nächsten Jahre – dafür mit ausschlaggebend sein.

Die wichtigste Strategie für Mütter ab Dreißig in den kommenden Jahren

Den Wiedereinstieg rechtzeitig planen – oder aussteigen. Wer mit Anfang oder Mitte Dreißig ein Kind bekommt und es verabsäumt hat:
a) ein paar Milliönchen aufs Sparbuch zu räumen, um für den Rest des Lebens keine Sorgen mehr zu haben,
b) mit einem Anverwandten der Flicks, der Thyssens (Cartier geht auch) oder des englischen Königshauses verheiratet zu sein, der sich laut Ehevertrag verpflichtet, sein Vermögen im Trennungsfall der Gattin zu überlassen,

c) selbst ein Unternehmen aufzubauen, das auch ohne ständige Mitarbeit der Chefin überleben kann,
d) sich als Mitarbeiterin einer Firma etabliert zu haben, die den adäquaten Wiedereinstieg mit Brief und Siegel verbürgt,
muß sich über eines klar sein: Eine Frau Anfang bis Mitte Dreißig (noch weiter wagt man gar nicht zu denken), die noch dazu ein paar Jahre – oder auch nur ein einziges – bei ihrem Kind zu Hause verbracht hat, gilt in der Wirtschaft bereits als schwer vermittelbar. Sie mag hochqualifiziert sein, sie mag ein organisatorisches Genie sein. Aber sobald dieses durchaus jugendlich wirkende, selbstsichere, dynamische und ohnehin alles unter Kontrolle habende Geschöpf einen Job sucht, verwandelt es sich zur Persona non grata. Sie mögen vor Ihrer Schwangerschaft herausragende Leistungen für ein Unternehmen erbracht haben, sobald Sie Mutter sind, wird man weitgehend annehmen, daß Sie sich in Wahrheit lieber in Banalitäten wie Breikochen verlieren, als Berechnungen für die Untermauerung eines Eisenbahntunnels anzustellen.
Deshalb: Soferne Sie nicht ständig zu Hause bleiben möchten, planen Sie ihren kinderbedingten Ausstieg generalstabsmäßig. Vage Zusagen („Wir finden schon wieder ein Plätzchen für Sie, Frau Müller") nie akzeptieren, sondern den Chef festnageln. Von zu Hause aus Kontakt zur Firma halten. Und: Networking betreiben. Was Männer quasi in ihren Genen haben – nämlich die zweckorientierte Verbindung mit anderen Männern –, sollten Sie auf Ihre Situation umlegen.

Trend 3: Männer bleiben Paschas

Nur eine Minderheit von 13 Prozent der Frauen kann sich für den Typ des Hausmannes erwärmen. Und diese Behauptung existiert nicht etwa als abstruse Vorstellung in den „Schatzi-wann-gibt's-Essen-Gehirnen" ewiggestriger Machos, sondern als geballtes weibliches Statement. Auf die Frage „Welche Männertypen werden Frauen in Zukunft verstärkt ansprechen" antworteten: „Der zärtliche Männertyp" – 58 Prozent der Frauen und damit die Mehrheit. „Der familiäre Typ" – 48 Prozent der Frauen. „Der männliche Typ" – 30 Prozent der Frauen. „Der Hausmann" – 13 Prozent der Frauen (gefolgt von „Der väterliche Typ" – von sieben Prozent der Frauen bevorzugt, und von „Der jungenhafte Typ" – von knapp sechs Prozent bevorzugt). Die Prognose der Statistiker: Derzeit ist nur einer unter 30 Männern tatsächlich bereit, nach der Geburt seines Kindes zu Hause zu bleiben. Bis zum Jahr 2000 werden es drei unter 30 Männern sein, bis zum Jahr 2010 in etwa sechs unter 30 Männern. Die nachkommende Männergeneration wird sich also nicht wesentlich von der jetzigen unterscheiden.

Die wichtigsten Anti-Pascha-Strategien für die Frauen des kommenden Jahrtausends

1. Über den grünen Klee loben. Zugegeben: Nie war es so mühsam wie heute, Mann zu sein. Der Begriff des Hausmannes ist bei Frauen – so zeigt die Statistik – ziemlich negativ besetzt. Die Mehrheit assoziiert mit der Bezeichnung offenbar ein Geschöpf von der Dynamik eines Woody Allen, das betroffen mit den Topfpflanzen konversiert, während wir zum Karrieremachen außer Haus sind, seinen eigenen Ziegenkäse anrührt und nebstbei ein wenig webt. Andererseits: Partnerschaftliche Arbeitsteilung ist durchaus gefragt – läßt sie zu wünschen übrig, bricht nicht selten auch die Beziehung auseinander. Statistisch scheitert jede dritte Beziehung an mangelnder Mithilfe und Partnerschaftlichkeit der Männer. Was sollen die armen Kerle also tun, um es den launischen Weibern recht zu machen? Sie machen mehrheitlich das Nächstliegende – nämlich in Regungslosigkeit verharren. Der seit den achtziger Jahren heftig prognostizierte Neue Mann ist in Wahrheit ein Fabeltier, ein Einhorn, konstruiert in Brüder-Grimm-Phantasien, das sich vorrangig dann blicken läßt, wenn man nicht mit ihm rechnet (und auch nur bei sehr auserwählten Waldfeen – bei uns jedenfalls nicht), und mit einem Affenzahn verschwindet, wenn man es, etwa zur Unterstützung im Haushalt, zu fassen kriegen will. Der Rolls-Roy-

ce unter den Männern – nämlich einer, der anständig aussieht, brav den Tisch deckt, nachdem er gekocht hat, fröhlich die Küche wieder aufräumt und uns anschließend zärtlich und doch fordernd in den Arm nimmt (so emanzipiert wollen wir bitte auch in Zukunft nicht sein, als daß wir die Initiative ergreifen müssen), dieses männliche Traummodell also ist noch nicht in Serie gegangen. Wir können die Produktion aber beschleunigen.
Statistisch beschäftigen sich 70 Prozent der jungen Väter regelmäßig mit ihren Kindern, aber wenn es ans Eingemachte geht, hat der Spaß ein Ende. Nur fünf Prozent der Väter wechseln den Kindern häufig die Windeln und fühlen sich für die Entsorgung des Hausmülls zuständig.
Anschreien? Durch Liebesentzug strafen? Resignieren und selber machen? Ungeeignete (oder nur kurzfristig wirksame) Strategien, um Männer zu irgend etwas zu bewegen, was sie im Grunde nicht interessiert. Besser: sie über den grünen Klee zu loben, wenn sie einmal zupacken. Ihr Mann hat der Kleinen die Windel gewechselt? Sehen Sie großzügig darüber hinweg, daß das Ding so locker um den Babyhintern baumelt, daß zu erwartendes Glück gleich flächendeckend nachwirkt. Betonen Sie statt dessen, wie das Kind glücklich gelacht hat und daß es bei Ihnen beim Windelwechseln nie so ruhig zugeht. Ich schwöre: Er wird es wieder und wieder tun, und sei es nur, um zu beweisen, daß er's besser kann. Das Beispiel läßt sich auf alle Bereiche ausdehnen: Du kochst so gut! Du räumst so organisiert die Küche auf! Du überziehst dreimal so schnell wie ich die Betten!
Merke: Kein Gesetz kann Männer je zur Arbeitsteilung anhalten, denn wer Partnerschaft nicht kapiert hat, wird sie auch auf richterliches Gebot hin nicht verstehen. Gezielte Motivation und gut dosiertes Lob werden mehr bewirken. Bitte ausprobieren und weiterempfehlen!

2. Rollentausch praktizieren. Eine Strategie, die ausschließlich dann wirkt, wenn die Partnerschaft noch frisch ist: weiblichen Pascha spielen: Gehst du heute einkaufen? Kochst du mir Kaffee? Verliebte Männer lassen sich auf die unglaublich-

sten Dinge ein, und wenn die Liebe nicht mehr ganz so frisch ist, ist der Zug schon abgefahren. *Sie* jedenfalls haben Samstag vormittag Besseres zu tun, als den Wochenendeinkauf zu erledigen.
Die Methode des absichtlich provozierten Rollentausches (ohne daß er es merkt, natürlich) funktioniert – so höre ich immer wieder von tückischen Weibern, die in meinem Auftrag die Probe aufs Exempel machen – übrigens langfristig viel besser als jene, die von Anfang an auf Partnerschaftlichkeit setzt. Die anfängliche 50 : 50-Partnerschaft verteilt sich, sobald Kinder zu versorgen sind, mit schöner Regelmäßigkeit auf das Verhältnis 90 : 10 (wem der 90er Anteil zufällt? Bingo!). Die Rollentauschmethode endet irgendwann im 50 : 50-Verhältnis. Na, schlecht?

3. Verweigerung. Nein, nicht die Verweigerung, die Sie meinen. Die Rede ist von Arbeitsverweigerung. Funktioniert leider nur gut, wenn keine Kinder da sind, setzt die ersten Tage eine gewisse Augen-zu-und-durch-Mentalität voraus, und die Drop-out-Quote ist hoch. Soll aber sensationell wirken, wenn man die erste Woche durchgestanden hat (ich habe die Drop-out-Quote leider erhöht). Wer es schafft, eine Woche lang die Wäsche des Partners dort liegenzulassen, wo er sie hingeworfen hat, die Teller unabgeräumt stehenzulassen, den Kühlschrank leer zu lassen (frau kann sich in diesem Fall ja ausnahmsweise auf ein kleines Migränchen oder sonstige Unpäßlichkeiten ausreden), hat fast schon gewonnen. Wenn der Partner allerdings nach einer angemessenen Zeitspanne noch immer nicht Hand anlegt, ist Weitermachen sinnlos. Besser und auch im nächsten Jahrtausend die einzige Möglichkeit, neben geborenen Paschas nicht zum Kuli zu verkommen: die Haushaltsmisere gegen Bezahlung an Dritte abzugeben.

Trend 4: Der Karriereweg für Frauen wird gangbarer

Der autoritäre, männliche Führungsstil gilt schon jetzt als mega-out. Spätestens zur Jahrtausendwende wird er – so prophezeien Arbeitspsychologen – endgültig passé sein.

Soziologen sprechen vom kommenden „klugen, weiblichen Jahrzehnt". Gemeint ist damit: Der weibliche Führungsstil gilt als jener von morgen. Seine Kennzeichen: Macht und Informationen zu teilen. Mitarbeiter in die Entscheidungsfindung einzubeziehen. Kollegen für eine Aufgabe zu begeistern und ihr Selbstvertrauen zu fördern. Eben Verhaltensweisen, die die meisten Frauen im kleinen Finger haben (und die selbst in Managerseminaren nur mühsam anzutrainieren sind). Bis zum Jahr 2010 werden laut Berichten der Wirtschaftsforschung über 70 Prozent der Frauen berufstätig sein. Die gute Nachricht: Unternehmen werden dadurch künftig gezwungen sein, sich auf die Bedürfnisse berufstätiger Mütter einzustellen. In vielen US-Firmen können die Mütter bereits jetzt frei entscheiden, ob sie dem Beruf oder der Familie Priorität einräumen. Flexible Arbeitsprogramme werden auf die Vereinbarkeit von Job & Kind Rücksicht nehmen. Die schlechte Nachricht: Erst in etwa zehn Jahren werden diese paradiesischen Konzepte von der Wirtschaft auch einigermaßen flächendeckend angeboten.

Die wichtigsten Zukunftsstrategien für den weiblichen Aufstieg
(Ausführliche Tips für Karrierewege mit Zukunft und die Berufe mit den meisten Zukunftschancen finden Sie im Kapitel „Der Karrierereport" ab Seite 229.)

1. Der Weg in die Selbständigkeit. Von Frauen geführte Betriebe zählen derzeit weltweit zu den Wirtschaftssegmenten mit dem rasantesten Wachstum. Und zu denjenigen, die am häufigsten überleben. Unter zehn Pleitebetrieben ist statistisch nur einer, dem eine Frau vorsteht. Bis zum Jahr 2000 sollen, so schätzen internationale Wirtschaftsexperten, 50 Prozent aller Betriebe fest in weiblicher Hand sein. Mit ein Grund, warum der selbständigen Unternehmerin die Zukunft gehört: Sie ist an keine Aufstiegshierachien gebunden, sie kann sich ihre Zeit zwischen Familie und Job nach eigenen Richtlinien aufteilen. Kinder? Nicht gerade „kein Problem" – aber zumin-

dest ein kleineres Problem, als wenn Mama ihren Boß erst fragen muß, ob sie die geliebte Brut ausnahmsweise mitnehmen darf.
Fest steht: Die Selbständige des kommenden Jahrzehnts wird ihre Geschäfte auch vom Wohnzimmer aus tätigen. Via Computer kann der Firmensitz (zumindest zeitweise) auch ins Kinderzimmer verlegt werden. Das wird zu einem neuen Boom bei mittleren, kleinen und Kleinstunternehmen führen. Die gute Idee ist in diesem Fall wichtiger als das Startkapital. Die große Chance der kleinen Entrepreneure: Serviceleistungen zu bieten. Was geradewegs zur nächsten Strategie führt, nämlich:

2. Nischen für mehr Lebensqualität erkennen. Die riesige Armee der berufstätigen Mütter schafft zusehends Marktlücken, die von Unternehmerinnen wiederum geschickt genutzt werden können. Das reicht von der Produktion vitaminreicher Mikrowellenmenüs, die sich Kinder selbständig zubereiten können, bis zum Nanny-Service im Franchise-System, das Babysitter und Kindermädchen vermittelt. Fazit: Die kluge Unternehmerin der Zukunft schafft mehr Lebensqualität für andere Frauen – und konzipiert dadurch ihr persönliches Erfolgsrezept.

3. Erfolg durch „androgyne" Jobs. Daß bei Frauen derzeit noch weniger auf dem Gehaltszettel steht als bei Männern, hat meist nichts mit typischer Diskriminierung zu tun, sondern damit, daß sie sich noch immer häufig für Berufe mit geringen Verdienstchancen entscheiden: Friseurin, Kosmetikerin, Verkäuferin, Arzthelferin – typische Frauenberufe haben ein festgelegtes (niederes) Gehalts- und in den allermeisten Fällen ein starres, wenig familienfreundliches Arbeitsschema. Für die Zukunft gilt: androgyne Jobs wählen, die kein typisch weibliches Image haben (welche genau das sein können, erfahren Sie im Kapitel „Der Karrierereport" ab Seite 229).

4. Flexibilität zeigen. Damit haben Frauen naturgemäß ohnehin kein Problem. Morgens Mutter, tagsüber Berufstätige (und Mutter), abends Freundin, Gattin, Geliebte, Wirtschaftsmanagerin (und Mutter). Da der Mutterabstellknopf selbst im Jahr 3000 noch nicht erfunden sein wird, bleibt Flexibilität eine Grundvoraussetzung, um als Frau auch künftig über die Runden zu kommen. Auf den Berufssektor umgesetzt bedeutet das: Der Job fürs Leben ist nur noch eine Perspektive unter vielen. Eine andere könnte sein: nur (oder zumindest eine Zeitlang) phasenweise zu arbeiten – soviel, wie es finanziell unbedingt nötig ist. Was jetzt nämlich noch eher abschätzig als „Gelegenheitsjob" bezeichnet wird, ist in Wahrheit für eine immer größer werdende Gruppe von Meinungsbildnern schon mit positivem Image besetzt: Arbeiten nach dem Lustprinzip (etwa ein halbes Jahr lang intensiv, dann ein halbes Jahr lang lässig bis gar nicht). Zwar werden bis zum Jahr 2010, so prognostizieren es die Wirtschaftsforscher, zumindest 70 Prozent aller Frauen in Europa berufstätig sein. Die ununterbrochene Tätigkeit in einem Bereich wird aber die Ausnahme sein. Kritiker, die für die Frauen in dieser Entwicklung das neuerliche Joch der Unterdrückung wittern, seien beruhigt: Flexibel eingestellt zu sein heißt in diesem Fall nicht, nirgends wirklich unterzukommen, sondern das Erkennen von neuen Chancen und das rasche Reagieren darauf. Heute Fitneßtrainerin, morgen journalistisch im Gesundheitsressort einer Zeitung tätig, übermorgen – wer weiß?

5. Das „Job-bringt-Spaß"-Prinzip in den Lebenslauf integrieren. Die Zauberformel der Zukunft heißt „Neues Gleichgewicht" – ein Begriff, der noch vor zehn Jahren praktisch nicht existierte, weil er in der Welt der Wirtschaft, der Macht und des Erfolges – kurz: überall wo es um Geld ging – schlicht deplaziert wirkte. Rackern bis zum Umfallen und Erfolg um jeden Preis war das Motto der achtziger Jahre. Nebenbei übten sich die bereits hochgekommenen Erfolgsfrauen in unermüdlicher Selbstzerfleischung – die Kinder, der Partner, die eigene Seele, irgend etwas kam auf Kosten des Erfolges anscheinend immer zu kurz. Die neue Erkenntnis zum Thema weibliche Karriere ist vielleicht eine Spur zu sanftmütig, eine Spur zu blauäugig und eine Dosis zu wenig feministisch. Aber sie hat durchaus etwas Einnehmendes und lautet: Die Zeit der erbitterten weiblichen Karrierehärtlinge, die für den beruflichen Aufstieg zwar nicht über Leichen, aber immerhin über den Schatten der eigenen Bedürfnisse springen, ist ziemlich passé. Daß es ohne erfülltes Privatleben keinen dauerhaften Erfolg im Beruf gibt, hat sich bereits bis zum letzten, von japanischer Workaholic-Mentalität geprägten Freizeitignoranten herumgesprochen. Daß privates Glück nicht ohne Erfolgserlebnisse von außen bestehen kann, auch. Fazit: Karriere zu machen ist eine harte, mitunter auch eine feine Sache. Aber ganz sicher nicht das Wichtigste im Leben.

Trend 5: Power-Feministinnen ersetzen die Emmas von einst

Die Schwesterlichkeit ist lautlos aus der Mode gekommen. Alice Schwarzer? Das war doch die ... ja richtig. Schlabberlook und nicht besonders gut frisiert. Heute ist selbst die Hohepriesterin der Latzhosengeneration gefällig gestylt, wenn sie via TV-Quizshow Frohsinn in die Wohnzimmer trägt (wo – nebenbei bemerkt – noch immer die Frauen aufstehen, um die Soletti zu holen). Die Generation nach Schwarzer, also jene jetzt Zwanzig- bis Ende Dreißigjährigen, die sich ins emanzipatorisch aufbereitete Nest gesetzt haben, ersetzt die bedingt kleidsamen Birkenstocklatschen von einst durch Genußfreudigkeit und Sex-Appeal. Ihr Motto der Stunde: Dem passiven Jammerfeminismus (Männer sind pfui, und wir sind arm) werden offensive Strategien entgegengesetzt. Und die haben einiges für sich:

Die Zukunftsstrategien für zeitgemäße Feministinnen

1. Erkennen, daß Frauen nicht unbedingt die besseren Menschen sind. Streichen Sie den Mythos, daß Frauen im Grunde friedliebend, solidarisch und überhaupt der bessere Teil der Menschheit sind, aus Ihrem Gedächtnis. All die positiven Eigenschaften, die man Frauen gemeinhin zurechnet, mögen zwar für Sie persönlich zutreffen – für die Bürokollegin, die Geschäftspartnerin oder die Nachbarin trifft es vielleicht nicht zu. Frauen sind untereinander nicht immer so paktfähig, wie es den Anschein hat. Zu sehr ist das Konkurrenzdenken in uns verhaftet. Ein kleines, aber eindrucksvolles Indiz dafür: Von 100 beruflich erfolgreichen Frauen werten es 50 als „persönliche Unzulänglichkeit", wenn sie von einer anderen Frau beruflich überholt werden (die Ermittlung führte ein österreichisches Umfrageinstitut durch). Frauen konkurrieren miteinander haargenauso wie Männer. Frauensolidarität ist ein hübscher Begriff, der im Alltag – und besonders im Berufsalltag – praktisch nicht existent ist. Jede Frau will die beste sein. Wer sich das deutlich vor Augen führt, hat es leichter.

2. Der richtige Umgang mit Neid. Ein Tabuthema – aber eines, mit dem man besser umgehen kann, wenn man seine Mechanismen erkannt hat. Anstelle sinnlos neidisch zu sein (was, gestehen wir es ruhig ein, in den merkwürdigsten Situationen vorkommen kann und keine Schande ist), sollte man den Neid besser in Kreativität umsetzen. Neid kann ein echter Erfolgsantrieb sein, wenn man genau analysiert, was dahinter steckt. Fragen Sie sich: Was kann die (Was hat die? Wen hat die? ... Die Liste ist beliebig erweiterbar), was ich nicht kann? Warum bin ich auf diese Person neidisch? Mögliche Antwort: Weil sie hübscher, erfolgreicher, gelassener, souveräner ist. Was auch immer der Grund für das durchaus nicht ehrenrührige Gefühl des Neides ist: Stellen Sie die Vorteile des Neidobjekts Ihren eigenen Vorteilen gegenüber. Vermutlich werden Ihnen bei dieser Analyse erstmals die Nachteile der Rivalin richtig bewußt. Und um nichts anderes geht es doch, oder?

3. Der richtige Umgang mit Konkurrentinnen. Neid und Konkurrenz sind zweierlei. Neid ist von einem eher destruktiven Gefühl des „Das will ich auch haben" geprägt. Konkurrenzdenken ist mit sportlichem Ehrgeiz durchsetzt und bei Frauen, da sie auch nur Menschen sind, praktisch an der Tagesordnung.

Knifflige Strategien, um Konkurrentinnen zumindest mundtot zu machen, sind zu situationsbedingt, um sie hier empfehlen zu können. Eine Globalempfehlung freilich gibt es, und die wirkt sensationell: Die effektivste Konkurrentinnen-Ausschaltemethode ist nämlich die des Komplimentemachens. Wer halbwegs glaubwürdig klingende Komplimente verteilt (überwinden Sie sich – irgend etwas wird die andere schon haben, das es zu preisen lohnt), wird von seinem geschmeichelten Gegenüber nicht mehr als Konkurrenz betrachtet. Eher schon als Verbündete. Was Sie aus dieser Situation dann machen, bleibt Ihrer Phantasie überlassen. Der solidarisch geprägten. Oder der konkurrenzdominierten. Entscheiden Sie sich für letztere, geht der Pluspunkt an Sie.

Trend 6: Family-Boom – Comeback der alten Werte

War die Familie bisher vor allem für jene Frauen Lebensinhalt, die ihre Zeit und Kraft ausschließlich in den Dienst der Lieben daheim stellten, wird sie zunehmend auch für berufstätige Frauen zum bestimmenden Faktor. Den bewußten Verzicht auf Kinder und ein damit verbundenes Familienleben nehmen nur fünf unter einhundert Frauen in Kauf, die Tendenz wird diesbezüglich in den nächsten Jahren aber steigen.

92 Prozent der berufstätigen Frauen geben an, in ihrem Leben vorrangig nach einer glücklichen Partnerschaft zu streben, für 78 Prozent der Berufstätigen ist das „Familienglück" vorrangiges Lebensziel. Die Familie wird für den einzelnen wichtiger denn je – aber sie präsentiert sich künftig in neuer Form. Das Stichwort für eine neue, immer häufiger vorzufindende Familienform: „Clanning". Damit ist die kinderreiche Großfamilie gemeint, in der auch ehemalige Familienmitglieder (z. B. geschiedene Ehegatten) ihren fixen Platz haben und in die alte und neue Familienmitglieder mit einbezogen werden. Aktuelles Beispiel für die Sehnsucht nach dem heilen Familienclan ist die hysterische Huldigung der personifizierten, singenden Altkleidersammlung, bekannt unter dem Namen „Kelly

Family". Zehn Geschwister, die Freud und Leid miteinander teilen und nach außen hin (wenn auch bedingt ästhetische) Clan-Power demonstrieren.

Die Familienmodelle der Zukunft (Ausführliche Beispiele zu den neuen Familienmodellen finden Sie im Kapitel „Der Familienreport" ab Seite 121.)

1. Die moderne Großfamilie kommt. Doch sie setzt sich nicht wie früher aus mehreren Generationen derselben Sippe zusammen, sondern besteht aus aktuellen und verflossenen Partnerschaften samt zugehörigen Kindern. Im besten Fall eine gelungene Symbiose aus alt und neu – im Regelfall ein schwieriges Konstrukt aus verletzten Gefühlen, noch nicht verarbeiteten Trennungen und Kränkungen.
In diesen neu gemischten Konstellationen avancieren Stiefeltern (von legendären Feindbildern) zwangsweise zu entscheidenden Bezugspersonen. Die „Stepfamily Association of America", eine Vereinigung, die seit 13 Jahren das Verhältnis zwischen Stiefeltern und Stiefkindern durchleuchtet, bemüht sich etwa darum, Begriffe wie „Stiefmutter" oder „Stiefvater" aus den Wörterbüchern dieser Welt zu tilgen. Künftig soll statt dessen von „gemischten" oder „zusammengesetzten" Familien und Elternpaaren die Rede sein.
Was für das Modell der Großfamilie spricht: Es ist für Kinder aus geschiedenen Ehen (oder von getrennten Eltern) eines der „schonendsten" Familienmodelle – vorausgesetzt, das leibliche Elternpaar steht miteinander in gutem Kontakt und die neuen Partner der Eltern werden von den Kindern (und den alten Partnern) akzeptiert.
Was dagegen spricht: Die Toleranzgrenze der Beteiligten muß hoch sein – nur wenige schaffen es in der Praxis tatsächlich, den neuen Partner ihres eigenen Expartners zu akzeptieren (von mögen ganz zu schweigen). Und: Alle Beteiligten sind ständig mit der Vergangenheit konfrontiert, die möglicherweise nicht ganz rosig war . . .

2. Die idealisierte Kleinfamilie. Jede dritte Familie bricht derzeit auseinander, die Scheidungsraten werden weiterhin steigen. Trotzdem wird die Kleinfamilie – das aus Vater, Mutter, Kindern bestehende traute Glück – nach wie vor als Ideal angesehen. 55 Prozent der Frauen (und ungefähr ebenso viele Männer) betrachten die traditionelle Ehe als zukunftsträchtigste Beziehungsform. Der „offenen Ehe", also einer Beziehungsform, die nicht auf Monogamie besteht, geben 24 Prozent die meisten Zukunftschancen. Und nur 20 Prozent der Frauen finden, daß die Zukunft verstärkt im Singledasein mit wechselnden Beziehungen liegt.
Was für das Modell der Kleinfamilie spricht: Sofern es funktioniert, ist es für alle Beteiligten, vor allem aber für die Kinder, die bestmögliche Ausgangsbasis für Glück und Zufriedenheit. Aus Umfragen weiß man, daß die Mitglieder typisch traditioneller Kleinfamilien mit ihrem Leben doppelt so häufig zufrieden und im reinen sind wie jene aus z. B. Einelternfamilien. Und für Kinder ist das Vater-Mutter-Kind-Modell nach wie vor das beherrschende Ideal: Unter zehn befragten Kindern zwischen sechs und 16 Jahren ist nur eines, das die traditionelle Familie nicht als „Wunschmodell" für die eigene Situation angibt. Und dieses eine wächst nicht in einer traditionellen Familie auf.
Was dagegen spricht: Das Konstrukt ist extrem krisenanfällig. (Wie die eine oder andere Krise vermeidbar wäre, lesen Sie im Kapitel „Der Familienreport" ab Seite 121.)

3. Die Einelternfamilie. Auch in Zukunft – trotz hoher Scheidungsraten – eher der Kompromiß als das richtungweisende Modell. Warum? Weil Einelternfamilien fraglos toll funktionieren können – aber weil sich nur ein verschwindend kleiner Prozentsatz (von Kindern wie Eltern gleichermaßen) eine Einelternfamilie als ausdrückliches Zukunftsmodell wünscht.
Was dafür spricht: Allein die Tatsache, daß die Absenz eines Elternteils in speziellen Fällen das kleinere Übel ist als die Anwesenheit.
Was dagegen spricht: Fast immer fühlt sich der alleinerziehende Elternteil überlastet, die finanziellen Krisen in Ein-

elternfamilien sind allgegenwärtig. Jede fünfte Alleinerzieherin lebt unter der Armutsgrenze.

Trend 7: Jede Frau wird zur Beauty-Queen

Der faltenlose Teint, die prachtvolle Mähne, die schlanken Hüften, die straff gespannte Bauchdecke: das alles wird spätestens im Jahr 2005 nicht mehr das Ergebnis harter Trainingseinheiten im Fitneßcenter und regelmäßiger Pflegeorgien vor dem Badezimmerspiegel sein, sondern per „Mouseklick" am Computer, per Vitaminpillen und per High-Tech-Kosmetik über die Menschheit kommen. Computerprogramme errechnen individuelle Ernährungs- und Fitneßpläne, geben Stylingtips und erstellen persönliche Make-up-Farbskalen passend zur jeweiligen Tagesverfassung. Die Zukunft der Schönheit wird spannend. Und unweigerlich zum ganz großen Thema: Äußere Schönheit wird, nicht zuletzt durch die immer ausgefeilteren Hilfsmaßnahmen zur Erlangung derselben, immer wichtiger. Nicht unbedingt eine Errungenschaft, aber eine Tatsache: Schon jetzt werden schöne Menschen, wie Untersuchungen belegen, sowohl beruflich als auch privat bevorzugt behandelt (man „verzeiht" ihnen mehr). Und diese Tendenz wird sich – wie alle diesbezüglichen Trendprognosen belegen – weiter fortsetzen.

Die wichtigsten neuen Schönheitsstrategien

1. Schönheit per Computer. Egal, ob Sie auf der Suche nach einer ganz bestimmten Lippenstiftfarbe sind oder ob Sie einfach wissen möchten, wie Sie den Lidstrich perfekt hinbekommen: Sie klicken sich in ein paar Jahren ganz selbstverständlich in das „Internationale Beauty-Service-Netz" Ihres mit Telefonmodem ausgestatteten Computers und rufen die Informationen ab. Ihr Computer weiß alles über Sie, da Ihre persönlichen Daten – bis hin zu Ihrer Hautbeschaffenheit und dem Fett/Wasser-Anteil in Ihrem Körper – in ihm gespeichert sind. Auf Knopfdruck erstellt er Ihnen Ihr tägliches Fitneßprogramm, über Internet können Sie mit Fitneßexperten aus aller Welt via Bildschirm plaudern. Auch beim Trainieren auf Ihren Hometrainingsmaschinen (denn ins Fitneßcenter geht dann niemand mehr – frau hat alles, was sie braucht, zu Hause) sind Sie via winziger, auf der Haut befestigter Elektroden mit dem Computer verbunden. Er „erfühlt" solcherart sofort, wenn Sie über- oder unterbeansprucht sind, und erteilt die entsprechenden Anweisungen.

2. Die individuelle Ernährung boomt. Auch Ihren individuellen Ernährungsplan bekommen Sie via Computer geliefert – selbstverständlich samt exakter, auf Ihre Tagesverfassung abgestimmter Kalorienangabe. Gesunde Ernährung wird zur Selbstverständlichkeit, Vitaminprogramme werden für den einzelnen ebenso individuell zusammengestellt wie spezielles „Gefühls-food", das im Bedarfsfall die Stimmung hebt. Trotz dieses High-Tech-Effektes geht der Trend zur Natürlichkeit. Die Pille als Speisenersatz, vor zehn Jahren in aller Munde, allerdings über das Planungsstadium nie hinausgekommen, bleibt Zukunftsmusik. Der Genuß steht im Vordergrund. Amerikanische Molekularbiologen arbeiten allerdings an einer Pille mit „Sättigungseffekt", die jenes Molekül enthält, das laut Untersuchungen im Blut vieler Übergewichtiger fehlt. Pillen werden außerdem zum Zwecke der Schönheitserhaltung oder -aufbesserung eingenommen – und zwar nicht zu knapp: Für jeden Quadratzentimeter des Körpers wird es ein eigenes „Pillenprogramm" geben. Wetten, daß auch Sie in zehn Jahren die eine oder andere Beauty-Pille, z. B. zur Stärkung der Haarwurzeln, schlucken?

X **3. Wir bleiben nicht für immer jung – aber immer länger jung.** Die derzeit größten Feinde der Haut, die sogenannten „Freien Radikale", die für die Faltenbildung mitverantwortlich sind, werden in spätestens fünf Jahren besiegt sein. Das zumindest versprechen die Forscher der großen Kosmetikkonzerne, die international an einem gemeinsamen Ziel arbeiten: der Herstellung von „Cosmeceuticals", einer hochwirksamen Mischung aus Medizin und Kosmetik. Diese neuartigen, noch im Forschungsstadium befindlichen Produkte sollen den Prozeß der Hautalterung wesentlich verlangsamen. Doch nicht nur hochwirksame Pflegeprodukte wird frau künftig zur Erhaltung ihrer besten Jahre heranziehen – sie wird auch immer häufiger auf die Unterstützung plastischer Mediziner bauen. Nicht umfassende Faceliftings mit Vollnarkose sind künftig gefragt, sondern kleine chirurgische Eingriffe, die, unter Lokalanästhesie durchgeführt, mit relativ geringem Risiko relativ großen Effekt erzielen. Von der Absaugung ungeliebter Oberschenkelfettdepots bis zur Unterspritzung der Fältchen rund um die Augen (für die das körpereigene, abgesaugte Fett aus den Oberschenkeln verwendet werden kann) reicht die Palette der sogenannten „Minimaleingriffe", denen sich immer mehr Frauen unterziehen. Mit ein Grund, warum es künftig noch mehr Frauen als bisher sein werden: Die Eingriffe selbst werden dank hochtechnisierter Apparate immer billiger. Künftig kann sich also nicht nur die Gattin des Generaldirektors, sondern auch seine Sekretärin ein Minilifting leisten . . .

Freut euch, Mädels:
Nur noch 475 Jahre bis zur Gleichstellung!

Von Männern wurde einst erwartet, das treue Eheweib vor den Widrigkeiten des Lebens zu bewahren. Von Frauen wurde erwartet, daß sie sich um die Kinder kümmern und das Abendessen richten.

Von Männern wurde erwartet, daß sie der Dame in den Mantel helfen, daß sie den Sonntagsbraten finanzieren und daß sie sich auch sonst ein wenig ritterlich betragen. Von Frauen wurde erwartet, daß sie sich um die Kinder kümmern und das Abendessen richten.

Alles hatte seine Ordnung. Bis der Feminismus die Zutaten der Aufgabenverteilung wie einen dreifachgeshakten Cocktail durcheinanderschleuderte.

Von Frauen wurde jetzt erwartet, den Sonntagsbraten selbst zu finanzieren. Und daß sie sich auch weiterhin um die Kinder und das Abendessen kümmern. Daß sie ihre von Küchen- und strengeren Gerüchen einseitig beanspruchten Näschen plötzlich der deutlich abgestandeneren Luft von Büros und Fabrikshallen aussetzten, daß sie dort hineinschnupperten, wo es nach Geld, Einfluß und ein wenig Selbstverwirklichung duftete (oder, was häufig vorkam, auch nur nach dem für den Boß gekochten Kaffee) – gut, das war ihr Privatvergnügen. Man ließ die Muttis gewähren.

Aufgrund des außerhäuslichen Kaffeekochens oder Berichteschreibens oder Brückenkonstruierens kamen viele Frauen mit der Organisation der innerhäuslichen Notwendigkeiten in Verzug.

Abendessen gab's erst später. Und es war manchmal nicht so liebevoll gerichtet, wie es der überraschten Sippe zustand. Es stammte vielleicht aus dem Tiefkühlfach des Supermarktes, den die Nachtmahlzeit-Beauftragte vom Dienst knapp vor Ladenschluß zügig durchquerte. Manche waren privilegiert: Die saßen selbst an der Kasse des Supermarktes und konnten das Abendessen deshalb gleich an Ort und Stelle besorgen. Au fein. Dafür kamen sie halt später nach Hause, um es ihren Lieben zu richten. Man kann nicht alles haben.

Fast hätte ich's vergessen: Die Frauen, die sich tagsüber im Geldscheffeln übten und bei den Abendessenvorbereitungen deshalb nicht mehr so konzentriert bei der Sache waren, die wurden auch zunehmend aufmüpfiger. Sie erwarteten von ihren Männern, daß die sich um die Kinder kümmern und das Abendessen selber richten.
Sie redeten viel von Partnerschaftlichkeit, sie redeten viel von Gleichwertigkeit. Die Männer verstanden nur Bahnhof. Sie wollten nämlich nicht so gleichwertig sein, um das Abendessen richten zu müssen.
Die Frauen wurden ärgerlich. Sie schimpften die Männer aus. Viele unter denen, die noch keine Kinder hüten mußten, warfen das dreckige Handtuch. Und tauschten ihren Mann gegen ein Spaghettisieb von Alessi ein. Das war formschöner, von bleibendem Wert und gerade so unpraktisch, daß man noch damit zurechtkam (man war ja an täglichen Kummer gewöhnt). Außerdem machte es sich in der durchgestylten Singleküche ausgesprochen nett. Die abgelegten Männer, die ihrerseits nun auch in durchgestylten Singleküchen den Designerlöffel schwangen (vor allem, wenn es galt, eine neue Bekanntschaft via Entenbrüstchen an Trüffelsauce im Majoran-Fond zu beeindrucken), verstanden immer noch Bahnhof. Jene Frauen, die nebst dem Abendessen auch für Kinder verantwortlich zeichneten, blieben meist bei ihren Männern. Für Spaghettisiebe von Alessi hatten sie kein Geld.
Irgendwann versammelten sich alle zum großen Finale: Singlemänner und Singlefrauen, die sich ihr Leben eigentlich anders vorgestellt hatten und ihr Alessi-Sieb ins Pfefferland wünschten. Gattinnen und Ehemänner, deren Beziehung über der noch immer nicht gelösten Abendessenzubereitungsfrage zerbröselte. Alle trampelten mit konsequenter Verbissenheit aufeinander herum und warfen sich unschöne Ausdrücke an die Köpfe: blöde Kerle; häßliche Emanzen; faule Doofköpfe; machtgeile Karriereweiber; unfähige Väter; hirndefekte Muttis. Irgendeine Kategorisierung traf auf jeden zu. Und keiner wußte mehr so recht, was der andere: a) über ihn denkt; b) über ihn weitererzählt; c) von ihm erwartet.
Die naheliegende Lösung: Männer und Frauen versuchten,

möglichst viel in einem zu sein, um möglichst wenig Angriffsfläche zu bieten.
Und so ist es bis jetzt geblieben.
Die Medien berichten stolz von neuen Müttern, die im Kinderwagensteuern so firm sind wie im Lenken der Geschäfte. Sie schreiben von tapferen neuen Vätern, die das Handy so selbstverständlich wie die frische Pampers zücken. Sie präsentieren uns den Inbegriff des neuen Superweibes, das, wie Uschi Glas im Fernsehen, ihren Sattelschlepper pilotiert, im Kieswerk das Kommando gibt, als Alleinerzieherin zwei Kinder durchbringt, und das alles in Kleidergröße 34. Die Botschaft dahinter: Alles ist möglich, auch im richtigen Leben (Zugeständnis an die Praxis: mit Kleidergröße 36).
Die Karten des unterhaltsamen „Wer bin ich"-Gesellschaftsspiels (schon gesehen um 99.90 – lauf, Frauchen, lauf, damit dir die Mezzie nicht durch die Lappen geht und du nicht wieder einmal als einzige das aktuelle Sonderangebot verschläfst) werden ständig neu gemischt. Raffiniert eingebaute Falle, die regelmäßig zur Erheiterung der Tischgesellschaft beiträgt: Der Schwarze Peter geht an denjenigen, der sein Pflichtsoll einmal nicht zur Gänze erfüllt.
Eine Mutter (berufstätig oder nicht, tut nichts zur Sache), deren Kind zum dritten Mal bei der Mathe-Arbeit versagt? Die faßt den Schwarzen Peter vor lauter schlechtem Gewissen gleich freiwillig aus. Nur her damit und dicker Rußpunkt auf die Nase! Pfui, Mutti! Vermutlich bist du wieder faul über der Bügelwäsche eingedöst, anstatt mit deinem Kind zu üben. Oder fehlt dir das nötige Hirnschmalz für dreistellige Divisionen?
Eine Frau, die freiwillig auf Kinder verzichtet oder einfach nicht den Partner gefunden hat, mit dem sie welche möchte? Kleiner Rußpunkt auf die Nase. Du, du, karrieregeiles Mädel! Streng dich an, einen Mann zu finden, bevor du so runzelig bist, daß du nur noch als Käsereibe taugst.
Eine Mutter, die Spaß daran hat, bei ihren Kindern zu Hause zu bleiben? Mittlerer Rußpunkt, verpaßt von der Gruppe der berufstätigen Mütter. Armes Trampelchen. Heute schon heiße Infos beim Sandkasten-Small-talk aufgeschnappt?

Eine Berufstätige, die trotz Kindern weiterarbeitet? Dreifacher Rußpunkt, verpaßt von der Gruppe der Hausfrauen. Geldgierige Ziege. Kann sich nur um Jahre handeln, bis ihre Brut im Rinnstein verkommt.
Wehe also demjenigen, der in einer seiner Rollen nicht ganz sattelfest ist. Damit sich die Akteure ihren Part gut einprägen können, deshalb jetzt noch einmal zur Wiederholung (dreimal deutlich nachsprechen, bitte):

- *Sind Sie ein Mann, wird von Ihnen erwartet,* daß Sie künftig weiblicher agieren und trotzdem Ihre Männlichkeit bewahren. Wie Sie das Kunststück zuwege bringen, ist Ihr Problem. (Da Sie in der Rolle des neuen Mannes zum Dilettieren neigen, haben wir die erste Reihe fußfrei reserviert: Damit wir, falls wir uns über Ihre lachhafte Vorstellung gerade nicht amüsieren, auch kräftige „Buh"-Rufe loslassen können.)
- *Sind Sie eine Frau, wird von Ihnen erwartet,* daß Sie die großen Rollen der Weltliteratur in Ihrer Person vereinen: heute arglos wie Fausts Gretchen, morgen kämpferisch wie Johanna von Orleans, dazwischen ab und zu verzweifelt wie Ophelia und im Grunde tückisch wie Lady Macbeth, die als machtgeile Schreckschraube ihren Alten zu grimmigen Untaten drängt. Nur Mut, mit etwas Übung schaffen Sie das locker!

Gesellschaftliches Fazit zum ausgehenden 20. Jahrhundert: Um es allen recht zu machen, sollte jeder alles können. Frauen noch ein wenig mehr als Männer (und zudem nie, nie vergessen, das Abendessen zu richten!).

Aber wir haben als Frauen andererseits auch die Freiheit, das zu machen, was wir wollen. Auch wenn die Schelte schon vorprogrammiert ist (spätestens, wenn das Kind die erste schlechte Note nach Hause bringt): Die Optionen für Frauen sind mittlerweile, gestehen wir es ruhig ein, sogar weitaus vielfältiger als die für Männer:

- *Frauen können Kinder bekommen – oder auch nicht* (Männer dürfen vielleicht mitentscheiden – oder auch nicht). Auf Zahlen umgelegt, bedeutet das: Fragt man 18- bis 25jährige junge Frauen danach, ob sie in den nächsten zehn Jahren Kinder haben möchten, antworten 70 Prozent mit „Ja", 25 Prozent mit

„Ich weiß nicht" und nur eine Minderheit von fünf Prozent definitiv mit „Nein".
Von jungen Männern der gleichen Alterskategorie wird der Kinderwunsch zu 40 Prozent mit „Ja", zu 40 Prozent mit „Ich weiß nicht" und zu 20 Prozent mit „Nein" beantwortet. Sie wollen, zumindest auf theoretische Befragungen hin, also weniger oft Kinder als Frauen. In der Praxis bekommen sie natürlich trotzdem genauso viele.

- *Frauen können berufstätig sein – oder auch nicht* (Männer müssen berufstätig sein – sind sie es nicht, sind sie irgendwie auch keine richtigen Männer). Die kontinuierliche, aufstiegsorientierte Berufstätigkeit ist für die Mehrheit der männlichen Schulabgänger das bestimmende, vorprogrammierte Lebensmodell. Sie haben keine Wahl, wohl auch, weil man (und vor allem die Frauen) ihnen gar keine läßt.

Junge Frauen können ihr künftiges, persönliches Lebensmodell (fast) maßschneidern: Familie, Karriere, beides vereint, jeder Bereich für sich oder keiner von beiden. Auch wenn es nicht ohne Zores abgeht, die Frau hat die Wahl.

- *Insgesamt sind Frauen in den letzten 30 Jahren ein gutes Stück aufgerückt*, die Männer treten auf der Stelle. Und Trendforscher wie der Deutsche Matthias Horx orten gar schon die gesellschaftliche „Idiotisierung" des zutiefst verunsicherten Mannes, der nicht mehr weiß, was die ausgezuckten Weiber ringsum eigentlich von ihm erwarten. „Die Männer sind die Idioten der Zukunft", erzählte mir Horx in einem Interview. „Und zwar deshalb, weil die Frauen immer stärker und anspruchsvoller werden. Jetzt reicht es nicht mehr, daß ein Mann klug oder reich ist, jetzt muß er auch sexy sein." Begleitendes Zahlenmaterial, das die männliche Verunsicherung eindrucksvoll dokumentiert, ist auch schon zur Hand: Laut einer Umfrage der deutschen „Gesellschaft für Rationale Psychologie" leiden 65 Prozent aller Männer an Komplexen – aber nur 35 Prozent der Frauen.

Bevor Ihnen aber die Tränen kommen: Solange die verstörten Kerlchen die Schlüsselpositionen der Macht mit einer Inbrunst verteidigen, die auch Zweijährige bei der gewaltsamen

Entwendung ihrer Gummibärliration an den Tag legen; und so lange das Abrücken von ihren angestammten Revieren nur millimeterweise erfolgt (zehn Bärlis für mich, eines für dich, aber nur, wenn du brav bitte sagst und ich dir dafür den Sandkuchen zerdreschen darf), solange brauchen wir uns um sie keine Sorgen zu machen.
Im Gegenteil: Wir müssen sie auch weiterhin, leider, leider, gezielt ein wenig traktieren. Wenn schon nicht in unserem eigenen, dann im Interesse der Allgemeinheit.
Die amerikanische Frauenorganisation „Feminist Majority Foundation" vertagt nämlich jegliche weibliche Euphorie ins nächste Jahrtausend: Bis zur weltweiten, völligen Gleichstellung von Mann und Frau, so die aufschlußreiche Berechnung, wird es noch 475 Jahre dauern.
Spätenstens dann werden sich die Süßen ihr Abendessen aber selbst richten.

In Zukunft werd' ich alles besser machen!
Drei Frauen und ihre ganz persönlichen Zukunftsentwürfe

Die folgenden Interviews, die ich im letzten Jahr mit drei Frauen aus drei völlig unterschiedlichen Lebenssituationen führte, spiegeln die jeweiligen Erwartungen an die Zukunft sehr deutlich wider. Eine Frau ist geschieden bzw. lebte zum Zeitpunkt des Interviews gerade in Scheidung. Eine andere ist Alleinerzieherin und will ihr Leben komplett umstellen. Die dritte Frau lebt in einem traditionellen Familienverband und wäre rundum glücklich – wenn da nicht diese paar störenden Kleinigkeiten wären, die alles in Frage stellen . . .
Die Aussagen der Frauen sind jeweils als Fallstudie zusammengefaßt. Am Ende jedes Beispiels finden Sie aktuelle, jeweils zum Thema passende Zukunftsprognosen: Sie geben Ihnen Aufschluß darüber, inwiefern die im Interview von den Frauen geäußerten Wünsche an ihre Zukunft auch realistisch sind. Welche Erwartungen sich vermutlich erfüllen werden – und welche mit hoher Wahrscheinlichkeit nicht.
Die Berechnungen der Zukunftsprognosen stammen vom IFAT-Institut Wien.
Die Gespräche sind nur auszugsweise und beschränkt auf die interessantesten Aussagen wiedergegeben.

Ich baue mir meine Zukunft selbst!

Helene M. ist 36 Jahre alt, arbeitet als Marketingmanagerin in einem Getränkekonzern und hat zwei Kinder, sieben und fünf Jahre alt. Ihren Job beschreibt sie selbst als „äußerst stressig", vor sieben Uhr abends ist sie selten zu Hause. Die Kinder werden tagsüber von einem Au-pair-Mädchen und von Helenes Mutter betreut.
Zum Zeitpunkt des Gespräches lebte Helene in Scheidung. Ihr Mann, Unternehmer in der Computerbranche, hatte über mehrere Jahre hinweg wechselnde außereheliche Beziehungen, auch Helene hat seit zwei Jahren einen festen Freund. Wegen der Kinder arrangierte man sich und blieb zusammen. Gemeinsame

Familienurlaube demonstrierten auch nach außen hin die heile Welt. Die aktuelle Freundin ihres Mannes ist nun schwanger – für Helene ein Grund, sich endgültig von ihrem Mann zu trennen. Die gemeinsame Wohnung wird sie behalten, die Unterhaltsfrage für die Kinder ist zu aller Zufriedenheit geklärt. Man wird vereinbaren, daß die Kinder jedes zweite Wochenende bei ihrem Vater verbringen. Das Gespräch fand eine Woche nach dem Auszug ihres Mannes aus der ehelichen Wohnung statt. Helene M. wirkte ausgeglichener als die meisten Frauen in ähnlicher Situation. Fast möchte man sagen, sie machte einen fröhlichen Eindruck.

Helene: „Ich bin nicht der Typ, der still vor sich hin leidet, mit Weltschmerz und so. Ich habe vor, mir jetzt meine Zukunft selbst zu bauen, genauso, wie ich sie mir vorstelle. Die Scheidung war mein Wunsch, den mein Mann auch akzeptiert hat. Ich wollte reinen Tisch machen. Es war nicht so, daß bisher alles schlecht lief. Wir führten eine Art offene Ehe, so könnte man das bezeichnen, wobei die Offenheit vor allem von ihm ausging. Mich damit abzufinden war eigentlich das schwerste. Ich konnte lange nicht akzeptieren, daß mein Mann auch andere Beziehungen führt, daß ich ihm offenbar nicht genüge. Trennen wollte ich mich aber auch nicht. Also habe ich das für mich Beste daraus gemacht und ebenfalls Nebenbeziehungen begonnen. Daß die Freundin meines Mannes jetzt schwanger ist, ist für mich aber ein Grund zu sagen: aus, vorbei. Jetzt fange ich alleine an, das Leben zu genießen.
Wir waren ja offiziell eine funktionierende Familie, nur ein paar Freunde und natürlich meine Mutter, die auch tagsüber viel bei den Kindern ist, haben gewußt, daß wir nicht ganz so traditionell leben, wie es nach außen hin gewirkt hat. Die Kinder haben es natürlich mitbekommen, aber nur am Rande. Mein Freund war für sie eben ein Freund der Mama. Wir haben uns arrangiert, mein Mann wußte, wo ich zu bestimmten Zeiten an bestimmten Tagen bin. Das war kein Thema, er hatte sein Leben, ich meines, und dann gab es da noch eine Art gemeinsames Leben, das vor allem durch die Kinder bestimmt wurde. Urlaube, gemeinsame Wochenenden, an de-

nen wir als Familie etwas unternommen haben. Aber im Grunde war es doch so, daß ich an allen Ecken das Gefühl hatte, nicht genügend Zeit zu haben. Ich saß doch zwischen allen Stühlen. Mein Freund stellte natürlich Zeitansprüche, er mußte sowieso wegen der Kinder immer zurückstecken. Und dann hab' ich mich bis zuletzt geweigert, mit ihm richtig auf Urlaub zu fahren. Urlaub – das hat für mich so etwas Endgültiges, das wollte ich nicht. Mit ihm ist es jetzt übrigens aus – wohl auch bedingt durch die Trennung von meinem Mann. Ich habe einen doppelten Schlußstrich gezogen.
Die Kinder haben natürlich auch Zeit beansprucht, ganz klar, daß ich viel zuwenig bei ihnen war. Mein Mann – na gut. Der hat sich nie über mangelnde Zeit meinerseits beklagt, aber das hätte mich noch am wenigsten gestört. Ich wäre ganz gern öfter mit ihm zusammengewesen. Für mich selbst ist jedenfalls überhaupt nichts mehr übriggeblieben. Mich hat es hin- und hergerissen, wie eine Betrunkene.
Obwohl ich eher ein traditioneller Typ bin, auch wenn das nach außen hin überhaupt nicht so wirkt. Ich gelte bei vielen als, na ja, Exotin oder bunter Hund. Manche meiner Arbeitskollegen oder auch Freundinnen finden, daß ich ein ungeheuer spannendes Leben habe. Eine Frau, die verheiratet ist und trotzdem eine offen deklarierte Beziehung führt, das pakken die irgendwie nicht. Spannend ist aber nur der Schein, in Wahrheit ist es Streß total. Mein Wunsch war nur, eine ganz normale Familie zu haben. Vater, Mutter, Kinder, alle happy miteinander. Ohne Kinkerlitzchen, ohne offene Nebenbeziehungen. Meine Eltern waren 40 Jahre verheiratet, bis mein Vater gestorben ist. Ich glaube, sie haben bis zuletzt eine tolle Ehe geführt. So etwas betrachte ich als Leistung.
Jetzt müssen die Kinder und ich ruhiger werden, und ich denke, daß das jetzt auch eher möglich ist als früher. Ich habe vor, viel Zeit mit ihnen zu verbringen, in ein paar Jahren sind sie erwachsen.
Wenn ich mir eine Wunschsituation vorstelle, dann sieht die so aus: Ich bin verheiratet mit einem sehr netten Mann, der meine Kinder genauso akzeptiert wie seine eigenen. Vielleicht haben wir auch zusammen noch ein Kind, ich könnte

mir das ganz gut vorstellen. Ich bin berufstätig, aber nicht mehr so mit hängender Zunge wie jetzt. Ich stelle mir alles leichter, weniger ermüdend als derzeit vor. Vielleicht arbeite ich von zu Hause aus, vielleicht selbständig. Der Gedanke, eine eigene Agentur zu haben, hat mich immer gereizt. Ich wäre der Typ, der so etwas aufziehen könnte. Ich stelle mir mein Leben ruhig und schön vor. Nicht irrsinnig spektakulär, aber kontinuierlich zufriedenstellend.
Es klingt vielleicht komisch, aber ich wünsche mir, bewußt leben zu können. Nicht in einer Maschinerie zu verkommen, die mir eine Pflicht nach der anderen abverlangt. Ich will die Freiheit besitzen, das zu tun, was ich will. Ich glaube, ich werde ein System erfinden, um das möglich zu machen."

So wird Helene M. vermutlich im Jahr 2010 leben

- *Helene M. wird wahrscheinlich nicht verheiratet sein.* Während 60 Prozent der geschiedenen Männer der Mittel- und Oberschicht schon zwei Jahre nach der Trennung vom Lebenspartner wieder in einer neuen fixen Partnerschaft (oder Ehe) leben, heiratet nur maximal jede dritte geschiedene Frau mit Kindern noch einmal. Wenn sie es tut, hat diese Ehe doppelt so gute Chancen wie die vorangegangene, zu bestehen: Nur jede sechste Zweitehe wird laut aktuellen Statistiken wieder geschieden (hingegen jede zweite bis dritte Erstehe).

- *Helene M. wird vermutlich selbständig tätig sein.* Sie entspricht relativ genau jenem Typ Frau, der von Soziologen als „typischer Kleinunternehmertyp" der Zukunft charakterisiert wird: lebens- und berufserfahren, mit Kindern, aber ohne Partner, der als beruflicher „Hemmschuh" fungiert. Beruflich will dieser Typ vor allem „in sich selbst investieren" und Arbeitspensum bzw. Ruhepausen selbst bestimmen.

- *Helene M. wird vermutlich kein weiteres Kind mehr haben.* Daß sie noch ein Kind bekommt, ist laut statistischer Wahrscheinlichkeitsrechnung eher nicht der Fall. Da sie sich beruflich vermutlich selbständig macht, käme ein Kind ungelegen. Tendenziell geht der Kinderwunsch bei beruflich stark engagierten Frauen zurück – bis zum Jahr 2010 wird er, so die Berechnungen des IFAT-Institutes, weiter abnehmen.

- *Helene M. wird vermutlich ein offenes Familienmodell leben.* Laut Statistik wird die „monogame Ehe bzw. Partnerschaft auf Zeit" zum meistgelebten Modell der Zukunft werden. Bis zum Jahr 2010, so die IFAT-Berechnungen, wird die Tendenz der „Zeitpartnerschaft" stark zunehmen. Das bedeutet im konkreten Fall: Helene M. wird nach ihrer Scheidung vermutlich zwischen einer und drei längeren Partnerschaften geführt haben und sich – dem Trend der Zeit entsprechend – im guten Einvernehmen von ihren Männern getrennt haben. Was bedeutet: Alte und neue Partner (unter ihnen auch ihr Exmann und Vater ihrer Kinder) könnten sich zu einer Art harmonischer neuer Familiengemeinschaft finden, in der man den lockeren, nicht verpflichtenden Umgang miteinander lebt. Die Voraussetzungen dafür wären ideal.

Fazit:
Auf der Plusseite ihrer Zukunft stehen:
- Größere Selbständigkeit und dadurch allgemeine größere Befriedigung.
- Vermehrte soziale Kontakte (durch die angestrebte Selbständigkeit und die neue Rolle als „Nicht-Ehefrau").
- Vermehrte Partnerschaftserfahrungen, die sich wiederum positiv auf alle anderen Bereiche auswirken.
- Letztlich mehr Selbstvertrauen.

Auf der Minusseite ihrer Zukunft stehen:
- Finanzielle Einbußen, vor allem in den ersten, statistisch bereits erfaßten schwierigen drei Jahren nach der Scheidung.
- Partnerschaftskonflikte, die allerdings auch wieder die Chance „zum Wachsen" bieten.
- Das Gefühl, letztlich doch zu wenig Zeit mit den Kindern verbracht zu haben – Schuldgefühle werden durch die Scheidung verstärkt und (auch das ist in Langzeitstudien erhoben) mit den Jahren nicht schwächer.

Noch mehr versagen kann ich nicht

Patrizia K., 35, ist alleinerziehende Mutter eines elfjährigen Sohnes. Sie arbeitet halbtags als Telefonistin in einem Computerkonzern und lebt mit ihrem neuen Partner seit einem Jahr im gemeinsamen Haushalt. Das Verhältnis vom Sohn zum neuen Partner ist eher gespannt, was das Familienleben erheblich belastet. Der Vater ihres Kindes lebt im Ausland und kommt nur selten zu Besuch. Patrizia wünscht sich noch ein Kind, um – wie sie sagt – „eine Zeitlang in Ruhe zu Hause bleiben zu können". Ihren Partner hat sie von ihrem Kinderwunsch noch nicht hundertprozentig überzeugt.
Das Gespräch findet in der hübsch renovierten Altbauwohnung ihres Partners statt, die jetzt gemeinsamer Familiensitz ist. Patrizia fühlt sich nicht uneingeschränkt wohl in der Wohnung, wie leicht zu erkennen ist.

Patrizia: „Mein Lebensgefährte ist schon zweimal geschieden und hat zwei Söhne. Es ist alles nicht ganz einfach. Wir, also mein Sohn und ich, sind da praktisch in eine Art Großfamilie hineingerutscht und gehören jetzt auch dazu. Aber so rosig ist das alles nicht. Mal gibt es Streit mit der ersten Exfrau, weil er die Kinder nicht übers Wochenende nehmen kann, mal regt sich seine zweite Exfrau über irgendwelche Reparaturrechnungen auf, weil ihr im Grunde diese Wohnung hier gehört. Seine zweite Exfrau ist sehr wohlhabend, sie besitzt Häuser und Wohnungen, und vermietet alles. Sie gibt sich großzügig, aber im Grunde läßt sie uns doch sehr spüren, daß wir ohne sie nicht hier säßen. Dabei verlangt sie ohnehin eine horrende Miete.
Mein Partner ist Computerfachmann, ich habe ihn in der Firma kennengelernt. Am Anfang lief es heimlich, Büroliebschaften sind bei unserer Geschäftsleitung nicht gerne gesehen. Also haben wir es irgendwann offiziell gemacht und sind dann auch zusammengezogen. Ich habe meine Wohnung aufgegeben, bin mit meinem Sohn Atil zu ihm gezogen. Er hatte einfach die größere, schönere Wohnung. Mein Sohn hat hier ein Riesenzimmer. Spannungen gibt es trotzdem. Mein Partner,

der Thomas, und mein Sohn sind sich nicht ganz grün. Mein Sohn nimmt von ihm überhaupt nichts an, reagiert auf alles, was er sagt, ziemlich bockig. Anfangs habe ich gedacht, das legt sich, aber es sieht, ehrlich gesagt, nicht so aus. Mein Sohn leidet darunter, seinen Vater nur selten zu sehen. Der ist Türke und hat ein Restaurant in Istanbul. Sie telefonieren zirka einmal pro Monat und sehen einander ein paarmal im Jahr. Der Kontakt ist aber schlecht, da brauchen wir uns gar nichts vorzumachen. Wir sind damals im Streit auseinander, es gab Mordsstreitereien, auch um das Kind. Er ist zurück nach Istanbul. Seither ist Funkstille zwischen uns, ich lege auch keinen besonderen Wert darauf, daß er sich um Atil kümmert. Ich habe das Gefühl, daß Atil mir so ziemlich alles übelnimmt. Das Kind ist quasi ein einziger lebender Vorwurf. Ich koch' immer das Falsche, ich kann ihm dieses und jenes nicht kaufen, was die Mütter seiner Freunde natürlich tun, ich entspreche auch optisch nicht seiner Vorstellung, weil er mir sogar vorwirft, zu dick zu sein. Ich bin nicht schlank, aber meinem Lebensgefährten gefalle ich so, wie ich bin. Er nimmt es mir auch übel, daß wir aus unserer alten Wohnung ausgezogen sind – obwohl er es jetzt viel schöner hat. In seinen Augen habe ich irgendwie versagt, noch mehr versagen kann ich offenbar nicht. Und ich versuche ohnehin total auf seine Wünsche einzugehen. Ich arbeite von 8 bis 14 Uhr, bin also nachmittags zu Hause. Den Haushalt schmeiße ich komplett alleine, da macht mein Partner gar nichts. Vermutlich ist das auch ein Grund, warum seine zwei Ehen schiefgegangen sind, offiziell war es allerdings Untreue, von beiden Seiten.
Ich bin jetzt an dem Punkt, wo ich mir sage: Ewig so weitergehen kann es nicht. Ich will wieder eine richtige Familie haben, eine Familie, die zueinander steht. Ich hätte gerne noch ein Kind. Dem Atil trau' ich mich so etwas gar nicht zu sagen, ich kann mir vorstellen, wie er reagiert. Mein Partner findet, es sei noch zu früh, wir sollten zuerst noch das Leben zu zweit genießen. Uneingeschränkt können wir es sowieso nicht genießen, da sind zu viele Kinder mit ihren Ansprüchen, auch finanziell läuft es im Moment nicht so rasend.
Aber ich habe nicht mehr wahnsinnig viel Zeit, mit Mitte

Dreißig ist man sowieso schon eine alte Mutter. Ich habe mir vorgenommen, binnen der nächsten drei Jahre schwanger zu werden. Mein Freund wäre ein guter Vater. Ich wäre gerne die Familienglucke, die alles zusammenhält. Zu arbeiten würde ich dann aufhören, zumindest für ein paar Jahre. Ein großes Kind, ein kleines Kind, ein Mann, eine schöne Wohnung, und ich umsorge alle. Ich stelle mir das sehr schön vor. Vermutlich wäre mein Kind dann auch glücklicher."

So wird Patrizia K. wahrscheinlich im Jahr 2010 leben

- *Patrizia K. wird vermutlich noch ein Kind bekommen.* Im Gespräch wurde deutlich, daß sie es – im Ernstfall auch gegen den Willen ihres Partners – darauf anlegt. Sie wird vermutlich „schnell schwanger" werden und will dadurch natürlich auch ihre Position in der Partnerschaft festigen. Sie will durch das Kind auch „zu Hause bleiben können": Mit dieser Einstellung zählt sie derzeit zu einer Minderheit. Statistisch will nur eine unter zehn Frauen aus der Motivation „zu Hause bleiben zu wollen" ein Kind. Bis zum Jahr 2015 wird der Prozentsatz jener, die diese Einstellung vertreten, aber mit großer Wahrscheinlichkeit steigen. Zu Hause zu sein bekommt wieder ein schickeres Image, Trendforscher beobachten weltweit eine Art häusliche Rückbesinnung (siehe auch „Der Familienreport" ab Seite 121).

- *Patrizia K. wird vermutlich Probleme in der Partnerschaft bekommen.* Nicht nur durch die nur von ihrer Seite gewollte Schwangerschaft: Das neue Kind wird die Konkurrenzsituation zwischen Kindesvater und Patrizias Sohn noch verschärfen. Statistisch gesehen hat ihre Partnerschaft ohnehin denkbar schlechte Chancen, weil gleich drei ungünstige Faktoren aufeinandertreffen: 1. Der Partner fühlt sich durch das Kind gelinkt. Eine sehr schlechte Voraussetzung. 2. Patrizia hat keine eigene Wohnung, und sobald das Baby da ist, kein eigenes Einkommen. Sie ist vom Lebensgefährten abhängig. Ebenfalls denkbar schlecht. 3. Sie geht fast naiv-blauäugig ihren Weg, Motto: Bin ich erst schwanger, wird sich schon alles von selbst regeln. Insgesamt schlechte Aussichten.

Fazit:

Auf der Plusseite ihrer Zukunft stehen:

- Bei erfülltem Babywunsch das Gefühl, noch einmal etwas geleistet zu haben.
- Die Chance, neu zu beginnen und eine neue Familie zu gründen.

Auf der Minusseite ihrer Zukunft stehen:

- Ein glückliches Familienleben bzw. eine glückliche Partnerschaft ist nur durch große Selbstlosigkeit ihrerseits möglich. Ihr Lebensgefährte wird – trotz neuem Baby – Pascha bleiben. Laut Statistik ändern sich Männer mit eingefahrenen Verhaltensmustern so gut wie nie.

Ich bewundere Frauen, die alles schaffen!

Barbara H., 41, hat drei Kinder (17, 12 und 8 Jahre) und ist Hausfrau. Ihr Mann ist Manager eines Lebensmittelkonzerns und beruflich sehr engagiert. Ihren Beruf – sie ist als Krankenschwester ausgebildet – hat Barbara nur bis zur ersten Schwangerschaft ausgeübt, seit damals ist sie zu Hause. Eine Putzhilfe und ein gelegentlich im Haus wohnendes Au-pair-Mädchen unterstützen sie, auch genießt sie es, ihren Mann auf seinen häufigen Auslandsreisen zu begleiten. Zwei aktive Großmütter übernehmen dann die Kinderbetreuung. Die Familie bewohnt ein Eigenheim in einem grünen Randbezirk, der Garten ist Barbaras Hobby. Vordergründig wirkt alles sehr idyllisch.

Im Interview spricht Barbara oft in sogenannten Ausweichfloskeln, sie benutzt häufig Wörter wie „vielleicht", „möglicherweise", „unter Umständen". Man hat das Gefühl, sie weiß selbst nicht so recht, was sie eigentlich will, und möchte sich daher nicht festlegen.

Barbara: „Der vierzigste Geburtstag war für mich wie ein Hammerschlag. Irgendwie hatte ich das Gefühl, jetzt in einer Falle zu sitzen. Die noch verbleibenden, na sagen wir, dreißig guten Jahre, die sind komplett vorgegeben. Mann, Haus, Kinder, alles hat seinen fixen Platz. Die Kinder werden bald selbständig sein, die Älteste braucht mich jetzt kaum noch. Die zwei Buben sind natürlich froh, daß ich zu Hause bin. Sie genießen es, mittags nach Hause zu kommen, und ich bin da, das Essen steht auf dem Tisch, alles ist fertig. Ich bin ein Familienmensch, ich bin gerne für meine Familie da. War ich immer schon. Es geht mir gut, ich bin glücklich. Hin und wieder überfällt mich eine gewisse Unruhe, ja, das schon. Jetzt, seit ich vierzig bin, wird sie größer, kommt mir vor. Ich weiß, daß ich für meine Familie wichtig bin, ich organisiere alles, ohne mich läuft nichts. Aber es genügt mir offenbar nicht mehr ganz. Ich bin oft gereizt, rege mich über Kleinigkeiten auf.

Ich überlege, einen Job anzunehmen, vielleicht nur ein paar Stunden in der Woche. Nicht als Krankenschwester, das ginge nicht mehr. Was genau, weiß ich nicht. Ich denke, daß ich im Organisieren ganz gut bin.

Mein Mann ist dagegen, war er immer schon. Er genießt es, eine Frau zu haben, die zu Hause ist. Obwohl er natürlich, abgesehen von mir, nur von Frauen umgeben ist, die berufstätig sind, von echten Karrierefrauen. Manche von ihnen haben auch Kinder. Ich bewundere Frauen, die alles schaffen. Ich könnte das nicht. Oder vielleicht habe ich es nur nie versucht, ich hätte vermutlich hartnäckiger sein sollen.

Probleme in der Ehe hat es natürlich gegeben. Da waren Freundinnen meines Mannes, von zweien weiß ich konkret. Was sonst noch war, weiß ich nicht, aber ich bin sicher, daß etwas war. Ich hatte auch eine Affäre, es ging über ein paar Monate. Nichts Wichtiges, ich glaube, der Grund dafür war überhaupt nur, daß ich mich irgendwie rächen wollte. Ich sitze hier zu Hause, er ist draußen in der Welt und bewundert die tollen Karrierefrauen. Sicher, ich begleite ihn oft auf seinen Reisen, aber ich bleibe immer nur die Ehefrau. Das hat mir eigentlich nie genügt, ich habe aber auch nie etwas unternommen, um das zu ändern. Selbst schuld. Jetzt ist es vermutlich zu spät. Eine Vierzigjährige, praktisch ohne Berufserfahrung, wer will die noch? Und dann denke ich mir natürlich, daß ich es im Grunde auch überhaupt nicht nötig habe, zu arbeiten. Ich habe ein wunderschönes Haus, den großen

Garten, den ich ganz alleine mache. Arbeit genug. Finanziell bin ich abgesichert, auch ohne eigenes Einkommen. Das war nie ein Thema bei uns, mein Mann ist sehr großzügig.
Es gibt Tage, da will ich am liebsten gar nicht aufstehen. Da macht mir alles unendliche Mühe, sogar das Schulbrot herzurichten für die zwei Kleinen. Wenn alle weg sind, lege ich mich dann wieder ins Bett, döse manchmal noch bis elf, sogar zwölf. Ich fühle mich oft sehr müde. In solchen Phasen ist es mir unerklärlich, wie andere ständig aufgeweckt und munter durch die Gegend wieseln können, Kinder hierhin und dorthin bringen, dazu noch einen Beruf ... viele Frauen schaffen das. Ich bin irgendwie ... zu müde dazu.
Ich koche gerne und esse gerne. Das wirkt sich auch auf die Figur aus. Mein Mann hat mir zum Geburtstag ein Fitneßgerät für zu Hause geschenkt, anfangs hab' ich darauf auch trainiert, jetzt nicht mehr. Es steht herum, alleine darauf herumzuturnen macht keinen Spaß.
Für das, wie gut es mir eigentlich geht, komme ich mir viel zu antriebslos und lustlos vor. Ich bräuchte eine Aufgabe, außerhalb meines Umfeldes. Ich habe sogar schon begonnen, ein Buch zu schreiben, im Formulieren bin ich ganz gut. Lauter Kurzgeschichten, vier sind fertig. Aber seit ein paar Wochen hab' ich nicht mehr geschrieben. Morgen fang' ich wieder an. Heute denke ich mir, morgen wird alles besser."

So wird Barbara H. wahrscheinlich im Jahr 2010 leben

- *Sie wird, mit einer Wahrscheinlichkeit von 50 Prozent, geschieden sein.* Barbara entspricht dem typischen „Scheidungsopfer": Jahrzehntelang bei den Kindern zu Hause geblieben, finanziell komplett von ihrem Mann abhängig (was sie unter „Absicherung" versteht, ist in Wahrheit ein Sparbuch für den Notfall, das aber wirklich nur im Notfall hilft). Ihr Mann hat sie, wie sie erzählte, schon öfter betrogen, daß er es wieder tut, ist anzunehmen. Sie legt bereits jetzt das typische Verhaltensmuster der betrogenen Ehefrau an den Tag, die still vor sich hin leidet, aber nichts unternimmt, um den Schaden nicht noch größer werden zu lassen. Denkbar schlechte Voraussetzungen für eine lebendige, erfüllende Partnerschaft.

Statistisch werden bereits zwei von drei Scheidungen von Frauen eingereicht, in den nächsten zehn Jahren wird sich diese Tendenz der weiblichen Scheidungsinitiativen drastisch erhöhen: Prognosen ergeben, daß bald drei von vier Scheidungen von Frauen eingereicht werden. Barbara H. wird mit hoher Wahrscheinlichkeit nicht unter ihnen sein, da sie sich selbst zu einer Trennung nur schwer durchringen könnte.

- *Sie wird beruflich vermutlich nicht aktiv sein.* Unabhängig von ihrer familiären Situation, wird sie mit hoher Wahrscheinlichkeit nach wie vor zu Hause bleiben. Das entspricht nicht nur ihrem Charakter, sondern auch den errechenbaren Prognosen: Sogenannte „Nur"-Hausfrauen, die lange Zeit beruflich pausiert haben, neigen laut sämtlichen Statistiken dazu, auch weiterhin zu Hause zu bleiben. Wiedereinstiege nach der Kinderpause sind – trotz diesbezüglicher Bemühungen von Regierungsseite – in der Wirtschaft weiterhin äußerst schwierig. Auch noch in den nächsten Jahren.

- *Sie wird sich selbst durch gezielte „Sinnfindung" verwirklichen.* Vom Verhaltensmuster her entspricht Barbara H. genau jener Zielgruppe, die bereits jetzt die Selbsterfahrungsgruppen aller (oft auch esoterischer) Art bevölkern. Tendenziell wird der Lebenshilfemarkt und damit der Boom zur Beschäftigung mit der Seele bzw. den eigenen Gefühlen in den nächsten zehn Jahren rapide steigen und gigantische Ausmaße annehmen. Ein Typ wie Barbara H. (unzufrieden mit dem bisher Erreichten, ohne es sich wirklich einzugestehen) wird durch die Programme einschlägiger Gruppen, Kurse etc. extrem angesprochen. 70 Prozent der allgemeinen Lebensberatungsklientel sind Frauen, viele davon mit ähnlichem Background wie Barbara H.

Fazit:

Auf der Plusseite ihrer Zukunft stehen:

- Egal, wie Barbaras Situation in zehn Jahren aussieht: Sie kann auf familiärem Rückhalt aufbauen, selbst im Fall einer Scheidung wird sie ihr finanzielles Auskommen finden.

- Auch wenn sie mit sich selbst nie zufrieden scheint: Die Erfahrungen als Mutter und Haushaltsorganisatorin haben sie geprägt, sie ist fähig dazu, ihre Frau zu stehen.
- In den Augen vieler – und zeitweise sogar in ihren eigenen – ist sie extrem privilegiert und wird es auch weiterhin sein.

Auf der Minusseite ihrer Zukunft stehen:

- Das typische „Leeres-Nest-Syndrom", wenn die Kinder aus dem Haus sind und sie noch immer ohne weiteres Aufgabengebiet ist.
- Die finanzielle Abhängigkeit von ihrem Mann, die ihr in jedem Fall – ob mit oder ohne Trennung – zu schaffen macht.
- Das Gefühl, eigentlich mehr leisten zu können und nicht wirklich gefordert zu sein. Möglicherweise Einsamkeit, Orientierungslosigkeit.

Der Partnerschaftsreport

Was Frauen von ihrer Partnerschaft erwarten

So denken Frauen über ihre Beziehung zum Partner (ausgewertet wurden 10.000 Antworten).

Was sind Ihre hauptsächlichen Motive, um sich fest an einen bestimmten Partner zu binden?

Vertrauen	98%
Verläßlichkeit	96%
Gesprächsfähigkeit	95%
gemeinsame Interessen	86%
sexuelle Harmonie	70%
erotische Anziehung	61%
soziales Ansehen	36%
materielle Sicherheit	32%
Aussehen des Partners	29%

Am ausschlaggebendsten ist das „Vertrauen" in den Partner, gefolgt von Verläßlichkeit und Gesprächsfähigkeit. Fast 100 Prozent der Frauen sind der Meinung, daß eine Beziehung in erster Linie auf diesen drei Säulen aufgebaut sein muß.
Auch die sexuelle Harmonie wird relativ wichtig genommen. Interessant ist, daß das Aussehen des Partners eher sekundär ist. Nur von 29 Prozent der Frauen wird es als Motiv für eine feste Partnerschaft genannt. Zum Vergleich: In ähnlichen Umfragen bewerten Männer das Aussehen einer Frau zu 80 Prozent als „sehr wichtig", das heißt, für die große Mehrzahl der Männer ist das Aussehen zumindest ausschlaggebend dafür, mit einer bestimmten Frau eine Partnerschaft einzugehen.

Meine Prioritäten im Leben sind:

Das haben Hausfrauen geantwortet:

Familie insgesamt	95%
die Kinder	92%
der Partner	80%
die Arbeit (Haushalt)	9%
Selbstverwirklichung	45%
die Gesundheit	93%

Das haben berufstätige Frauen geantwortet:

Familie insgesamt	70%
die Kinder	63%
der Partner	78%
der Beruf	60%
Selbstverwirklichung	62%
die Gesundheit	93%

Familie und Kinder nehmen bei Hausfrauen naturgemäß einen höheren Stellenwert ein als bei berufstätigen Frauen (die oft noch keine Kinder haben). Die Partnerschaft wird von Hausfrauen und Berufstätigen fast gleich wichtig eingestuft, die Hausfrauen nehmen sie etwas wichtiger (was, bedingt durch die wirtschaftliche Abhängigkeit vom Mann, logisch ist). Der Bereich Selbstverwirklichung wird von Berufstätigen deutlich wichtiger genommen als von Hausfrauen.
Interessant in der Gruppe der berufstätigen Frauen: Partnerschaft, Familie und Kinder werden insgesamt als wesentlich wichtiger als der Beruf angesehen.

Wieviel Zeit verbringen Sie täglich mit Ihrem Partner?

unter einer Stunde	8%
1–2 Stunden	20%
2–5 Stunden	56%
6 Stunden und mehr	16%

Die Mehrzahl der Frauen verbringt täglich zwischen zwei und

fünf Stunden mit dem Partner, und zwar berufstätige Frauen genauso wie Hausfrauen. Mit insgesamt 28 Prozent ist allerdings die Gruppe relativ groß, die täglich nur bis zu zwei Stunden mit dem Partner verbringt.

Wie lange dauert Ihre derzeitige Partnerschaft?

kürzer als ein Jahr	10%
1–3 Jahre	15%
3–5 Jahre	14%
5–10 Jahre	22%
10–15 Jahre	15%
länger als 15 Jahre	24%

Fast ein Viertel der 10.000 für diese Erhebung befragten Frauen lebt mit dem Partner schon länger als 15 Jahre zusammen. Berücksichtigt man, daß insgesamt 49 Prozent jener Frauen, die sich an der Umfrage beteiligten, zwischen 31 und 50 Jahren alt sind (fünf Prozent unter ihnen sind über 50 Jahre, 46 Prozent unter 31 Jahre), heißt das: Fast die Hälfte der Frauen zwischen 31 und 50 Jahren lebt in einer mehr als 15jährigen Partnerschaft.

Schätzt Ihr Partner Frauen, die berufstätig sind?

ja	47%
eher ja	41%
eher nein	11%
nein	1%

Insgesamt zwölf Prozent der Männer ziehen demnach eine Frau, die sich ausschließlich um Familie und Haushalt kümmert, einer berufstätigen Partnerin vor. Die „Eher nein"- und „Nein"-Antworten stammen allerdings ausschließlich von Frauen in der Alterskategorie über 40 Jahre.

Ist Ihnen der berufliche Stellenwert Ihres Partners wichtig?

ja	46%
eher ja	41%
eher nein	11%
nein	2%

Nur insgesamt 13 Prozent stufen den beruflichen Stellenwert des Partners für die Beziehung als unwichtig ein. Das bedeutet: Der überwiegenden Mehrheit der Frauen ist auch das soziale Ansehen in der Partnerschaft, das ja eng mit beruflichen Erfolgen des Partners zusammenhängt, wichtig. Besonders interessant: Berufstätige Frauen mit Matura-/Abiturabschluß, die in einer höheren Einkommenskategorie rangieren, geben zu über 90 Prozent an, daß ihnen der berufliche Stellenwert des Partners wichtig ist. Mit dem eigenen Erfolg steigen also auch die Erwartungen an die Erfolge des Partners.

Hat sich Ihr Partner im Vergleich zu früher zu seinem Nachteil verändert?

ja	4%
eher ja	11%
eher nein	26%
nein	59%

Der Großteil der Frauen ist demnach mit dem Partner auch nach einer langjährigen Beziehung noch zufrieden oder deklariert diese Zufriedenheit zumindest nach außen hin. Wobei die Zufriedenheit bei den Hausfrauen deutlich höher liegt als bei den Berufstätigen: Unter den Unzufriedenen (also jenen, die mit „Ja" oder „Eher ja" geantwortet haben) sind insgesamt 85 Prozent berufstätige Frauen.

Werden Sie von anderen Frauen um Ihren Partner beneidet?

ja	25%
eher ja	51%
eher nein	19%
nein	5%

Ob bei dieser Frage auch Wunschdenken mitgespielt hat? Ein wenig vermutlich schon, denn anders ist es kaum zu erklären, daß insgesamt 76 Prozent der Meinung sind, andere Frauen beneideten sie um ihren Partner. Tatsächlich dürfte es aber so sein, daß sich dieser sehr hohe Prozentsatz wünscht, von anderen Frauen um den Partner beneidet zu werden. Und das ist ja wiederum durchaus legitim.

Ziehen Sie das Alleinsein einer unbefriedigenden Beziehung vor?

ja	50%
eher ja	34%
eher nein	8%
nein	8%

Frauen agieren demnach zunehmend selbstbewußt: Nur insgesamt 16 Prozent würden eher eine emotional unbefriedigende Partnerschaft in Kauf nehmen, als alleine zu leben.

Wieviel Zeit nehmen Sie sich täglich für persönliche Gespräche mit Ihrem Partner?

5 Min.	9%
15 Min.	19%
30 Min.	35%
60 Min.	17%
über eine Stunde	20%

Die tägliche Gesprächszeit mit dem Partner ist knapp bemessen: Der Großteil von 35 Prozent nimmt sich täglich nur 30 Minuten Zeit, um mit dem Partner zu reden. Umkehrschlüsse sind allerdings zulässig: Der Partner läßt nur eine tägliche Gesprächszeit von 30 Minuten zu.
Relativ hoch ist mit neun Prozent die Zahl jener Frauen, die nur fünf Minuten täglich mit ihrem Partner reden. Vergleicht man diese Zahlen mit jenen, die darüber Auskunft geben, wieviel Zeit Frauen täglich mit ihrem Partner verbringen, liegt der Schluß nahe: Die Zeit, die im selben Umfeld ver-

bracht wird, wird nicht unbedingt miteinander verbracht. Immerhin haben 56 Prozent der Frauen angegeben, täglich zwischen zwei und fünf Stunden mit dem Partner zu verbringen.

Würden Sie wissen wollen, wenn Sie Ihr Partner betrügt?

ja	39%
eher ja	24%
eher nein	19%
nein	18%

Die Mehrheit der Frauen möchte Bescheid wissen, trotzdem ist der Prozentsatz jener, die über einen Seitensprung des Partners nichts (oder eher nichts) wissen wollen, mit insgesamt 37 Prozent hoch.

Wenn ich fremdgehe(-ginge), versuch(t)e ich es geheimzuhalten:

ja	45%
eher ja	28%
eher nein	13%
nein	14%

Die Mehrheit schweigt.

Die Zukunft von Ehe und Partnerschaft – und die vielversprechendsten Paarmodelle

Die monogame Zweierbeziehung ist ein Auslaufmodell.
Es lebe die monogame Zweierbeziehung!
Alle führenden Soziologen halten die beziehungsgebeutelte Menschheit derzeit mit dem Spiel von der guten und der schlechten Nachricht in Atem.
Die traditionelle Paarbeziehung liegt in Trümmern. Doch aus der Asche nicht krisenfester Lebensgemeinschaften steigt letztlich das neue, das bessere Paar. Nachfolgend finden Sie die statistisch fundierten Prognosen darüber, in welcher Form es sich künftig präsentieren wird.
Statistisch ertragen einander heute nur noch drei von zehn Paaren, bis daß der Tod sie scheidet. Mehr als 70 Prozent aller Mitteleuropäer drängt es, so belegt die einschlägige Statistik, zumindest gelegentlich auf die außereheliche Bettstatt. Seitensprünge sind zum Medienthema Nummer 1 avanciert. Jeder – und vor allem jede – tut es, mitunter auch vor dem lüsternen Auge der Öffentlichkeit. Daraus resultierende Trennungen sind mittlerweile auch daheim bei Königs legitim. Ja, sie wirken sogar meinungsbildend. Lady Di's Trennung vom britischen Thronfolger brachte eine Sympathiewelle für die traurige Prinzessin ins Rollen: Er betrog sie, sie betrog ihn, wer zuerst mit wem was hatte, wissen alleine Gott und die Queen, doch das tut nichts zur Sache. Man gönnte Di das Vergnügen mit dem einen oder anderen Reitlehrer von ganzem Herzen, und jeder, der in die Causa medialen Einblick nahm (es nicht zu tun, war praktisch unmöglich), hatte sein persönliches Genugtuungserlebnis. Na also, bei denen auch. Die Botschaft hinter derlei öffentlichem Stallgeflüster: Wenn die Liebe erloschen ist, wagt man auch in höchsten Kreisen einen Neubeginn. Niemand will heute mehr einem Partnermodell folgen, das vorgibt, wie man zu leben hat.
Doch trotz Seitensprungeuphorie, die in den letzten zehn Jahren regelmäßig durch die Medien geisterte: Die monogame Zweierbeziehung ist für die Mehrzahl der Menschen – und nicht nur der Frauen! – nach wie vor das Ideal.

Es gilt als chic, monogam zu sein

Daß die Treue (oder zumindest der Vorsatz dazu) entgegen vieler Prognosen im täglichen Beziehungsalltag eine Renaissance erlebt, beweist der hohe Prozentsatz jener Frauen, die sich eine monogame Beziehung wünschen. Die diesem Buch zugrundeliegende Umfrage ergab: Die lebenslange Monogamie gilt in fast allen Altersgruppen (ausgenommen die unter 21jährigen Frauen) als Ideal. Immerhin 58 Prozent der 26- bis 30jährigen Frauen (also jene, die großteils wirtschaftlich nicht mehr vom Partner abhängig sind) vertreten diese Meinung; aber auch 55 Prozent der 31- bis 35jährigen und 49 Prozent der 36- bis 40jährigen.

Soziologen, wie etwa der Amerikaner Richard Easterlin, prognostizieren für das nächste Jahrzehnt einen neuen „Treueboom". Das mag als Schlagwort übertrieben sein, entspricht aber im groben den Tendenzen, die auch in Mitteleuropa von Trendforschern und Demoskopen zunehmend registriert werden: Die Werte der fünfziger Jahre – Ehe, Heim, Familie, Aufbau und Zusammenhalt – werden in den neunziger Jahren vor allem von der erfolgsorientierten Generation der 20- bis 45jährigen wieder hochgehalten. Mode und Designkultur orientieren sich an den alten Werten. Man will für sich und seine Familie ein Wohlfühlumfeld schaffen, man kocht wieder lieber zu Hause für Freunde, als in nüchternen Restaurants zu essen, man demonstriert öffentlich Familien- und Beziehungsglück, man ist stolz darauf, verheiratet zu sein und es schon so viele Jahre miteinander „geschafft" zu haben. Was man zum Glücklichsein braucht, holt man sich ins Haus. Dementsprechend wichtig wird die Partnerschaft genommen. Der Partner wird – genauso wie Kinder oder die Familie im allgemeinen – mystifiziert und natürlich teilweise mit Erwartungen überfrachtet. Die US-Anthropologin Helen Fisher geht in ihrer letzten Studie davon aus, daß die steigende Gleichberechtigung zwischen den Geschlechtern traditionelle Partnerschaftsmodelle fördert. Gerade weil Frauen alle Möglichkeiten haben, sehnen sie sich nach dem „Partner fürs Leben".

Das bedeutet nun freilich nicht, daß wir alle in den nächsten Jahren als keimfreie Doris-Day-Doppelgängerinnen agieren werden – mit gestärkten, hochgeschlossenen Blusen und einem Begrüßungskuß für den Ehemann, kaum daß der Gute über die Schwelle getreten ist. Es bedeutet nicht, daß wir jeglicher Versuchung wacker standhalten und errötend heimeilen, wenn uns ein Fremder länger als zwei Zehntelsekunden in die Augen starrt. Aber es bedeutet, daß jene selbständige, wirtschaftlich unabhängige Frauengeneration, die dieses Jahrzehnt entscheidend mitprägt, trotz aller Unabhängigkeit nicht auf einen wesentlichen Lebensbereich verzichten will: auf den der erfüllenden Partnerschaft, die – und das ist eine Tatsache – einfach besser funktioniert, wenn man gegenseitig einzigartig füreinander bleibt. Lediglich zu dieser Erkenntnis kommen immer mehr Frauen, unabhängig davon, ob sie diese auch in die Praxis umsetzen.

Das neue „Staying together"-Syndrom

Trotz Trennungsrekordzahlen orten Soziologen weltweit eine Partnerschaftstrendwende, die unter dem neuen Schlagwort „Staying together" zum Begriff wird. Jede dritte Ehe wird geschieden, die Zweit- oder Drittehe wird bereits als Normalfall gesehen. Das alles scheint die persönliche Vorstellung von Liebe und Partnerschaft aber nur am Rande zu tangieren. Was da draußen vor sich geht, wer's da mit wem treibt und warum – das ist, gestehen wir es uns doch ruhig ein – von hohem Unterhaltungswert, solange es nicht zum persönlichen Thema wird.

Persönlich will die überwiegende Mehrheit heute nämlich nach wie vor genau das, was bereits die überwiegende Mehrheit gestern und vorgestern und vor hundert Jahren wollte: eine fixe, monogame Beziehung, die möglichst lange – im besten Fall auch ewig – halten möge. Therapeuten registrieren in den letzten Jahren gerade bei Jungverheirateten die Tendenz, lieber verstärkt an der Beziehung zu arbeiten, als sie aufzugeben. Die Trennung vom Partner wird immer öfter als schlechtere Alternative erkannt. Ein Symptom dafür: Um das zwischenmenschliche Übel an der Wurzel zu packen, greifen immer mehr Paare auf professionelle Hilfe zurück. Paar- und Familientherapie sind zum ernstzunehmenden Wirtschafts-

zweig avanciert, weil das Bedürfnis, an Beziehungen festzuhalten, wächst.
Der Zürcher Paartherapeut Jürg Willi, Autor zahlreicher Bücher zur Belebung lasch gewordener Partnerschaften, sagte während eines Interviews: „Der Trend zu stabilen, bleibenden Werten wirkt sich ganz stark auf unser Beziehungsverhalten aus. Man will das, was man hat, behalten und dafür kämpfen. Es stimmt zwar, daß die Scheidungszahlen steigen, aber man läßt sich nicht mehr so leichtfertig wie noch vor zehn Jahren scheiden."
Die statistisch erfaßte Erfolgsquote von Paartherapien liegt übrigens bei 70 Prozent. Als Erfolg betrachten es Therapeuten allerdings auch, wenn das Paar sich trennt , also – so oder so – klare Verhältnisse schafft.
Wie Sie eine private Paartherapie zur Auffrischung der Beziehung zu Hause durchführen können, lesen Sie ab Seite 118.

Die Ehe als Arbeitsgemeinschaft: Zusammenhalt in guten wie in schlechten Tagen

Arbeit verbindet, mitunter mehr als bloße Liebe. Alle Untersuchungen, die die Beweggründe für partnerschaftlichen Zusammenhalt entschlüsseln, belegen, daß gemeinsame berufliche Interessen Paare mehr „zusammenschweißen" als reine Gefühle. Das berufliche Ziel befruchtet auch wieder die Beziehung. Und es kommt nicht von ungefähr, daß das Prinzip des „Working together" von sämtlichen Trendforschern als Lösungsmodell im Beziehungskrisengebiet gesehen wird.
Die Ehe als Zweck- und Arbeitsgemeinschaft – das klingt barsch und äußerst unromantisch. Es klingt nach Verbissenheit, Plage und Bürde des Schicksals, die man gottergeben trägt. Es klingt nach Landluft, nach schwieligen Händen, nach „du mistest den Stall aus, und ich fahr' das Heu ein". Es klingt so gar nicht nach blaßrosa Teerosen, nach funkelnden Aufmerksamkeiten von bleibendem Wert, nach Champagnerlaune und Kaviarfrühstück um ein Uhr mittags.
Und doch ist das Modell zukunftsweisend: Paare, die auch beruflich ein Duo sind, trennen sich weitaus seltener als Paare, bei denen jeder Partner einem anderen Beruf nachgeht. Sie lie-

ben einander vielleicht nicht mehr als andere, aber sie trennen sich in jedem Fall schwerer, da die Verbundenheit meist größer ist.
Und nachgewiesen ist auch: Ehemodelle, die auf Gefühlen wie Leidenschaft und Liebe basieren, sind am krisenanfälligsten.
John Naisbitt, der Autor des US-Bestsellers „Megatrends 2000“, hat die Vorteile des „Working together“ bereits vor zehn Jahren in seinen Büchern, die er gemeinsam mit seiner Ehefrau Patricia Aburdene verfaßte, gepriesen. Mittlerweile vertritt er eine eher totalitäre Auffassung dieser Partnerschaftsform: Er läßt alle Medien verklagen, die den Namen seiner Frau in Rezensionen nicht erwähnen.
Auch das Künstlerehepaar Christo verschreckte die Reporter bei der Verhüllung des Berliner Reichstages mit ihrer Drohung, alle Medien zu ignorieren, die nicht bereit sind, die Christos im Doppelpack zu promoten. Weder Herr Christo noch Frau Christo waren gewillt, ohne Unterstützung des anderen auch nur einen Satz in diverse Mikrofone zu sagen. Weniger rigorose Beispiele erfolgreicher Zusammenarbeit gibt es zahlreiche: Jedes dritte Paar, so belegen Untersuchungen, würde es auch für die Beziehung als Gewinn betrachten, zusammen arbeiten zu können. Fazit daraus: Immer mehr Paare gründen ihre eigenen Unternehmen. Zusammen leben und arbeiten – ein mögliches Erfolgskonzept mit vielen Vorteilen und im Grunde nur einem gravierenden Nachteil: Wenn Beziehung und beruflicher Erfolg eng verknüpft sind, färbt es mitunter auf die Partnerschaft ab, wenn die Geschäfte schlecht gehen. Und auch der Umkehrschluß ist zulässig.

Die neuen „Peer-Couples“: Partnerschaft mit Erfolgsgarantie

Die Bezeichnung „peer“ bedeutet im Englischen soviel wie gemeinsam, ebenbürtig, gleichgestellt. Die amerikanische Soziologin Pepper Schwarz fand im Rahmen einer Langzeitstudie heraus, daß bei schwulen und lesbischen Paaren ein Partnerschaftsmodell vorherrscht, das auf diesen Prinzipien beruht. Die Beziehungen der von ihr beobachteten Paare waren großteils glücklicher, ausgeglichener und auch wesentlich beständiger als jene von heterosexuellen Paaren. Pepper Schwarz nahm diese Tatsache zum Anlaß, die Erfolgsregeln der schwulen Paare genau unter die Lupe zu nehmen. Ihrer Meinung nach kann jedes heterosexuelle Paar zum glücklichen „Peer-Couple" werden – vorausgesetzt, es berücksichtigt die wichtigsten „Peer"-Prinzipien.

Funktionierende Ehen, so die US-Soziologin, würden im Prinzip nach dem gleichen Muster wie glückliche Homobeziehungen geführt.

Und Heteropaare könnten sich ihrer Meinung nach eine Menge Beziehungsärger ersparen, würden sie sich nach den zukunftsweisenden „Peer"-Prinzipien orientieren.

Und das sind die Kennzeichen eines typischen „Peer-Paares":

- Gleichberechtigung ist in der Beziehung kein Thema, sondern eine Selbstverständlichkeit. Nicht jeder hat die gleichen Pflichten, aber beide haben die gleichen Rechte.
- Lebensqualität wird von „Peer-Paaren" nicht mit Statussymbolen verwechselt. Und das Karrierebewußtsein ist nicht übermäßig ausgeprägt. Beide hegen den Wunsch, sich in erster Linie wohl zu fühlen und Zeit miteinander zu verbringen. Alles andere ist zweitrangig.
- Peer-Couples agieren flexibel. Auf die Praxis umgelegt bedeutet das: Einer trägt den Müll hinunter, der andere repariert die Küchenlampe – beide können beides, und jeder macht einfach das, was anfällt. Ohne darüber zu diskutieren.

Nur der Beste ist gut genug – auf zur Trophäenjagd!

Daß erfolgreiche Beziehungen künftig durchaus „Zweckgemeinschafts"-Charakter haben können, klingt unsympathisch, ist aber eine ernstzunehmende Tendenz.

So erhob zum Beispiel das US-Magazin „Working Women" (ein Fachblatt für erfolgsorientierte, berufstätige Frauen) mittels einer landesweit angelegten Studie, wonach die tüchtige junge Amerikanerin im Leben trachtet. Sie möchte vorrangig:

- Ein funktionierendes Familienleben, das ihr den Freiraum zur Berufstätigkeit einräumt.
- Einen Job, der Spaß macht, Geld bringt und ihr genügend Zeit für Partner und Kinder läßt.

- Und – jetzt kommt's: Sie will einen Ehemann, der erfolgsorientiert agiert sowie mit gutem Aussehen, Intelligenz und Durchsetzungskraft gesegnet ist.

Erkennen wir uns da im einen oder anderen Punkt errötend wieder?

Clifford Sager, jener New Yorker Familienpsychologe, der die Magazinstudie betreute, meint: „Die Frauen von heute agieren beruflich und privat äußerst selbstbewußt. Die Wahl ihres Ehe- oder Lebenspartners wird deshalb zusehends zu einer Art Trophäenjagd nach dem Motto: Für die Beste ist nur der Beste gut genug."

Das begleitende mediale Schlagwort für die „Jagdbeute" ist auch schon geprägt: „Trophy-Husband" bzw. „Trophy-Wife" nennen die Amerikaner jene Ehekandidaten, deren Persönlichkeit Ehre, Ansehen und Finanzkraft suggeriert. Die in den globalen Klatschspalten rangierenden Prachtexemplare dieser Gattung: die nimmermüde Jane Fonda, offiziell seit Jahren 55, und ihr aktueller Ehemann, CNN-Boß Ted Turner. Seit der Hochzeit 1990 gilt das Ehepaar Fonda-Turner als Prototyp einer neuen Paargeneration, nämlich jener der sogenannten „Power-Couples": beide attraktiv und athletisch gestählt, beide im Club der Milliardäre ansässig. Sowie – unabhängig voneinander – weltbekannt. Ihr Zugeständnis an mögliche Beziehungskrisen ist übrigens dementsprechend großzügig dimensioniert: Der Ehevertrag umfaßt 107 Seiten und sieht vor, daß im Fall der Untreue der Betrogene jeweils 13 Millionen Dollar Schadenersatz vom anderen erhält. Nette Idee.

Frauen und Treue: Warum Verhältnisse unvermeidlich sind

Auch wenn es allen gängigen Klischees widerspricht: Die Seitensprungfreudigkeit der Frauen hat in den letzten Jahren abgenommen:

- Die Mehrheit der Frauen bezeichnet sich als „treu". Von den 21- bis 45jährigen rechnen sich durchschnittlich 55 Prozent diese Tugend zu. 1990 waren es nur 51 Prozent. Allerdings können sich 20 Prozent in dieser Alterskategorie einen gelegentlichen Seitensprung vorstellen.
- Wirklich begangen haben den Tritt zur Seite von den be-

fragten Frauen 25 Prozent, die Mehrheit unter ihnen ist berufstätig.

- Jene, die schon einmal untreu waren, halten den Seitensprung freilich nicht unbedingt für förderlich: 60 Prozent der Frauen sind überzeugt davon, daß er der Beziehung schadet.

Ob eine Affäre die Hauptpartnerschaft bereichert oder an den Rand des Beziehungsabgrundes bringt, ist auch erhoben. Generell gehen Paartherapeuten von folgender Annahme aus:

- War die Beziehung vor dem Seitensprung schlecht, wird sie nachher in vielen Fällen besser (man bemüht sich wieder mehr umeinander, erkennt die wahren Qualitäten des Partners, will seinen „Besitz" = den Partner nicht leichtfertig an andere abgeben . . .).
- Hat die Beziehung vor dem Seitensprung gut funktioniert und war sie von hohem gegenseitigem Vertrauen geprägt, wirkt sich der (eingestandene oder entdeckte) Seitensprung in den nächsten Jahren fast immer negativ auf die Partnerschaft aus.

Warum es Lebenspartner auf die fremde Bettstatt zieht, ist statistisch exakt entschlüsselt: Bei Männern ist es meist die Suche nach Selbstbestätigung und nur selten Indiz dafür, daß in der Beziehung etwas nicht stimmt. Anders bei Frauen. Die Hauptgründe, weshalb sie sich auf außereheliche Erotik einlassen, sind:

1. **Entfremdung vom Partner.** Fast 60 Prozent der Frauen mit Affären geben als Grund dafür emotionelle Einsamkeit in der Hauptbeziehung an.
2. **Selbstbestätigung.** 49 Prozent der Frauen dient die Affäre als Frischzellenkur für das Ego. Die mangelnde Aufmerksamkeit vom Lebenspartner wird zum Auslöser dafür, sich Zuneigung und Bewunderung von einem anderen holen zu wollen.
3. **Sexuelle Unzufriedenheit.** Jede dritte unter den Seitenspringerinnen geht fremd, um bewußt sexuelle Erfahrungen zu machen.
4. **Rache.** Jede fünfte geht mit einem anderen ins Bett, um den eigenen Partner zu strafen.

Was Beziehungen scheitern läßt

Ernstzunehmende Krisen zwischen Lebenspartnern sind unvermeidlich und kommen – so berechneten die Statistiker – in Wellen: Im Verlauf einer zehnjährigen Partnerschaft durchlebt ein Paar im Durchschnitt drei Krisenphasen. Die häufigsten Auslöser dafür:

Das Schwinden der Leidenschaft. Von Sexualforschern wird es bereits als biologische Tatsache gesehen, daß romantische Gefühle nicht länger als zwei Jahre lang anhalten. Läßt das erste vehemente Herzklopfen nach, denken viele Paare, daß mit ihnen etwas nicht stimmt.

Rollen- und Dominanzkonflikte. Der in der Beziehung unterlegene Partner hegt unbewußten Groll gegen den dominierenden. Irgendwann eskaliert die Situation zum Konflikt.

Untreue. Spätestens wenn ein Partner den Seitensprung des anderen mitbekommen hat, stellt er die ganze Beziehung in Frage.

Da Frauen heute ökonomisch unabhängiger und dadurch auch selbstbewußter sind, gehen 80 Prozent der Trennungen auf ihr Konto – sprich: auf ihre Initiative zurück. Die meisten Frauen sind zudem nicht so feig wie Männer, die selbst dann auf einer Aufrechterhaltung der „Papierehe" bestehen, wenn sie eine Zweitbeziehung führen oder der eigenen Ehefrau erotisch nichts mehr abgewinnen können.

Der Hauptgrund, warum Frauen aus einer bestehenden Beziehung ausbrechen, ist allerdings nicht die Untreue des Ehemannes. Alle diesbezüglichen Befragungen ergeben, daß Frauen dann genug haben, wenn sie generell das Gefühl haben, daß ihr Mann nicht bereit ist, sie zu unterstützen. Und zwar emotionell oder mit Taten (etwa im Haushalt oder bei der Kindererziehung).

Was Paare aneinander bindet

Die folgenden Interviews zum Thema Partnerschaft geben wieder, welche Erwartungen Frauen in unterschiedlichen Lebenssituationen an ihre Partnerschaft stellen, bzw. wie diese Erwartungen erfüllt oder enttäuscht werden.
Die Gespräche wurden in Interviewsituationen aufgezeichnet und sind im O-Ton der Betreffenden wiedergegeben. Aus Rücksichtnahme auf die Gesprächspartner sind die Namen nicht angeführt.
Am Ende jeder persönlichen Schilderung finden Sie eine kurze Analyse des jeweiligen Ist-Zustandes der Partnerschaft. Und eine vom Wiener Institut für Angewandte Tiefenpsychologie erstellte Zukunftsprognose über die Beständigkeit der Beziehung (die erstellten Prognosen ergeben sich aus Trendanalysen).

Hausfrau, *42 Jahre, drei Kinder, das Jüngste ist sechs Jahre alt.*
„Ich habe vor 17 Jahren geheiratet, weil ich der Meinung war, meinen Mann wirklich zu lieben. Wir haben viel miteinander aufgebaut, auch einiges durchgemacht. Am Anfang der Ehe ging es uns finanziell nicht rosig, auch als die Kinder noch klein waren, mußte ich das Geld ganz schön zusammenhalten. Daß ich mich um die Kinder kümmere und er das Geld verdient, war nie ein Thema bei uns. Ich glaube mittlerweile aber, daß die Partnerschaft schon darunter leidet, wenn eine Frau nur zu Hause ist. Man fühlt sich irgendwie immer verfügbar, immer greifbar und bekommt dadurch Aggressionen. Zumindest ist es mir so gegangen. Es gab Jahre in unserer Beziehung, da lief es mit dem Sexleben ganz schlecht. Nach den Geburten hatte ich immer lange Phasen, in denen ich völlig lustlos war. Eine richtige Krise hatten wir nach dem letzten Kind. Nach der Geburt war ich komplett überfordert, noch dazu kam meine Mutter ins Krankenhaus, ich hatte praktisch niemanden, der mir mit den Kindern half. Ich habe unterschwellig meinen Mann für meine Überforderung und das ganze Chaos um mich herum verantwortlich gemacht, obwohl er natürlich überhaupt nichts dafür konnte. Und das

dritte Kind war auch eher mein Wunsch als seiner. Im Bett lief nach der Geburt von Andreas fast ein Jahr lang nichts mehr. Ich wurde richtiggehend aggressiv, wenn mich mein Mann berührt hat. Er hat das irgendwie still erduldet, aber er hat auch nie Anstalten gemacht, es zu ändern. Das hat mich noch wütender auf ihn gemacht. Dann hatte mein Mann eine sogenannte Affäre mit einer Bürokollegin. Sie ist verheiratet und hat zwei Kinder. Er hat von sich aus mit mir darüber geredet. Es war nichts Ernstes, er hat mir erklärt, die Beziehung zu ihr hauptsächlich deshalb gesucht zu haben, weil er sich von mir als Mann abgelehnt fühlte.
Ich habe das nachvollziehen können, irgendwie hab' ich ihn verstanden. Es hätte mich fast gewundert, wenn es nicht so gewesen wäre. Ich wußte, wie wichtig ich und die Kinder ihm sind und daß er uns nie wegen einer anderen Frau verlassen würde. Also hab' ich gesagt: Gut, mach, was du willst, solange du zu uns stehst. Daß er uns verläßt, stand aber sowieso nicht zur Debatte, weil seine Freundin kein wirkliches Interesse an ihm gehabt hat. Sie ist die Beziehung, glaube ich, mehr aus Prestigegründen eingegangen, nicht weil sie von ihm als Mann so fasziniert war. Wahrscheinlich war sie auch unglücklich in ihrer Partnerschaft. Das Ganze ging über drei Monate, dann hat die Frau die Firma gewechselt. Das ist jetzt drei Jahre her, seit damals ist Ruhe. Ich hab' jetzt auch wieder mehr Interesse an meinem Mann, auch körperlich. Unser Sexleben ist nicht das, was man großartig nennt, aber es ist zumindest vorhanden. Je weniger mich die Kinder brauchen, desto mehr interessiert mich mein Mann wieder. Allerdings kommt mir vor, daß sein Interesse in den letzten Monaten deutlich nachgelassen hat. Ich glaube nicht, daß es mit einer anderen Frau zu tun hat. Eher mit seiner beruflichen Überforderung.
Daß mein Mann und ich noch einmal so eine Art zweiten Frühling erleben, glaube ich nicht. Man liest ja immer wieder, daß so etwas passieren kann, wenn die Kinder groß sind. Wir kommen gut miteinander aus, wir verstehen uns, wir können uns aufeinander verlassen. Die körperliche Anziehungskraft ist nicht das Wichtigste in unserer Beziehung. Damit kann

ich leben und er auch. Ich denke, wir bleiben ein nettes Ehepaar, das das Leben noch genießen kann. Ich bin froh, daß ich meinen Mann habe, andere Männer haben mich sowieso nie interessiert."

So wird diese Partnerschaft voraussichtlich weitergehen: Das Paar scheint eine stabile, wenn auch weitgehend leidenschaftslose Beziehung zu haben. Statistisch gesehen sind das gute Voraussetzungen, um die Beziehung weiterhin stabil zu halten. Begriffe wie romantisches Begehren, Erotik, leidenschaftliche Liebe scheinen in dieser Partnerschaft nur ganz am Rande, und da nur hin und wieder (etwa nachdem ein Partner eine Affäre hatte und der andere ihn dadurch wieder begehrenswerter findet) zu existieren. Die Beziehung entspricht dem Muster der typischen „Zweckgemeinschaft" und wird, wie Trendanalysen ähnlicher Beziehungen ergeben, mit hoher Wahrscheinlichkeit aufrecht bleiben. Die einzige Voraussetzung dafür: Es kommt kein dritter, ernstzunehmender Partner ins Spiel. Falls sich einer der Partner heftig verliebt, passiert es in diesen Fällen oft, daß die bisher scheinbar so vernünftige Person plötzlich alles über den Haufen wirft und regelrecht ausbricht. In den meisten Fällen ist das der Mann.

Berufstätige Frau ohne Kinder, *29 Jahre, ein Jahr verheiratet.*
„Ich bin sehr glücklich, seit wir verheiratet sind. Vorher wohnten wir schon seit vier Jahren zusammen, auf die Heirat habe eigentlich ich gedrängt. Ich wollte endlich auch den anderen demonstrieren, daß wir ganz zusammengehören. Meinem Mann war das Heiraten nicht so wichtig, er hat es mir zuliebe getan. Und auch im Hinblick auf Kinder. Wir wünschen uns ein Kind, bisher hat es nicht geklappt. Wir sind beide beruflich eher stark beansprucht, mein Mann noch mehr als ich. Er ist Techniker im Außendienst und abends immer völlig fertig. Ich arbeite in einer Bank und bin jeden Tag um halb fünf zu Hause.
Ich denke, daß wir eine sehr gute Beziehung führen, wir können miteinander lachen, wir sind gerne zusammen. Ich habe

ein großes Zärtlichkeitsbedürfnis, ich mag es sehr, zu kuscheln, zu schmusen, Händchen zu halten. Mein Mann ist da Gott sei Dank genauso, ich glaube, das ist ein Grund, warum wir so gut zusammenpassen. Ich freue mich jeden Tag auf ihn. Unser Sexualleben ist genauso schön wie am Anfang unserer Beziehung. Wir schlafen sehr oft miteinander, das ist für mich irgendwie auch ein Beziehungsbarometer. Das Bedürfnis, einander nah zu sein, ist einfach da, wenn es nicht so wäre, würde mich das irritieren. Wenn im Bett alles stimmt, stimmt es auch sonst. Und umgekehrt. Ich fühle mich eigentlich rundherum zufrieden mit meinem Leben. Ich wünsche mir eine Familie, würde dann auch ein paar Jahre zu arbeiten aufhören. Ich denke, daß ich mit meinem Mann ein Leben lang zusammenbleiben möchte. Natürlich ist Beziehung auch Arbeit. Aber ich will diese Beziehung nie verschlampen lassen. Ich sage immer, die Konkurrenz schläft nicht. Es gibt so viele attraktive Frauen, da darf man sich als Frau, die ihren Mann halten will, nicht gehenlassen. Ich mache sehr viel für mein Aussehen, schminke mich, auch wenn wir alleine zu Hause sind. Ich glaube, daß solche Kleinigkeiten wichtig sind, um gegenseitiges Interesse wachzuhalten. Ich bin auch eher eifersüchtig. Mein Mann übrigens auch. Wir wissen anscheinend, was wir aneinander haben."

So wird diese Partnerschaft voraussichtlich weitergehen: Statistisch kommen die meisten Partnerschaften nach drei bis vier Jahren in die erste ernstzunehmende Krise. Nach drei bis vier Jahren kommt es auch am häufigsten zu Scheidungen.
Da dieses Paar insgesamt schon fünf Jahre beisammen ist, scheint die Beziehung stabil zu sein. Das Beziehungsmuster entspricht allerdings jenem, das statistisch nicht unbedingt als extrem haltbar registriert wird: Beziehungen, die auf Leidenschaft aufgebaut sind – und das ist hier offensichtlich der Fall –, scheitern doppelt so häufig wie Beziehungen, die eher aus Gründen der „Zweckmäßigkeit" eingegangen werden. Unromantisch – aber leider eine Tatsache.

Berufstätige Frau, *28, mit einem fünfjährigen Sohn, geschieden und seit drei Jahren mit neuem Partner lebend.*
„Ich habe aus meiner ersten Ehe gelernt, mich nicht mehr in die Ecke drängen zu lassen. Mein erster Mann hat ständig versucht, mich für alles verantwortlich zu machen. Wenn die geringste Kleinigkeit nicht hingehaut hat, war ich schuld. Egal, ob kein Mineralwasser mehr zu Hause war oder das Kind ins Bett gemacht hat oder die Telefonrechnung zu hoch war. Wir haben ständig gestritten, und er war auch relativ brutal. Sexuell hat er sich genommen, was ihm seiner Meinung nach zustand. Ob ich was davon hatte, war ihm nur am Anfang unserer Beziehung wichtig. Als das Kind da war, hat es ihn nicht mehr interessiert. Er hat mich körperlich dann auch überhaupt nicht mehr angezogen. Ich habe einen anderen Mann kennengelernt und habe mich scheiden lassen. Mein Exmann ist seit kurzem auch wieder verheiratet, unser Verhältnis ist aber nicht gut. Seine Frau ist schwanger, ich denke, daß der Kontakt zu unserem gemeinsamen Kind damit so gut wie beendet ist. Mein neuer Mann ist für den Kleinen aber ohnehin längst zum neuen Papa geworden. Die zwei mögen einander sehr.
Mit meinem neuen Mann ist alles einfacher. Er ist bei seiner Mutter und seiner Großmutter aufgewachsen und hat von Anfang an mithelfen müssen. Die zwei Frauen haben ihm alles beigebracht, bügeln, waschen, kochen – er kann alles fast besser als ich. Ich werde meinem Mann nie vergessen, wie er in der schwierigen Scheidungsphase von meinem Exmann zu mir stand. Seine Familie war ja nicht so begeistert davon, daß er eine geschiedene Frau mit Kind heiratet, aber das interessierte ihn überhaupt nicht. Er ist wirklich für uns da. Wir wünschen uns jetzt ein Kind, ich möchte dann so ein, zwei Jahre zu Hause bleiben. Finanziell ist das möglich, mein Mann verdient als Einrichtungsberater ganz gut. Er arbeitet auf Provisionsbasis und ist sehr tüchtig. Ich hoffe, daß alles so bleibt wie jetzt, daß keiner von uns beiden in anderweitige Versuchung kommt. Bei mir ist die Gefahr nicht so gegeben, bei Männern weiß man nie."

So wird diese Partnerschaft voraussichtlich weitergehen: Beide scheinen sich um eine gute Beziehung zueinander sehr zu bemühen – besonders die Frau möchte, daß diesmal „alles besser klappt", und leistet einen guten Teil der Beziehungsarbeit. Analysiert man ähnliche Beziehungen, läßt sich folgende Prognose erstellen: In Zweitehen bemühen sich die Partner generell mehr um die Beziehung, sie wollen die Fehler der ersten Beziehung vermeiden. Das schafft für die neue Partnerschaft optimale Voraussetzungen. Das geplante gemeinsame Kind wird die Beziehung noch mehr festigen, die Chancen, daß beide auch in zehn Jahren noch glücklich miteinander sind, sind hoch.

Jungunternehmerin, *34, zwei Kinder, verheiratet.*
„Unsere Beziehung ist glücklich, aber wir arbeiten auch ständig daran. Besonders ich. Ich habe viel um die Ohren, die Kinder sind erst vier und sechs Jahre alt. Tagsüber bin ich in meiner Boutique, die Kinder haben ein Au-pair-Mädchen. Mein Mann unterstützt mich sehr, was den Betrieb betrifft. Er ist im Kunstgewerbe tätig und arbeitet eigentlich von zu Hause aus. Ich glaube, daß man heutzutage als Frau in allen Bereichen sattelfest sein muß. Die Latte ist schon ziemlich hoch gelegt. Man muß gut aussehen, gepflegt, immer tipptopp. Ich arbeite in der Modebranche, da ist das selbstverständlich. Die Kinder dürfen natürlich auch nicht zu kurz kommen und die Partnerschaft erst recht nicht. Ich versuche natürlich, es allen recht zu machen, den Großteil der sogenannten Beziehungsarbeit mache ich. Ich organisiere am Abend einen Babysitter, wenn wir weggehen, ich organisiere auch ab und zu ein Wochenende nur mit meinem Mann. Da gehen die Kinder zur Oma, und wir fahren irgendwohin. So etwas tut der Beziehung sehr gut, aber ich bin dafür verantwortlich, daß es überhaupt passiert.
Ich kenne meinen Mann schon seit zehn Jahren, und wir sind seit damals ein Team. Wir wollten beide Kinder, und er kümmert sich auch sehr um sie. Probleme oder Krisen gab es bis jetzt nicht. Wir kennen einander so gut, wir brauchen uns nur anschauen, um zu wissen, was der andere denkt. Ich bin sehr

glücklich mit meiner Familie, auch wenn ich gerne mehr Zeit für sie hätte. In ein paar Jahren, wenn der Betrieb Angestellte trägt, wird das möglich sein. Bis dahin zerfranse ich mich eben. Aber es macht ja auch Spaß. Für die Zukunft wünsche ich mir eigentlich nur, daß alles so bleibt wie jetzt. Ein Leben ohne Mann und Kinder kann ich mir nicht mehr vorstellen."

So wird diese Partnerschaft voraussichtlich weitergehen: Die Beziehung erfüllt alle Faktoren, die von Paartherapeuten als optimal eingestuft werden: Beide Partner sind offenbar in ihren Wunschberufen tätig, sie kennen einander schon lange und können auf Mithilfe von außen zählen, was die Kinderbetreuung betrifft.

Ein erfolgs- und gleichzeitig auch familienorientierter Paartyp wie dieser hat laut Trendanalysen die höchsten „Überlebenschancen". Trotz Zeitmangel und dadurch bedingtem zeitweiligen Chaos wird die Beziehung mit großer Wahrscheinlichkeit stabil und glücklich bleiben.

Die vier Fallbeispiele stammen aus einem „Fundus" von über 50 Interviews, die ich im Laufe der letzten drei Jahre mit Frauen aller Gesellschaftsschichten geführt habe. Auffällig dabei war, daß nur zwei von 50 befragten Frauen das Wort „Liebe" in den Mund genommen haben, als sie über ihre Partnerschaften erzählten.

Es scheint fast, als genierten sich die Frauen dafür, eine Partnerschaft aus so profanen Gründen wie „Liebe" einzugehen. Oder haben die Trendforscher tatsächlich recht, die behaupten, daß romantische Begriffe wie Liebe immer seltener zum Anlaß für Lebensbindungen genommen werden?

Der letzte Lustschrei:
Die erotische Offensive der Frauen

Früher war alles ganz simpel. Er wollte ins Bett, sie fügte sich. Jetzt scheint sich die Situation fast schon ins Gegenteil verkehrt zu haben: Frauen sind, so schlüsseln es einschlägige Studien auf, sexuell so aktiv wie nie zuvor, andererseits schreitet die Verunsicherung der Männer zügig voran: Sie leiden, wie Psychologen und Therapeuten allerorts bestätigen, immer häufiger an Lustverlust und Potenzproblemen. Und zwar nicht erst im würdigen Großvater-, sondern im besten Mannesalter.

Keine aktuelle wissenschaftliche Untersuchung mehr, die den zu prallem Leben erwachten Mut der Frauen in bezug auf Liebe und Sex nicht bestätigt. Der Wiener Sexualtherapeut Karl Stifter attestiert: „Die jungen Frauen haben ein völlig anderes Verhältnis zu ihrer Vagina als ihre Mütter. Sie probieren immer mehr aus. Das alte Rein-raus-Spiel wird nicht mehr akzeptiert. Wird der Sex mit dem Partner über lange Phasen hinweg zu langweilig, holt ihn sich die Frau auch anderswo."

Schon treffen einander amerikanische Hausfrauen statt zur wöchentlichen Aerobicstunde zum geselligen Unterleibstraining. Seminare, in denen der offensive Gebrauch der Vagina trainiert wird, gelten bei den körperbewußten Kalifornierinnen als letzter Lustschrei.

Die Frauen sind sexuell im Aufbruch, bis dato brave Ehefrauen mutieren allerorts zu Geliebten anderer Männer, haben nicht einmal ein schlechtes Gewissen dabei und bestimmen selbst, wie – und vor allem wie lange – eine Beziehung läuft.

Zu einem entsprechend wichtigen Thema sind die – noch vor wenigen Jahren in die Tabuzone verdrängten – Frauenphantasien geworden.

Die Sexualforscher in aller Welt sind sich einig: Frauen phantasieren heute amüsant und lüstern wie nie zuvor. Die US-Autorin Nancy Friday widmete dem Thema ein ganzes Werk („Die sexuellen Phantasien der Frauen") und resümiert: „Es gibt kaum eine Frau, die sich nicht einmal pro Tag einer erotischen Phantasie hingibt." Mit ihrem üppigen Kopfambiente

reagieren die Frauen, so Friday, auf die immer dürftigeren erotischen Impulse, die von den Männern ausgehen.
Die US-Ausgabe des Frauenmagazins „Cosmopolitan" startete im letzten Jahr eine weltweite Umfrage (publiziert via die 29 internationalen Schwesternausgaben des Magazins), in der die erotischen Phantasien von Frauen erhoben wurden. Auffälligstes Fazit: Europas Frauen haben deutlich „schärfere" Phantasien als ihre amerikanischen Geschlechtsgenossinnen. Führend, was die Häufigkeit von erotischen Phantasien betrifft, sind die Länder Italien, Spanien und – wer hätte das gedacht – Großbritannien.
Zerpflückt man die Phantasien der weiblichen Internationale in sämtliche Einzelteile, sieht das generelle Ergebnis laut der Magazinstudie so aus:

- Die verbreitetste Phantasie: einen Mann – oft nicht einmal einen bestimmten – mit allen Mitteln zu verführen. Jede zweite soll sich damit in Gedanken gerne befassen.
- Fast ebenso häufig phantasiert: Sex mit einem Unbekannten oder das Sich-zur-Schau-Stellen vor einer anonymen Menge.
- Jede dritte soll davon träumen, für ein paar Stunden zur Professionellen zu werden. Die scheinbare Unterlegenheit wird in der Phantasie zur Machtposition: Der Mann muß für das, was ihm bisher im Wortsinn in den Schoß gefallen ist, bezahlen.
- Sado-Maso-Phantasien sind häufiger, als man denkt: Schon 25 Prozent lassen sich in ihrer Phantasie wonnigen Qualen aussetzen – oder gehen selbst mit Handschellen und Peitsche ans Werk.

Auch Porno-Queen Teresa Orlowski postuliert in einem Interview den Abschied vom sanften Schneewittchensex: „Untersuchungen mit Elektroden haben bewiesen, daß Frauen genauso wie Männer auf Pornos anspringen. Auch brutale Szenen werden als lustvoll empfunden." Und, einen Schritt weiter: „Frauen geben sich nur vordergründig sauber. Die meisten haben sogar Vergewaltigungswünsche."
Mit derlei anfechtbaren Thesen hat sie sich freilich nicht nur

Deutschlands erste feministische Adresse, Alice Schwarzer, zur Erzfeindin gemacht, sondern auch seriöse Sexualforscher gegen sich aufgebracht.
Nur in einem Punkt stimmen Feministin und Porno-Queen überein: Der weibliche Orgasmus wird immer wichtiger. Und das ist auch der größte Trend in erotischen weiblichen Belangen: Die Geschichte des O. wird offenbar langsam zur „Never-ending story". Oder, anders ausgedrückt: Nie war der Orgasmus so wichtig wie heute.

Der erste erotische Megatrend: das Recht auf Orgasmus

Eine vom Wiener Institut für Angewandte Tiefenpsychologie durchgeführte Befragung zum Thema erbrachte eindrucksvolle Zahlen:
63 Prozent der Frauen fühlen sich unausgeglichen, schlecht gelaunt und sogar aggressiv, wenn sie über einen längeren Zeitraum hinweg ohne sexuellen Höhepunkt leben. Als besonders frustrierend wird die Situation von jenen erlebt, die eine Partnerschaft führen. Singles haben weit weniger Probleme damit.
Auf erprobte, frustfördernde Manöver zum Wohl der Beziehung wird zusehends verzichtet: Der vorgetäuschte Orgasmus kommt aus der Mode. 81 Prozent der Frauen lehnen das Theater im Bett strikt ab, nur noch 19 Prozent spielen ihrem Partner gelegentlich den Gipfelsturm der Lust vor. Über die Hälfte der Frauen unter diesen 19 Prozent sind allerdings über 45 Jahre alt. Sieht man sich die Gruppe jener Frauen an, die – etwas überspitzt ausgedrückt – auf ihrem Orgasmusrecht bestehen, ergibt sich folgendes Bild: Sie sind großteils unter 40, gut ausgebildet, der sogenannten A- oder B-Zielgruppe (= die kaufkräftigste und bestverdienende) zuzuordnen.
Fazit: Je jünger und gleichzeitig gutsituierter die Frau ist – desto mehr muß der Mann sich anstrengen. Künftig noch mehr als derzeit, da immer mehr Frauen in die genannten Topzielgruppen vorstoßen. Also, Männer: üben, üben, üben . . .

Der zweite erotische Megatrend: die neue Phasentreue

Um zu bekommen, worauf frau nicht mehr verzichten mag,

ist sie auch zusehends bereit, Partnerschaften aufzugeben. Die sogenannte „Phasentreue" wird von allen Sexualwissenschaftlern als Modell der Zukunft gepriesen. Demnach hat man nicht nur einen, sondern mehrere Lebenspartner – allerdings hintereinander. Mit dem einen verbringt man fünf, mit dem nächsten vielleicht nur ein Jahr. Aber man ist ihm treu. Die allgemeine Statistik beweist, daß die Institution „Partnerschaft auf Lebenszeit" eher den Auslaufmodellen zuzurechnen ist. Jedes dritte Paar trennt sich binnen zehn Jahren. Paradox: Gleichzeitig sind die Erwartungen an die Ehe enorm gestiegen. Die lebenslange Partnerschaft wird, vor allem auch von den ganz jungen Frauen Anfang Zwanzig, als Lebensmodell favorisiert – durchgezogen (bzw. durchgehalten) freilich immer seltener.

Der dritte erotische Megatrend: Frauen lieben Frauen

Lebenspartnerschaften finden zusehends auch jenseits aller Normen statt: Die immer stärkere Anziehungskraft zwischen Frau und Frau ist Gegenstand zahlreicher Studien. Laut internationaler Schätzungen sind unter zehn Frauen bereits zwei, die das eigene Geschlecht bevorzugen. Tendenz steigend. Jede dritte Frau antwortet auf die Frage „Könnten Sie sich ein Liebeserlebnis auch mit einer Frau vorstellen?" mit „Ja", jede zweite mit „unter Umständen".

Der vierte erotische Megatrend: Sex nach den Wechseljahren

Schöne, neue, freie Welt für Frauen – auch für solche, die noch vor kurzem glaubten, mit ihrem Liebesleben abschließen zu müssen. Die über Fünfzigjährigen erobern – bislang hauptsächlich in den USA – Luxusappartements im siebenten Himmel der Erotik. Menopausen-Selbsthilfegruppen wie die „Red Hot Mamas" in San Francisco zelebrieren die neue Lust am reifen Sex: Frauen jenseits der Wechseljahre seien genußfähiger und könnten ihre Lust endlich ohne Angst vor Schwangerschaft ausleben. Die US-Forscherin Margaret Mead blickt diesbezüglich euphorisch in die Zukunft und schreibt: „Es gibt keine größere Macht als die Lebensfreude und Erotik einer Frau, die die Wechseljahre hinter sich hat."

Der fünfte erotische Megatrend: spiritueller Sex

„Rein-raus-rein-raus – bingo, das war's, gute Nacht, Liebling." Nicht, daß ich Ihnen unterstellen möchte, daß Ihnen dieses Szenario bekannt vorkommt. Es ist nur noch immer weit verbreitet. Langsam, ganz langsam setzt sich freilich ein neuer Stil in erotischen Belangen durch. Sex wird dabei zum echten Genußfaktor, der auf völlig anderen Ebenen als bisher abläuft. Ein Stichwort für diese Tendenz zum „anderen", durchgeistigten Sex ist zum Beispiel Tantra – jene Form der erotischen Vereinigung, die über Stunden zelebriert wird und immer mehr Anhänger findet. In Kursen, Lehrgängen und Seminaren werden diesbezügliche Entrepreneure weltweit bereits in die Kunst der spirituellen Erotik eingewiesen. Und Trendforscher – von der Amerikanerin Faith Popcorn bis zum Deutschen Matthias Horx – orten in ihren Trendberichten für das Jahr 2000 eine ganz massive Tendenz zur esoterisch angehauchten Erotik. Sex wird dabei – wie zunehmend auch alle anderen wichtigen Lebensbereiche – nicht als Faktor gesehen, der simpler Bedürfnisbefriedigung dient. Sondern er wird als eine Art höhere Macht gedeutet, die – bei gekonnter Anwendung – in andere Bewußtseinszustände versetzen kann.

Der allgemeine und immer stärker werdende Esoteriktrend verstärkt diese in Amerika bereits sehr ausgeprägte Tendenz zum spirituell erlebten Sex.

Mag sein, daß unsere Töchter für jenen Vorgang, den wir unter Umständen vage mit 20 Minuten angeben würden, einen halben Tag benötigen. Schlecht?

Die Wahrheit über Sex in der Ehe –
Und wie sich die Erotik bei Paaren im Laufe der Jahre ändert

Manche betrachten die Sache mit schwarzer Ironie: „Es gibt mehrere Möglichkeiten, Sexualität zu neutralisieren", sagte Woody Allen in einem Interview. „Die Ehe ist davon ganz zweifelsfrei die effektivste."
Zumindest die Statistik enthebt seine Aussage jeglichen Zweifels: Wer vor dem kontinuierlichen Versickern der Lust im Laufe langjähriger Partnerschaften verschont bleibt, zählt zur Ausnahme.
Das Hamburger Institut für Ehe- und Familienforschung lieferte zum Thema eine umfassende wissenschaftliche Untersuchung und befragte 1.050 Ehefrauen im Alter zwischen 25 und 50 Jahren.
Und die müssen es schließlich wissen.
Das sind nun die Ergebnisse im Detail:

Die wichtigsten Faktoren einer Ehe. Nur 41 Prozent der Frauen gaben „erfüllte Sexualität" als wichtigsten Ehefaktor an. Noch wichtiger sind „Sicherheit und Stabilität" (von 47 Prozent angegeben) und „Kindererziehung" (von 43 Prozent angegeben). Bedenklich stimmende 19 Prozent gaben als wichtigsten Faktor ihrer Ehe materielle Güter wie Haus, Auto oder sonstigen Besitz an.

Die Sexfrequenz. Die nackten Zahlen zum durchschnittlich zwischen drei und fünf Minuten dauernden ehelichen Eilvollzug: Nach drei Jahren beträgt die geschlechtliche Frequenz 2,9mal die Woche. Nach fünf Jahren begnügt man sich mit 1,7mal die Woche. Nach dem siebenten Ehejahr steigt die Sexfrequenz wieder etwas an, und der statistisch erhobene Gatte drängt 2,0mal pro Woche zum Vollzug.
Fazit der Umfrage: 80 Prozent der Ehemänner sind mit ihrem Sexualleben zufrieden. Aber nur 55 Prozent der Ehefrauen.

Die erotischen Veränderungen. Auf die Frage „Wie hat sich der

Sex im Laufe Ihrer Ehe verändert?" antworteten nach einer Ehedauer von sieben Jahren:
47 Prozent: Er hat sich nicht wesentlich verändert.
34 Prozent: Er ist langweiliger geworden.
Nur 9 Prozent: Er ist aufregender geworden.

Die Verweigerung. Auch die Praxis im Ehebett wurde abgefragt – nämlich aus welchen Gründen Ehefrauen „Nein, heute nicht" sagen (alternierend mit: „Ich bin so müde, ich habe solche Kopfschmerzen, die Kinder sind aufgewacht" . . .):

- Die meisten haben keine Lust auf Sex, weil sie „von Beruf und Haushalt zu müde sind" (38 Prozent).
- 36 Prozent wollen ihren Mann durch die Sexverweigerung „bestrafen".
- Und 23 Prozent geben zu, daß sich ihre Lust auf fleischliche Genüsse deshalb in Grenzen hält, „weil Sex mit dem Ehemann langweilig ist".

Nachstehend finden Sie kurze Statements von Frauen zum Thema Sex und Ehe. Sie wurden während eines Partnerschaftsseminars aufgezeichnet, in dessen Verlauf jede Frau ihre erotische Beziehung zum Ehemann beschreiben sollte. Die Aussagen sind naturgemäß eher negativ, da Frauen mit glücklichen Beziehungen dieses Seminar nicht besuchten. Trotzdem sind die Aussagen sehr aufschlußreich.

42jährige Angestellte:
„Es ist immer das gleiche: Er zieht seinen Pyjama aus, kriecht zu mir unter die Decke und sagt irgendwas in der Art von: ‚Na, willst du nicht ein bißchen zu mir kommen?' Jeder Blinde weiß, was es dann geschlagen hat. Es dauert zwischen drei und fünf Minuten. Dann zieht er den Pyjama wieder an, dreht sich um und schläft ein."

46jährige Angestellte:
„Seit zehn Jahren will mein Mann jeden Samstag abend mit mir schlafen. Das ist ein Ritual, für ihn so selbstverständlich wie Zähneputzen. Am Samstag wird gebumst, da fährt die Ei-

senbahn drüber. Unter der Woche spielt sich nichts ab, auch nicht, wenn ich die Initiative ergreife. Da ist er regelrecht schockiert, also lasse ich es ganz. Zufriedenstellend ist das für mich ganz und gar nicht, für ihn vermutlich schon. Ich glaube, mein Mann ist sehr glücklich."

44jährige Hausfrau:
„Wir sind seit zwölf Jahren verheiratet und haben schon alles mögliche probiert, um unser Sexleben wieder zu aktivieren. Sogar Gruppensex. Das hat mich aber angewidert. Wir waren sogar schon in einem dieser Sexclubs, wo jeder mit jedem kann. Ich habe meinen Mann aber damals vor die Alternative gestellt: entweder Sex mit mir, oder mit anderen und künftig ohne mich. Er hat sich für mich entschieden, aber ich weiß, daß ihm das nicht genügt. Ich bin sehr unglücklich."

39jährige Angestellte:
„Wir sind seit sechs Jahren verheiratet, und ich hatte noch nie einen Orgasmus. Vorher, mit anderen Männern, übrigens auch nicht. Mein Mann sagt, ich sei komplett orgasmusunfähig, und ich glaube das auch. Sex macht mir im Grunde keinen Spaß, ist für mich eher eine Pflicht. Die Ehe ist aber wichtig für mich. Ich liebe meinen Mann."

50jährige Hausfrau:
„Langsam beginnt mir Sex wieder Spaß zu machen. Ich hatte eine Operation, und unser Sexualleben war schon gar nicht mehr vorhanden. Seit ich gesund bin, möchte ich meinem Mann auch wieder zeigen, daß ich ihn begehre. Das Problem ist, daß er sich regelrecht verweigert. Er will nicht. Basta. Da kann ich anstellen, was ich will."

48jährige Unternehmerin:
„Mein Partner ist sehr einfühlsam, aber unfähig, mit mir zu schlafen. Er bekommt nur eine sehr schwache Erektion. Körperlich ist alles mit ihm in Ordnung, das haben wir abchekken lassen. An mir kann es auch nicht liegen, ich bin zärtlich und tue mein Möglichstes, damit er sich wohl fühlt. Wir be-

mühen uns jetzt seit drei Jahren um ein besseres Sexleben, und die Beziehung ist dadurch sehr belastet. Wir haben schon richtig Angst davor, abends miteinander ins Bett zu gehen."

39jährige Angestellte:
„Mein Mann betrügt mich, aber ich kann ihn nicht verlassen. Ich hänge wahnsinnig an ihm und werde verrückt bei dem Gedanken, daß er mich wegen einer anderen Frau verläßt. Sexuell läuft es sehr schlecht bei uns. Wenn er mit mir schlafen möchte, will ich nicht, weil ich solche Aggressionen gegen ihn habe. Wenn ich mit ihm zusammensein möchte, will er nicht – er mag es nicht, wenn ich mich an ihn ‚heranwerfe'. Alles ist ziemlich verkorkst. Ich denke mir oft, wie schön es früher mit ihm war. Es ist mir ein Rätsel, warum alles so gekommen ist."

Die Statements dieser Frauen spiegeln sehr gut den „Alltag in der Ehe" wider – und zwar abseits von Medienklischees, die das gut funktionierende Sexleben zum Bestandteil eines erfüllten Frauendaseins erheben.
Laut internationaler Studien ist nur jede zweite Frau mit ihrem Sexualleben rundherum glücklich. Was auch an den in den letzten dreißig Jahren enorm gestiegenen Erwartungen an die Bereiche Sex, Liebe und Erotik liegt. Keine Woche vergeht, in der uns nicht via Frauenmagazine die Kunst des richtigen Orgasmierens, alternativ zur Kunst des richtigen Onanierens, unterbreitet wird. Ein ganz normales, möglicherweise unspektakuläres Sexleben zu haben, ist für die Frau der neunziger Jahre unzulässig. Wir kochen ja auch nicht mehr auf offenen Feuerstellen, sondern schieben den Braten notfalls in den Mikro (er bräunt dann nicht besonders, dafür geht's schneller). Und beim Sex soll genauso die Post abgehen wie in allen anderen Lebensbereichen – er soll wie selbstverständlich funktionieren, uns nicht belasten, stimmungshebend und ausgleichend wirken und die Partnerschaft enorm bereichern. Heute Spargelspitzen und Seidenlaken zur Stimulierung, morgen einen harten Porno zur Überbrückung lascher Beziehungsphasen, übermorgen ein kesses Sado-Maso-

Spielchen, das den richtigen Kick durch Rauben der Luftzufuhr verspricht. Alles ist möglich und erlaubt, solange es nichts mit großmütterlicher Ehebettspießigkeit zu tun hat.

Und wie geht es weiter? Wie oft pro Woche wird sich die Frau der Zukunft in orgiastischer Verklärung verlieren? Wie wichtig nimmt sie Sex? Alle Prognosen deuten darauf hin, daß die Bereiche Sexualität und Partnerschaft in den nächsten Jahren an Bedeutung weiterhin zunehmen. Selbst wenn man annimmt, daß keine Steigerung mehr möglich ist: Sex wird zum Megathema, das – nach dem Motto „allzeit bereit" – tatsächlich allgegenwärtig scheinen wird.
Ändern wird das an der Qualität des Sex freilich nichts. Im Gegenteil: Die diesbezüglichen Prognosen von Sexualforschern sehen recht düster aus, da bis zur Unsinnigkeit gesteigerte Erwartungen natürlich auch mehr Probleme in der Praxis erzeugen.
Daß weniger manchmal mehr ist, wissen Sie aber ohnehin.

Die Ehetypen der Zukunft

Welche Faktoren eine Beziehung optimal funktionieren lassen – und welche sie geradewegs ins Zerüttungsstadium führen – haben Sexual-, Paar- und Familienforscher penibel entschlüsselt.
Die bisher umfassendste Untersuchung zum Thema führte der amerikanische Familiensoziologe David H. Olson durch. Er filterte aus 15.000 Fallstudien die erfolgreichsten Partnerbeziehungen heraus.
Laut seiner großangelegten Studie funktionieren Lebensgemeinschaften unter folgenden Voraussetzungen, die ich hier kurz zusammenfasse, am besten:
1. Beide Partner sind in ihren Wunschberufen tätig und erfolgreich.
2. Der finanzielle Background stimmt, Geld ist kein Problem.
3. Das Paar hat Kinder, am besten zwei.
4. Die Mühsal der Kinder- und Haushaltspflege kann zumindest zeitweise an Dritte (Großmutter, Kindermädchen, Putzfrau – in beliebiger Reihenfolge) delegiert werden.
5. Die Lebenspartner sind einander im Aussehen einigermaßen ebenbürtig, das heißt, keiner sieht wesentlich schlechter als der andere aus.
6. Beide Lebenspartner sind in intakten Familien aufgewachsen, die jeweiligen Elternpaare sind also nicht geschieden.
7. Die Wohnverhältnisse sind so bemessen, daß jeder seinen persönlichen Rückzugsbereich hat.
8. Das Paar hat ein etwa gleiches Bildungs- bzw. Ausbildungsniveau.
9. Die Partner stammen aus ähnlichem sozialem Umfeld.
10. Das Paar hat im Idealfall die gleichen beruflichen Interessen und zieht, so etwa ein gemeinsames Unternehmen da ist, an einem Strang.

Aus seinen 15.000 Fallbeispielen filterte der Soziologe auch sieben für die Zukunft kennzeichnende Ehetypen. Falls Sie Lust haben, Ihre eigene Ehe typmäßig dingfest zu machen – das sind sie:

1. Die Kampfehe. 14 Prozent der Eheleute sind diesem Typus zuzurechnen. Die Partner sind unzufrieden mit der Persönlichkeit des anderen, mit der Kommunikation, mit dem Sex. Die Ehe wird in erster Linie durch gemeinsame Kinder und gemeinsamen Besitz zusammengehalten. Äußerlichkeiten sind in dieser Beziehung sehr wichtig, das heißt, nach außen hin versuchen beide, so gut es geht, den Schein zu wahren.

2. Die Geldehe (11 Prozent). Das verbindende Element der Beziehung ist die gemeinsame Anhäufung von Wohlstand. Die Gefühlsebene ist nicht besonders stark ausgeprägt, die Verbindung wird eher als Zweckgemeinschaft wahrgenommen. Häufig wird bei dieser Eheform eine Art offenes Ehemodell geführt, die Beziehung ist also nicht monogam.

3. Die Traditionsehe. Sie wird von 10 Prozent der Paare in Olsons Untersuchung gelebt. Man hat einander nicht mehr allzuviel zu sagen, auch das Ehebett hat schon turbulentere Zeiten erlebt. Aber die Partner finden das nicht weiter tragisch, beziehungsweise sehen darüber hinweg. Sie beziehen ihre Befriedigung aus dem Zusammensein mit der Familie und mit Freunden. Bei diesem Ehetypus kommt es am seltensten zu Scheidung oder Trennung. Man hat sich sozusagen miteinander arrangiert.

4. Die vitale Ehe. Von 9 Prozent der Paare gelebt. Die Eheleute sind hochzufrieden in den wichtigsten Bereichen der Partnerschaft, also mit ihrem Sexualleben, der gegenseitigen Vertrauensbasis usw. Beide sind psychisch starke Persönlichkeiten, oft mit überdurchschnittlichem Einkommen.

5. Die Routineehe (8 Prozent). Die Partner sind einigermaßen zufrieden mit dem Status quo ihrer Beziehung. In einzelnen Bereichen, etwa der Kindererziehung oder in Finanzangelegenheiten, gibt es öfter Streit. Jedes vierte Paar, das eine typische Routineehe führt, hat schon einmal ernsthaft an Scheidung gedacht. Es kommt allerdings nur selten dazu, weil die Annehmlichkeiten in der Beziehung überwiegen.

6. Die Egoehe (8 Prozent). Die Ehepartner sind mit ihrer Beziehung zufrieden, Kinder bedeuten ihnen aber eher Last als Lust. Die Beziehung wird intensiv er- und gelebt, finanzielle Probleme gibt es kaum. Die Beteiligten einer Egoehe wollen das Leben und ihre Beziehung genießen, möglichst ohne Einschränkungen.

7. Die wackelige Ehe. Mit 40 Prozent der am häufigsten anzutreffende Ehetypus. Die Partner sind miteinander nicht mehr richtig glücklich, allerdings auch nicht so unglücklich, daß sie sich trennen. Trotzdem haben beide schon an Scheidung gedacht. Diesem Ehetyp werden vor allem jüngere Paare mit unterdurchschnittlichem Einkommen zugerechnet. Jede dritte Beziehung vom Modell „wackelige Ehe" scheitert.

Die Zahlen geben kein wirklich optimistisches Bild vom Zustand der Ehe wieder. Am Ende ist diese Institution freilich auch in Zukunft noch nicht angelangt. Die Sehnsucht nach ehelicher Zweisamkeit und damit verbundenen beständigen Werten ist ungebrochen. Und wie zur Bestätigung wollen 85 Prozent aller Ehefrauen, Umfragen zufolge, nach der Eheschließung den Namen ihres Mannes annehmen.
So wie es Oma schon hielt, hält es nun auch die ansonsten durchaus fortschrittlich eingestellte Enkelin: Frauen, eingeschlossen selbständige „Karrieretigerinnen", die derlei nie vor Publikum eingestehen würden, sind nach wie vor stolz darauf, „geheiratet zu werden". Denn so wie Männer ihr Selbstwertgefühl an den beruflichen Erfolgen messen, beziehen Frauen ihre Selbstbestätigung zum gut Teil aus den privaten Bereichen. Karrieremachen, ein Unternehmen leiten, im Vorstand eines Großkonzernes sitzen und Chefin eines 1.000-Mann-Betriebes zu sein – so etwas steigert das weibliche Ego natürlich ganz gewaltig. Doch je erfolgreicher eine Frau im Berufsleben agiert, desto mehr empfindet sie es auch als persönliches „Versagen", keine funktionierende Beziehung vorweisen zu können. Kaum etwas trifft beruflich erfolgreiche Frauen mehr, als mit dem Touch umgeben zu sein, „keinen abgekriegt zu haben".

Dabei könnte das Dasein ohne (Ehe-)Mann zumindest phasenweise durchaus erwägenswert sein. Man denke nur an das im wahrsten Sinne des Wortes nächstliegende: keine quälend eintönigen Schnarchgeräusche, die der gepeinigten berufstätigen Mutter die paar Stündchen Dösen zwischen Mitternacht und sechs Uhr früh vergällen. Keine zu skurrilen Haufen geformten Socken-Unterhosen-Hemden-Berge, die genau *neben* der Wäschetruhe plaziert sind (warum, wissen er und Gott allein). Keine Zärtlichkeitsversuche um zwei Uhr morgens, die uns, nachdem wir endlich in ohnmachtsähnlichen Schlaf versunken sind, ähnlich gelegen kommen wie Zellulitis zum Auftakt der Badesaison. Keine dummen Fragen, wenn uns nicht danach ist, kein muffiges Schweigen, wenn wir gerne etwas Zerstreuung hätten, und keine Schwiegermutteraudienzen zum Muttertag, wenn wir gefälligst selbst gefeiert werden wollen. Kein demonstratives Anschnallen auf dem Beifahrersitz, falls wir am Steuer seines Wagens sitzen, verbunden mit zackigen, unschätzbaren Anregungen während der Fahrt („Jetzt links, reih dich doch ein . . . um Gottes willen . . . das war knapp"). Auch wenn wir zwanzig Jahre unfallfrei gefahren sind und er im Laufe des letzten Jahres drei Totalschäden hatte: Die Ehefrau am Steuer mutiert zur Gehirnamputierten, sobald der Gatte daneben hockt. Um bei den harmlosen Dingen zu bleiben, die nach dem dritten oder vierten oder zehnten Ehejahr zum Dauerärgernis avancieren . . .
Statt dessen mit kuscheligen Frotteesocken, einer Tasse Kakao und einem dieser göttlichen Liebesromane, die wir unter Ausschluß der Öffentlichkeit lesen müssen, um nicht als Intelligenz-Schwachmatikus zu gelten, ins Bett kriechen. Lesen bis halb eins. Dann entspannt wie ein Kleinkind einschlafen und selbst ein wenig schnarchen. Wen kümmert's.
Morgens nur den eigenen prüfenden Blick im Spiegel ertragen, keine Fragen nach dem unauffindbaren blauen Hemd, das ohnehin dort hängt, wo es immer hängt. Kein „Ich bräuchte wieder einmal Sockennachschub, kommst du irgendwo vorbei?"
Aber sicher. Wir kommen immer irgendwo vorbei, um Socken, Rasierklingen, Haarausfallpastillen oder Säfte gegen Sod-

brennen zu besorgen, egal, ob wir tagsüber hinter der Kasse eines Supermarktes sitzen oder Wolkenkratzer konstruieren oder Kindern die Rotznase wischen. Ehefrauen sind von enormer Nützlichkeit, jetzt und in alle Ewigkeit.

Ehemänner unter Umständen auch. Sie bedienen Schlagbohrmaschinen (gelegentlich), Rasenmäher (häufiger), Gartengriller (immer), Waschmaschinen (widerwillig), Autos (selbstverständlich besser als wir) und Fernseher (permanent). Sie trainieren unsere Gehirnganglien, weil sie uns gerne Rätsel aufgeben: Rufen wir sie tagsüber im Büro an, bellen sie mitunter ein unhöfliches „Was gibt's, ich hab's eilig" in den Hörer. Oft wollen wir dann nicht glauben, daß es sich hierbei um denselben Mann handelt, der noch Stunden vorher liebevoll die Kinder zur Schule transportiert hat. Nach zehn- oder zwölf- oder 16stündiger Abwesenheit trudeln sie dann ein, fragen heiter an, wie es den Kindern geht (die seit drei Stunden schlafen), und knallen sich, erschöpft von derlei familienorganisatorischen Glanzleistungen, vor die Mattscheibe. Apropos: Besonders nützlich erweisen sie sich, wenn selbige kein einwandfreies Bild aufweist. Dann laufen selbst technische Nullen zu Höchstform auf, was sich in hektischem Schütteln der Fernbedienung, panischem Schwenken der Zimmerantenne und einem eher eintönigen Monolog („Was ist da los, warum geht das nicht, das darf nicht wahr sein . . . was ist da los, warum geht das nicht, das darf nicht wahr sein . . .") manifestiert.

Auf Fragen außerhalb ihres eigentlichen Aufgabengebietes – nämlich dem der Erwerbstätigkeit – reagieren Ehemänner oft merkwürdig einsilbig. Fragt man den einen oder anderen im Büro nach dem Befinden seines Kleinkindes, kommt ein knappes „Es wächst" zur Antwort. Das ist aber immerhin etwas, es hätte auch ein irritiertes „Was meinst du? Welches Kind? Ah, das!" sein können. Manche Ehemänner leiden an Totalgedächtnisschwund und vergessen, daß es Telefone gibt, die der Kontakthaltung zu entfernter Verwandtschaft wie Kindern oder Ehefrau dienen könnten.

Das macht aber nichts, denn Hauptsache, wir haben so ein Prachtexemplar von Ehemann wenigstens dingfest gemacht.

Einer amerikanischen Umfrage zufolge erhöht sich die Beliebtheit von Fernsehsprecherinnen um das Doppelte, sobald sie verheiratet sind und ein intaktes Familienleben, möglichst mit putzigem Nachwuchs, vorweisen können. Verheiratet zu sein, wird offenbar gleichgesetzt mit Begriffen wie seriös, glaubwürdig, tüchtig. Motto: Wenn ein Kerl sie nimmt, kann sie nicht ganz daneben sein.

Warum Frauen heiraten

Die eigentliche Frage ist: Was veranlaßt gut ausgebildete, geistig durchaus auf der Höhe befindliche, wirtschaftlich unabhängige Frauenspersonen dazu, sich mit einem Mann zu verehelichen und diesem auch verbunden zu bleiben?
Die Antwort ist ganz simpel, auch wenn sie vielleicht nicht unbedingt dem Image, das von der neuen, schicken Medien-Frauengeneration gerne gezeichnet wird, entspricht:

- Frauen wollen heiraten, weil sie einen Vater für ihre Kinder brauchen. Drastischer ausgedrückt: Sie heiraten, weil das Vatermaterial fehlte, würden sie es nicht tun.
- Frauen wollen heiraten, weil sie stolz darauf sind, jemandes Ehefrau zu sein.
- Frauen wollen heiraten, weil sie zu jemandem gehören wollen und auf der anderen Seite erwarten, daß ein Ehemann zu ihnen steht.
- Frauen wollen heiraten, weil sie wirtschaftlich abgesichert sein möchten (ja, verehrte Kollegin Alice Schwarzer, das ist eine nicht zu leugnende Tatsache, an der leider auch 30 Jahre Frauenbewegung nichts geändert haben).
- Frauen wollen heiraten, weil der Status der Ehefrau in unserer Gesellschaft noch immer akzeptierter ist als der einer Geliebten, Freundin oder Lebensgefährtin.
- Frauen wollen heiraten, um ihren Mann aus der „freien Wildbahn" abzuziehen und Geschlechtsgenossinnen zu signalisieren: Leider, Kollegin, der ist weg.

Es sollte nicht unerwähnt bleiben, daß Frauen auch heiraten wollen, weil sie einen Mann lieben.

Die Summe der oben genannten Gründe ist allerdings oft ausschlaggebend für die Liebe. Ich wage zu behaupten: weit öfter ausschlaggebend, als es gemeinhin angenommen wird. Garantiert aber öfter, als es Frauen selbst zugeben.
Mit anderen Worten: Frauen heiraten aus handfesten eigennützigen Gründen. Und nicht, weil sie der bessere Teil der Menschheit sind, der seine Bestimmung in der Aufopferung für andere sieht.
Daß Männer aus eigennützigen Gründen heiraten, ist bekannt: Die Ehefrau ist immer auch Muttterersatz und muß alle Klischees eines Frauenlebens abdecken. Männer wollen (mit Strapsen und ähnlichem aufgezäumte) Stuten im Bett und für die Bewältigung der Alltagsmühen ein pflegeleichtes, gutwilliges Haflingermodell mit möglichst breitem Rücken. In 99 von 100 Fällen bekommen sie das auch, denn sogar in den fortschrittlichsten, partnerschaftlichsten „Ich kriege die Kinder, und du ziehst sie auf"-Beziehungen fühlen sich Ehefrauen um ein Quentchen mehr verantwortlich für alles als der Ehemann. Und das ist keineswegs auf Frauen beschränkt, die ausschließlich für Familie und Haushalt zuständig sind. Auch Topmanagerinnen, die den gleichen Arbeitseinsatz leisten wie ihre männlichen Kollegen, fühlen sich für das Wohl der Lieben daheim mehr zuständig als vergleichbare Männer.
Ein Beispiel aus meinem persönlichen Arbeitsumfeld: Die Chefredaktion des Wochenmagazins, bei dem ich arbeite, besteht aus acht Männern und einer Frau (meine Wenigkeit). Bis auf einen Mann haben alle Beteiligten Familien mit Kindern. Raten Sie, wer als einziges Chefredaktionsmitglied im Dreistundenrhythmus zu Hause anruft, um nachzufragen, ob alles seine Ordnung hat. Bingo. Alle anderen haben nämlich Ehefrauen (alle ebenfalls berufstätig), die solche Nebensächlichkeiten von ihrem Arbeitsplatz aus erledigen.

Die Eskapaden der Ehefrauen

Verheiratete werden fast automatisch in die Kategorie „gute Mutter", „treue Gefährtin", „liebevolle Familienmanagerin" eingestuft. Diese äußeren Gegebenheiten sind nach wie vor für viele verheiratete Frauen ein Grund, außereheliche Beziehungen zu verschweigen. Die Ordnung muß aufrechterhalten, der Schein muß gewahrt bleiben. Im Gegensatz zu Ehemännern, bei denen Freunde oder Arbeitskollegen oft über eine Affäre informiert sind, halten Frauen grundsätzlich den Mund. Meist weiß nicht einmal die beste Freundin Bescheid. Das ist auch mit ein Grund dafür, warum offizielle Seitensprungstatistiken immer einen gravierenden Schönheitsfehler haben: Außereheliche Affären einzugestehen, ist für Frauen pfui, für Männer durchaus hui. Das Kavaliersdelikt beim Mann wird bei der Frau als wenig ehrenhaftes bis schlampenhaftes Verhalten ausgelegt, zumindest in den Augen Unbeteiligter.

Die Gründe, aus denen verheiratete Frauen Affären haben, sind auf Seite 82 aufgelistet.

Daß außereheliche Affären ein triftiger Grund sind, sich zu trennen, ist bekannt. Daß sie manchmal eine Art therapeutische Wirkung auf bestehende Beziehungen haben, weniger.

Das folgende Interview mit einem Ehetherapeuten, der aus verständlichen Gründen anonym bleiben möchte und mit der Seitensprungthematik täglich in seiner Praxis konfrontiert ist, gibt die Hintergrundinformationen zu den von den Statistikern erhobenen „nackten" Zahlen.

Zu Ihnen kommen Paare, aber auch Einzelpersonen mit ihren Beziehungsproblemen. Wie häufig ist Untreue der Auslöser für Schwierigkeiten in der Beziehung?

Zumindest in jeder zweiten Beziehung, mit der ich mich beschäftige, ist Untreue ein Thema. Manchmal liegt die Untreue schon Jahre zurück, wird aber erst viel später für das Paar zum Problem. Ich kenne einen Fall, wo ein Mann seine Frau über mehrere Jahre hinweg betrogen hat, ihr das aber erst zehn Jahre, nachdem die Affäre vorbei war, gestanden hat. Sie hat sich daraufhin von ihm scheiden lassen, obwohl die Beziehung der beiden sehr gut funktionierte. Wenn es um akute Untreue geht, also die aktuelle Beziehung eines Paares durch eine dritte Person gefährdet ist, sind es immer die Frauen, die den ersten Schritt zum Therapeuten setzen. Und zwar sowohl, wenn sie die Betrogenen sind, als auch, wenn sie selbst betrügen und dadurch schon massive Probleme haben.

Kommen Frauen auch nach einem einmaligen Seitensprung zu Ihnen, zum Beispiel weil sie erfahren wollen, was der eigentliche Auslöser dafür war?
Nein. Erfahrungsgemäß ist ein einmaliger Seitensprung, vorausgesetzt, der Partner erfährt nichts davon, auch kein Grund, um eine Beziehung zu problematisieren. Ich kenne auch Frauen, die seit Jahren außereheliche Beziehungen führen und sehr gut damit leben. Ich weiß aus vielen Fällen, daß im nachhinein eingestandene Affären fürchterliche Probleme in der Beziehung erzeugt haben, die mit ziemlicher Wahrscheinlichkeit vermieden hätten werden können.

Wenn ich Sie richtig verstanden habe, würden Sie einer Frau, die ihren Mann betrügt, also etwas in der Art von „genießen und schweigen" raten ...
Wenn man so will, könnte man das so sagen. Ein Seitenspung oder eine Affäre ist natürlich immer auch ein Indiz, daß in der bestehenden Beziehung etwas nicht mehr ganz nach Vorstellung der Beteiligten läuft. Eine Frau, die eine Affäre sucht, wird mit ziemlicher Sicherheit in einer unglücklichen Partnerschaft leben. Eine Frau, der eine Affäre „passiert", die also in etwas hineinkippt, ohne das irgendwie geplant zu haben, lebt wahrscheinlich in einer vordergründig ganz zufriedenstellenden Partnerschaft, die aber selbstverständlich Mankos aufweist. Manchmal sind das Dinge, die den Frauen erst während ihrer außerehelichen Beziehung bewußt werden.

Können Sie die durchschnittliche Frau mit Affäre beschreiben? Hat sie Kinder?
Meistens sind es Frauen, die schon ein stabiles familiäres Umfeld haben, also ein, zwei oder drei Kinder haben. Oft sind diese Frauen mit erfolgreichen Männern verheiratet und finanziell gut abgesichert. So richtige Vorzeigefamilienfrauen.

Gibt es eine Hauptalterszielgruppe?
Ich würde sagen, zwischen dreißig und fünfundvierzig, also in der Lebensperiode, in der Frauen ihre Attraktivität auch austesten wollen. Es gibt natürlich auch 50jährige und darüber. Die ziehen dann oft einen Schlußstrich unter die bestehende Lebenspartnerschaft. Jüngere Frauen mit Kindern, die noch nicht aus dem Haus sind, setzen wegen einer Nebenbeziehung nur selten die Hauptbeziehung wissentlich aufs Spiel. Da stehen die wirtschaftlichen Überlegungen und natürlich die Überlegungen bezüglich der Kinder im Vordergrund, weniger die tiefe Bindung zum Ehemann. Frauen holen sich das, was sie bei ihrem Mann vermissen, oft bewußt in einer anderen Beziehung. Ohne ihre Hauptbeziehung auflösen zu wollen.

Profitiert die bestehende Ehe davon?
Am Anfang wirkt es so, weil die neue Beziehung auch einen gewissen Schwung in die alte bringt. Die Ehe kann durchaus von einer Nebenbeziehung profitieren, immer vorausgesetzt, die Affäre wird nicht bekannt. Dauert die außereheliche Beziehung länger als ein paar Monate und läuft sie stark über die Gefühlsebene, profitiert die Ehe meistens nicht mehr davon. Viele Frauen empfinden Ehe und Nebenbeziehung dann als Belastung, wollen allerdings auf keine der beiden verzichten.

Was raten Sie Frauen, die in einem solchen Gewissenskonflikt stehen?
Ich rate zu gar nichts, die Beteiligten müssen selbst ergründen, warum sie etwas wollen oder nicht wollen. Ich kann sie nur bei dieser Suche unterstützen. Konkret, und ohne das im jeweiligen Gespräch mit der Betroffenen zu sagen, meine ich, daß es meistens besser ist, in der Ehe zu verbleiben, vor allem, wenn die Kinder noch klein sind. Ausgenommen natürlich, die Beziehung ist so schlecht, daß es keinen Sinn mehr hat. Oft gibt eine beendete Affäre aber der Lebensbeziehung die Chance für einen Neubeginn.

Inwiefern?
Wer zugunsten von etwas auf etwas anderes verzichtet, bemüht sich normalerweise, daß das Verbliebene den Verzicht aufwiegt. Ein Neubeginn kann dann erfolgen, wenn man mit einem positiven Gefühl an die Beziehung herangeht, wenn man die guten Seiten des Partners wieder wahrnimmt. Wenn das nicht gelingt, wird die Beziehung nach der Affäre schwieriger als vorher. Dann kommen viele zu mir.

Was Beziehungen erfolgreich macht

Beziehungen zerbrechen aus den aberwitzigsten Gründen: weil Männer es nicht verkraften können, eine erfolgreiche Frau, die möglicherweise auch mehr verdient, neben sich zu haben;

weil Frauen es leid sind, sich privat mit der Rolle der Chefin vom Dienst zu begnügen, während der großteils abwesende Partner jovial den Herausgeber spielt;

weil Männer zwar im Herzen treu sind, vielen Frauen aber das Verständnis fehlt, wenn der Treuherzige sich in fremden Betten umtut;

weil Frauen mehr erwarten, als Männer zu geben imstande sind; weil Männer nerven, weil Frauen im falschen Moment die Zicke in sich entdecken; weil die Wohnung zu klein, die Kinder zu laut, der Job zu öd ist – und der Sex so aufregend wie Walt Disneys „Bambi", das sich die Kinder zwei Türen weiter vor dem Videorecorder geben.

Eine gute Beziehung zu führen ist – Sie wissen es vermutlich bereits – knallharte Arbeit. Die Jobbeschreibung für die vom Durchschnittsmann gewünschte Idealpartnerin sähe in etwa so aus: „Extrem belastbare, anspruchslose, gepflegte Mittzwanzigerin mit Frischhaltegarantie für schwere Betreuungstätigkeit gesucht. Psychiatrische Vorkenntnisse von Vorteil. Rasche Auffassungsgabe Bedingung, da abwechslungsreicher Aufgabenkreis. Bei Bewährung alsbaldige Beförderung zum Generalbevollmächtigten in Haushaltsangelegenheiten sowie zum Alleinverantwortlichen in Beziehungsangelegenheiten. Das Werksverhältnis kann vom Arbeitgeber jederzeit ohne Angabe von Gründen gelöst werden. Die Kündigung Ihrerseits bedarf triftiger Gründe, die aber vom Arbeitgeber für nichtig erklärt werden dürfen. Die Kündigung wird somit hinfällig. Bewerberinnen mit hübschen Beinen bevorzugt, da fallweise Repräsentationstätigkeit notwendig. Eigenes Einkommen kein Hindernis, solange genügend Abendfreizeit zur Erledigung der oben genannten Anforderungen gegeben ist. Unter: ‚Anspruchslos, ehrlich und treu' an den Verlag."

Daß derlei Idealkandidatinnen mittlerweile so selten wie

schwarze Perlen sind, hat sich schon herumgesprochen. Gerade deshalb sind sie auch wieder enorm gefragt, denn ein beschränktes Angebot erhöht bekanntlich die Nachfrage.
Das beruflich hart agierende Superweib möge doch bitte das sperrige Busineßkostüm abstreifen, sobald es Heim und Herd auch nur von ferne sichtet. Es gibt so hübsche Alternativen dazu: ein keckes Schürzchen, das vor Kleckereien in der Küche schützt; ein praktischer Hausanzug, in dem sich bequem das Abendessen wärmen und der Tisch abräumen läßt. Später dann ein Nachtgewand, schwarz und sündig oder weiß wie die Unschuld. Je nach Stimmungslage des zu Erquickenden. Man weiß ja nie, woran man ist.
Aber man bemüht sich. Socken, Gurkenmaske, Lockenwickler im Bett? Nicht mit uns – wir wissen um die fatale Wirkung eines schweinchenrosa Frotteepyjamas (oder haben zumindest darüber gelesen). Kleine Aufmerksamkeiten erhalten die Freundschaft, und dazu zählt, gefälligst auch bei zehn Grad minus Außentemperatur das Spaghettiträgernachtkleid überzuwerfen. Und seiner Mutter ein Geburtstagsgeschenk zu besorgen, das von der Idee her glatt von ihm sein könnte.
Frauen übernehmen, das ist eine Tatsache, von jeher einen Großteil der Beziehungsarbeit. Nur ein kleiner, aber bezeichnender Beweis dafür: Entschließen sich zwei zu einer Paartherapie, geht in 95 Prozent der Fälle die Initiative dazu von der Frau aus.
Damit es soweit nicht kommen muß, finden Sie hier ein paar einfache, aber wirkungsvolle „Beziehungsrezepte". Sie stammen weder von Paartherapeuten noch von Sexualforschern, sondern aus der Praxis langjähriger Beziehungen.
Frauen unterschiedlichster Gesellschaftsschichten haben sie für dieses Buch gesammelt. Sie wurden von mir aufgefordert, jene Kleinigkeiten, die ihre Beziehung liebevoll und vertraulich und frisch halten, anonym aufzuschreiben. Die besten Tips sind nachfolgend zusammengefaßt. Nicht zur blinden Nachahmung, denn keine der Aussagen erhebt den Anspruch auf Allgemeingültigkeit.
Aber als Anregung.

Komplimente machen. „Ich lobe meinen Mann oft. Wenn er gepflegt und gut aussieht, zum Beispiel, bevor wir zusammen ausgehen, sage ich ihm etwas in der Art von: ‚Toll, was hast du heute vor . . .' Ich weiß, er freut sich, wenn ich zur Kenntnis nehme, daß er sich gut zurechtmacht. Viele Frauen ignorieren so etwas bei ihrem Mann – aber ich denke, es ist ein ganz gutes Rezept, um gegenseitig Bewunderung auszudrükken. Ich freue mich übrigens auch, wenn er registriert, daß an mir etwas zum Positiven verändert ist. Männer sind doch im Grunde sehr einfach zu handhaben, wenn man ihnen das sagt, was sie hören wollen." *(Hausfrau, seit 16 Jahren verheiratet.)*

Distanz halten. „Ich bin seit 28 Jahren glücklich verheiratet und wundere mich oft darüber, wie distanzlos junge Paare heute miteinander umgehen. Ich glaube, daß allzu große Vertrautheit die Spannung in der Partnerschaft tötet. Für mich ist es selbstverständlich, daß ich gewisse Dinge nie in Anwesenheit meines Mannes mache. Ich würde mir zum Beispiel nie die Fußnägel lackieren, wenn er im Bad ist. Die Wahrung einer gewissen Intimsphäre ist sehr wichtig. Wenn man neugierig aufeinander bleibt, kann nichts schiefgehen." *(Unternehmerin in der Modebranche.)*

Spontaneität zulassen. „Manchmal rufe ich meinen Mann im Büro an und sage ihm: ‚Du, ich habe für heute zwei Theaterkarten, und nachher gehen wir essen.' Für die Kinder habe ich einen Babysitter organisiert, dann hole ich ihn ab und wir ziehen los. Daß immer ich es bin, die derartige Dinge organisiert, stört mich nicht. Ich glaube, einer der beiden Partner muß an der Beziehung immer stärker arbeiten als der andere. Ich kenne manche Paare, wo es umgekehrt ist, wo der Mann die Frau bei allen möglichen Gelegenheiten umwirbt. Meistens sind diese Paare aber erst kurz verheiratet. In längeren Beziehungen ist es wichtig, daß die Frau die Initiative ergreift. Männer neigen doch sehr dazu, die Beziehung einfach schleifen zu lassen." *(Angestellte, seit acht Jahren verheiratet.)*

Delegieren. „Jahrelang haben wir uns wegen Kleinigkeiten im

Haushalt gestritten. Das reichte von der lächerlichen offenen Zahnpastatube bis zur Frage, wer den Aschenbecher entleert. Mein Mann ist ziemlich faul, was diese Dinge betrifft, er läßt alles fallen, und wenn es mitten im Wohnzimmer ist. Mich hat das immer aufgeregt. Seit drei Monaten streiten wir nicht mehr. Wir leisten uns eine Putzfrau, die dreimal in der Woche kommt und all das macht, wozu er sich nie herablassen würde und ich keine Lust habe. Ich ärgere mich immer noch über seine Faulheit. Aber ich ärgere mich nicht mehr darüber, daß ich sie ausbaden muß." *(Angestellte, seit vier Jahren verheiratet.)*

Wein um Mitternacht. „Wir sind beide beruflich sehr engagiert und kommen meist spät nach Hause. Manchmal öffnen wir dann eine Flasche Wein und reden bis nach Mitternacht über alles mögliche, auch über uns. In diesen Stunden entsteht ein sehr vertrautes Gefühl. Oft bin ich müde und würde eigentlich lieber schlafen gehen. Ich finde es aber wichtig, mir dann einen Ruck zu geben und zu sagen: Tu ihm den Gefallen und setz dich zu ihm. Es war noch immer so, daß ich am nächsten Tag froh darüber war." *(Freiberuflerin, seit fünf Jahren Lebensgefährtin eines Journalisten.)*

Lob vor anderen. „Es fällt mir immer wieder auf, wie es mein Mann genießt, wenn ich ihn vor anderen lobe. Besonders vor anderen Frauen. Es ist im Grunde egal, was ich an ihm lobe, ob berufliche Erfolge oder eine Eigenschaft von ihm. Wichtig ist, daß er vor den anderen das Gefühl hat: meine Frau findet mich gut." *(Werbeagenturchefin, seit neun Jahren verheiratet.)*

Kein Streit im Bett. „Wir sind seit zehn Jahren verheiratet und haben ein ganz einfaches Rezept, um Krisen zu vermeiden: Egal, worüber wir uns gestritten haben, bevor wir einschlafen, wird das Problem vertagt. Zwischen uns herrscht die stille Übereinkunft, daß wir beim Einschlafen nicht böse aufeinander sind. Am nächsten Tag ist das Problem meistens nicht mehr so arg." *(Hausfrau.)*

Alltagsfluchten. „Ein paar Tage lang oder auch eine Woche lang ohne Kinder wegzufahren, reicht meist schon aus, um die Beziehung zu meinem Mann wieder aufzufrischen. Ich fühle mich dann wie eine junge, verliebte Frau, die sich für ihren Geliebten zurechtmacht. So ein- bis zweimal im Jahr gönnen wir uns das Vergnügen, und wir genießen es beide sehr. Ein Urlaub ohne Kinder ist wie eine Frischzellenkur für die Ehe." *(Bankkauffrau, seit 13 Jahren verheiratet.)*

Blumen ins Büro. „Neulich habe ich meinem Mann einen großen Blumenstrauß ins Büro schicken lassen. Per Boten und ohne Absender. Es war unser 14. Hochzeitstag, und ich habe die Idee spontan bekommen. Er hat sofort gewußt, was es geschlagen hat, und rief mich im Büro an. Er hat sich sehr gefreut. Ich denke, daß ich so etwas öfter machen sollte. Einfach so, ein paar Blumen, die zeigen, daß ich ihn immer noch sehr mag." *(Angestellte.)*

Sonntag im Bett. „Wir haben seit einigen Jahren ein Ritual: Sonntag vormittag bleiben wir bis zehn oder elf im Bett, die Schlafzimmertür ist dann zugesperrt. Unsere Kinder sind in einem Alter, wo sie das akzeptieren. Oft reden wir nur oder sehen uns ein Video an und machen einfach gar nichts. Aber es ist uns wichtig, daß auf diese Art zumindest ein paar Stunden jede Woche ausschließlich für uns reserviert sind." *(Selbständige, seit elf Jahren verheiratet.)*

Freiraum schaffen. „Ein Abend pro Woche gehört mir alleine. Meist der Mittwoch oder Donnerstag, an diesem Abend paßt mein Mann auf die Kinder auf. Ich gehe dann mit Freundinnen aus, ins Kino, essen, irgend etwas. So gegen Mitternacht bin ich zurück und fühle mich gut. So komisch es klingt: Aber wenn ich etwas ganz für mich alleine getan habe, mag ich meinen Mann danach um so mehr. Ich schätze es sehr, daß er mir diese paar Stunden in der Woche zugesteht, ohne sich aufzuregen." *(Lehrerin, seit sechs Jahren verheiratet.)*

Körperkontakt halten. „Mein Mann und ich berühren uns häufig. Wir halten uns beim Gehen an den Händen, wir geben uns mit leisen Gesten zu verstehen, daß wir einander noch immer anziehend finden. Ich finde es sehr schön, daß wir diese Gewohnheit auch nach neun Ehejahren beibehalten haben. Körperliche Berührung ist auch ein gutes Mittel gegen schlechte Stimmung, Ärger und Aggressionen. Der Effekt ist wahrscheinlich ähnlich, wie wenn man ein tobendes Kind in den Arm nimmt und streichelt. Es beruhigt sich sofort. Wenn zwischen uns dicke Luft herrscht, bemühe ich mich um Körperkontakt. Der signalisiert dem andern: Wir gehören zusammen." *(Journalistin.)*

Eheprobleme – und ihre Lösung:
Die Paartherapie, die Sie zu Hause durchführen können

Der Wiener Psychotherapeut Walter Hoffmann erstellte ein Therapieprogramm, das Sie zu Hause mit dem Partner durchführen können.
Das sind die häufigsten Eheprobleme – samt Lösungsvorschlag:

Problem: In der Beziehung fehlt die Zärtlichkeit. Die Partner nehmen sich gegenseitig für selbstverständlich.
Lösungsvorschlag: Setzen Sie sich zusammen, nach Möglichkeit aber nicht zu Hause (z. B. in einem Restaurant oder Hotel), und versuchen Sie gemeinsam, sich an die Anfangszeit Ihrer Beziehung zu erinnern. Damals waren Sie ineinander verliebt. Gehen Sie Punkt für Punkt durch, wie sich der Partner seither verändert hat: Welche Hoffnungen hatten Sie, als Sie einander kennenlernten? Welche wurden erfüllt – welche enttäuscht? Gehen Sie gemeinsam mit dem Partner die einzelnen Stationen Ihrer Beziehung durch. Analysieren Sie: Welche Ereignisse haben am stärksten zur gegenseitigen Entfremdung beigetragen?
Sobald Sie das wissen, können Sie ausführlich darüber reden – und dadurch auch wieder näher zueinander finden.
Eine ganz wichtige Zusatzmaßnahme: Versuchen Sie, dem Alltagstrott zu entfliehen. Nichts ist zerstörender für eine Beziehung als Eintönigkeit und Langeweile. Für Liebesbeziehungen ist es überlebenswichtig, Impulse von außen einzubringen.

Problem: In der Beziehung kommt es aus den verschiedensten Gründen häufig zu Streitigkeiten.
Lösungsvorschlag: Klären Sie zuerst für sich selbst ab, welche Rolle Sie in der Beziehung einnehmen. Überlegen Sie auch, welche Gefühle Sie (noch) für Ihren Partner empfinden. Gab es früher, vielleicht in Ihrer Kindheit, schon Personen, bei denen Sie ähnlich empfunden haben?
Überprüfen Sie, welche Muster aus der Vergangenheit sich

nun in Ihrer Beziehung wiederholen. Können Ihre Wünsche und Erwartungen vom Partner überhaupt erfüllt werden?
Klären Sie nun bei einem Gespräch mit dem Partner ab, wie Sie sich gegenseitig wahrnehmen. Decken sich Ihre Selbstbilder mit jenen Bildern, die Sie jeweils voneinander haben?
Sprechen Sie über Kränkungen, die Sie bis heute nicht verzeihen können. Sie können in Wahrheit der Auslöser für die vielen Streitereien über scheinbar „unwichtige" Dinge sein.
Sprechen Sie unbedingt auch Kränkungen an, von denen Ihr Partner offenbar nichts weiß.
Ganz wichtig: Bemühen Sie sich darum, während des Streitens fair zu bleiben, finden Sie einen Ton, der den anderen nicht verletzt. Auch wenn es schwerfällt: Sprechen Sie bei dieser Unterredung unbedingt auch die positiven Seiten Ihrer Beziehung an. Das ist der erste Ansatz zur künftigen Verbesserung.

Problem: Die Beziehung wird als Gefängnis erlebt.
Lösungsvorschlag: Wenn Sie oder Ihr Partner an einen „Ausbruch" aus der Beziehung denken: Gehen Sie auf Distanz, trennen Sie – soferne das räumlich möglich ist – Ihre Schlafplätze. Das schürt die Sehnsucht nacheinander. Gehen Sie alleine aus, versuchen Sie, unabhängig vom Partner etwas zu erleben, damit Sie etwas haben, was Sie in die Beziehung einbringen können.
Wenn Ihr Partner wegmöchte: keinesfalls klammern – je mehr Sie ihn festhalten, desto weiter will er weg.

Problem: Sie wissen nicht mehr, worüber Sie miteinander reden sollen.
Lösungsvorschlag: Probieren Sie es mit sogenannten „Zwiegesprächen", die auch in der professionellen Paartherapie angewandt werden. Vereinbaren Sie mit dem Partner ein- bis zweimal wöchentlich einen festen Termin von etwa 90 Minuten. So lange kann sich ein Mensch durchgehend konzentrieren. Nun erzählt jeweils einer dem anderen (nacheinander!), was ihn am Partner ärgert, freut oder auffällt. Sprechen Sie auch darüber, was Sie zur Zeit am stärksten bewegt. Und wie Sie

den Partner erleben. Anfangs werden Sie vermutlich Schwierigkeiten mit den richtigen Formulierungen haben. Aber nach der dritten oder vierten „Sitzung" wird es Ihnen leichter fallen, über Ihre Gefühle zu sprechen. Die meisten Paare erfahren in solchen festgesetzten Gesprächen mehr übereinander als während einer lange dauernden Ehe. Und sie nähern sich dadurch wieder entscheidend einander an – auch was den künftigen Gesprächsstoff betrifft.

Problem: Die erotische Anziehung ist erloschen.
Lösungsvorschlag: Das Brachliegen der Sexualität beruht fast ausschließlich auf dem Verschweigen von Konflikten. Manchmal reicht es, einfach über seine erotischen Gefühle (oder auch das Fehlen dieser Gefühle) zu sprechen, um wieder Lust aufeinander zu bekommen.
Falls die Lust in Ihrer Partnerschaft im Lauf der Jahre einfach abgenommen hat, Sie aber als Paar nach wie vor im Grunde glücklich sind, hilft folgendes Progamm: Nehmen Sie sich bewußt sehr viel Zeit füreinander. So kann es zum Beispiel sehr lustvoll sein, wenn einer von Ihnen völlig passiv bleibt und einfach in vollen Zügen genießt. Sagen Sie „nein", wenn der Partner versucht, nach dem Fernsehen noch eine kurze Nummer zu schieben, legen Sie es darauf an, den Liebesakt zu zelebrieren. Versuchen Sie, den Sex so lange wie möglich auszudehnen (stimulieren Sie einander möglichst lange nur mit sanften Bewegungen). Erst wenn Sie es überhaupt nicht mehr aushalten, geben Sie Ihrer Lust nach. Die Innigkeit in der Partnerschaft wird dadurch enorm erhöht.

dtv

Uschi Fellner
Die Zukunftsfrau
Leben, Liebe, Arbeit im 21. Jahrhundert

6

3-423-36082-8 ISBN	Sept. 1998 Monat	1. Aufl.	Bd.

Modernes Leben Reihe	Warengruppe
Deutscher Taschenbuch Verlag 80801 München KNO-Terminal: Reihen-Nr. 100 Libri.-TBA: Reihen-Nr. 0044	11377 Verkehrs-Nr.

Ergänzen	Mindestlager	Fortsetzung	Erhöht um

Preis: DM

Nachbestellungen s. Rückseite

BITTE NICHT MITNEHMEN!

Nachbestellungen		
Datum	Expl.	bei

Firmenstempel

Der Familienreport

Was Frauen über ihr Familienleben denken

So denken Frauen über ihr Familienleben (ausgewertet wurde ein Sample von 10.000 Antworten).

Wie würden Sie Ihren Familienalltag beschreiben?

traditionell, mit fixen Essenszeiten	18%
traditionell-locker, mit flexiblen Essens- und Schlafenszeiten	60%
unkonventionell	16%
chaotisch	6%

Der vorherrschende Familienalltag ist der „traditionell-lockere", was bedeutet: Die Mehrheit von 60 Prozent der Frauen legt an ihre Familie traditionelle Maßstäbe an, ohne starre Rituale (fixe Mahlzeiten, fixe Schlafenszeiten etc.) übernehmen zu wollen. Dennoch: Traditionen werden, was das Familienleben betrifft, auch im ausgehenden 20. Jahrhundert hochgehalten. Als häufigste Familienform nach der „traditionell-lockeren" wird mit 18 Prozent die typisch „traditionelle" Familienform (mit fixen Essenszeiten und Familienritualen) angegeben. Fazit: Die Familie wird nach wie vor als traditioneller Hort der Geborgenheit erlebt, auch wenn die Regeln des Zusammenlebens weitgehend aufgelockert sind. Unter jenen, die ihren Familienalltag als „unkonventionell" (16 Prozent) oder „chaotisch" (sechs Prozent) bezeichnen, sind die besser ausgebildeten Frauen (Matura-/Abiturniveau, darunter speziell die 25- bis 35jährigen) dominant.

Was den Schluß zuläßt: Jüngere, gut ausgebildete Frauen sind die Revoluzzer unter den Familienmüttern – also jene, die das meiste Verständnis für unkonventionelle Familienformen aufbringen.

Passiert es, daß Sie Mitglieder Ihrer Familie hin und wieder anschreien?

ja	16%
eher ja	32%
eher nein	38%
nein	14%

Am häufigsten werden die 26- bis 30jährigen Mütter laut: In dieser Alterskategorie gaben insgesamt 75 Prozent an, Familienmitglieder hin und wieder anzuschreien. Zum Vergleich: Unter den 41- bis 45jährigen Frauen sind es nur noch 21 Prozent (was auch daran liegt, daß die Nerven der unter 30jährigen aufgrund kleiner Kinder im Haushalt stärker strapaziert werden dürften). Die wenigsten Aggressionen gegen andere Familienmitglieder haben die unter 21jährigen Frauen (von ihnen schreien nur sechs Prozent) und die über 50jährigen (nur vier Prozent dieser Alterskategorie bekennen sich zum gelegentlichen Schreien).
Ein interessantes Detail: Am meisten „zum Schreien" neigen die verheirateten Frauen, unter den Geschiedenen (oder vom Partner getrennt lebenden) geben nur neun Prozent an, gelegentlich zu schreien. Frauen mit guter Ausbildung schreien übrigens keineswegs weniger als andere: Unter den Frauen, die mit „Ja" oder „Eher ja" antworteten, sind 60 Prozent Maturantinnen.

Wieviel Zeit verbringen Sie im Durchschnitt täglich mit Ihren Kindern?

unter einer Stunde	8%
1–2 Stunden	18%
3–5 Stunden	30%
über 5 Stunden	44%

Nicht erstaunlich: Die meiste Zeit für die Kinder wenden die verheirateten, nicht berufstätigen oder halbtags berufstätigen Mütter auf (und unter ihnen die 31- bis 35jährigen). 60 Prozent der geschiedenen Frauen geben an, täglich nur ein bis zwei Stunden Zeit mit den Kindern zu verbringen (was an der verstärkten Berufstätigkeit der geschiedenen Frauen liegt). Nach der Einkommenssituation berufstätiger Frauen aufgeschlüsselt, ergibt sich folgendes Bild: Die meiste Zeit mit den Kindern (über fünf Stunden) verbringen Frauen der unteren Verdienstkategorie (darunter viele Halbtagsbeschäftigte). Die Mehrheit der ganztags berufstätigen Frauen mit mittlerem bis hohem Einkommen verbringt mit den Kindern zwischen drei und fünf Stunden täglich (was den Rückschluß zuläßt, daß diese Frauen kaum bis keine Zeit mehr für sich selbst haben). Relativ hoch ist mit acht Prozent jene Anzahl Frauen, die angeben, täglich unter einer Stunde mit den Kindern zu verbringen – nach Einkommen aufgeschlüsselt, liegt ihr Verdienst zu über 90 Prozent im obersten Drittel.

Finden Sie es richtig, wenn die Frau hauptsächlich Haushalt und Kinder versorgt und der Mann das Geld heimbringt?

ja	4%
eher ja	18%
eher nein	34%
nein	44%

Die Meinung der Frauen zu diesem Thema ist klar – die überwiegende Mehrheit spricht sich gegen die traditionell-angestaubte Rollenverteilung aus. Unter jenen Frauen, die auf die Frage mit „Ja“ oder „Eher ja“ antworteten, überwiegt der Anteil der schlecht Ausgebildeten (nur Grundschulabschluß) und der über 50jährigen.

Von welchen Faktoren fühlen Sie sich zur Zeit stark belastet?
(Mehrfachnennungen waren möglich)

Haushalt	60%
Kindererziehung	22%
Partnerkonflikte	15%
familiäre Konflikte	11%
berufliche Anforderungen	45%
Schwierigkeiten am Arbeitsplatz	4%
Geldprobleme	23%
gesundheitliche Probleme	7%
Einsamkeit	2%

Die meisten Frauen fühlen sich vom Haushalt belastet (was auch an der mangelnden Mithilfe der zugehörigen Partner liegt), Partnerkonflikte werden nur von 15 Prozent als Belastung genannt. Zweitstärkster Belastungsfaktor neben dem Haushalt: die beruflichen Anforderungen (und deren Koordinierung mit den familiären Bedürfnissen).

Wie beurteilen Sie Ihre persönliche Ausgeglichenheit zwischen Berufs- und Privatleben?
(Nur die Antworten berufstätiger Mütter wurden ausgewertet)

sehr ausgeglichen	17%
eher ausgeglichen	46%
der Beruf dominiert	9%
das Privatleben dominiert	28%

Die Mehrheit bezeichnet sich als ausgeglichen, unter jenen Frauen, die angaben, „der Beruf dominiert", sind naturgemäß hauptsächlich gut Ausgebildete in der obersten Einkommenskategorie.

Fühlen Sie sich insgesamt glücklich?

ja	49%
eher ja	41%
eher nein	8%
nein	2%

Die Mehrheit gibt an, insgesamt glücklich zu sein.

Haben Sie manchmal das Gefühl, ganz von vorne anfangen zu wollen?

ja	14%
eher ja	16%
eher nein	34%
nein	36%

Obwohl der Prozentsatz jener, die nicht „ganz von vorne anfangen" wollen, eindeutig überwiegt, antworten auf diese Frage immerhin insgesamt 30 Prozent mit „Ja" oder „Eher ja". Was die Interpretation zuläßt, daß 30 Prozent der Frauen mit ihrer jetzigen Situation nicht zufrieden sind bzw. sie ändern möchten.
Dieser relativ hohe Prozentsatz der Unzufriedenen widerspricht freilich dem Ergebnis der vorigen Frage (Fühlen Sie sich insgesamt glücklich?). Interpretiert kann das so werden, daß mehr Frauen angeben, glücklich zu sein, als es tatsächlich sind (man will glücklich sein – also ist man es zumindest bei Umfragen).

Die Renaissance der Familie

„Abends essen wir mit den Kindern in der Küche. Wir besitzen keinen Fernseher. Wenn ich eines hasse, dann ist es das Fernsehen. Es ist mehr als eine Diktatur, es ist schlimmer als Hitler. Der Fernseher ist ein hirnschädigendes Haushaltsgerät. Statt dessen spielen wir etwas, Spiele, die wir manchmal selbst erfinden, und ich helfe den Kindern bei ihren Schularbeiten. Sie gehen zwischen acht und neun ins Bett, und dann setzen Kirsti und ich uns auf die Veranda und genießen die Aussicht.
Ich habe eine kluge Frau. Karriere, Macht und Feminismus hat sie weit hinter sich gelassen. Wir sind seit achtzehn Jahren zusammen, und sie hat das Wesentliche begriffen: daß ich geliebt werden will." (Oliviero Toscani, 54, Fotograf)

Der Mann, der diese Sätze in einem Artikel über sein Leben aufgeschrieben hat, ist einer der provokantesten Fotografen der Welt: Oliviero Toscani, der für die Schockmotive aus der Benetton-Werbung verantwortlich zeichnet. Seine Bilder sind umstritten: Wenn er Aidskranke auf dem Totenbett oder blutgetränkte Kriegsuniformen ablichtet, urteilen die einen, daß er die Grenzen des guten Geschmacks überschreitet. Die anderen finden, daß er die Dinge nur so zeigt, wie sie wirklich sind: ehrlich, schockierend, ungeschönt.
Ein Freigeist, könnte man meinen, einer, der in jeder Hinsicht das Ungewöhnliche pflegt und Konventionelles verachtet. Einer, der die Biedergesellschaft durch neue Ideen revolutionieren will.
Das will der bärtige Italiener in gewisser Hinsicht auch, aber nur, solange die Revolution vor den Toren seines Familienanwesens in der Toscana stattfindet. Dahinter läuft alles nach den Regeln ab, die schon sein Großvater selig für gut befunden hat.
Oliviero Toscani entspricht durch und durch dem Typ des traditionellen Familienoberhauptes. Und er befindet sich nicht nur in großer, sondern gleich in riesiger, alles dominierender Gesellschaft: Er denkt wie hundert Prozent aller verheirate-

ten Männer mit Familie, die wollen, daß ihre Frau das Wesentliche begreift: siehe oben.
Wie es zugehen soll, damit sie es begreift, und vor allem wie es zugehen soll, damit sie durch Taten und Worte zeigen kann, daß sie es begriffen hat (was ja die Hauptsache ist), wissen die Männer nicht ganz so genau: Und darin liegt auch das größte Problem, das die durchschnittliche Familie des ausgehenden 20. Jahrhunderts hat: Die Ansprüche, die Männer und Kinder an ihre Ehefrauen und Mütter stellen, sind dieselben, die vor hundert Jahren relevant waren. Mutter ist zwar unbestritten die Beste, aber dafür auch für alles verantwortlich. Vor allem dafür, daß es den restlichen Familienmitgliedern seelisch, körperlich und geistig gut geht. Die uneingeschränkte Umsorgung funktioniert aber nur bei uneingeschränktem Zeitbudget. Alles andere ist ein Kompromiß, der funktionieren kann oder auch nicht.
Fotograf Toscani bekennt zumindest offen, was er von seiner Frau erwartet. Nämlich daß sie die Familie im Griff hat und ansonsten möglichst keine Probleme macht. Haben Männer wie er das Glück, eine Frau zu finden, die das langfristig akzeptiert, ist alles „molto bene". Haben sie das Pech, daß die Frau irgendwann ihre eigenen Bedürfnisse anmeldet, sind sie oft nicht in der Lage, ihrer darob ausbrechenden Verwirrung Herr zu werden. Das Chaos nimmt seinen Lauf.
Tatsache ist: Männer wollen Familie, um einen Hort der Geborgenheit um sich zu bauen. Frauen wollen Familie, um ebenfalls einen Hort der Geborgenheit um sich zu bauen. Beide, Männer und Frauen, gehen mit den besten Absichten an die Gründung einer Familie heran, und wenn sie mit dem Unternehmen scheitern, liegt es fast immer an der überfrachteten Erwartungshaltung dem anderen gegenüber. An einem einzigen Tag Pasta zu kochen, die drei bis vier unaufschiebbaren Besorgungen zu erledigen, die Kinder durch die Klippen des täglichen Wahnsinns zu pilotieren, alte Elternteile zu umsorgen, nach dem Putzen der Klobrille die Gummihandschuhe abzustreifen und sich umgehend in eine freudig agierende Geliebte zu verwandeln (und nebenbei – man wagt es kaum zu sagen – auch noch berufstätig zu sein), gelingt manchen

Frauen manchmal nicht. Das nehmen ihnen viele Männer übel. Umgekehrt nehmen viele Frauen den Männern übel, zuwenig Zeit für die Familie zu haben und zuviel zu arbeiten, oder zuviel zu arbeiten und zuwenig partnerschaftlich zu handeln, oder zuwenig zu arbeiten und zuwenig zu verdienen, oder Tennis spielen zu gehen, anstatt sich um die Kinder, den Hund und die Balkonpflanzen zu kümmern oder irgendwie alles zusammen.

Nichtsdestotrotz steht die Familie ganz oben auf der Werteskala des Lebens. Auch wenn sie immer seltener nach den immer noch gewünschten traditionellen Mustern funktioniert, ist sie als Institution beliebter denn je. Eine bei 2.000 Studenten an europäischen Universitäten durchgeführte Umfrage ergab: 80 Prozent der 18- bis 25jährigen (Frauen und Männer gleichermaßen) wollen auf eine eigene Familie mit Kindern nicht verzichten. Laut Bericht des österreichischen Familienministeriums geben 90 Prozent der Männer sowie 94 Prozent der Frauen an, die Familie sei für sie der wichigste Wert und die Voraussetzung für ein glückliches Leben.

Eine Studie der Universität Linz zeigt auf, daß auch bei Kindern der Wunsch nach einem harmonischen Familienleben dominierend ist: Von 3.000 befragten Kindern gaben 56 Prozent an, ihr sehnlichster Wunsch sei weniger Streit in der Familie. Zur größten Angst der Kinder ist die Trennung der Eltern geworden.

Soziologen prägten für den allgegenwärtigen Hang zum Familienidyll das Schlagwort „Neues Biedermeier". Und Trendforscher, wie die Amerikanerin Faith Popcorn, sehen die wachsende Lust an Familiengründungen als beherrschendes Zeitsignal. Man will wieder näher zusammenrücken, um in Zeiten äußerer Bedrohungen Einigkeit und Stärke zu demonstrieren, Halt zu finden und um sich aneinander zu erfreuen. Die Wohnburg dient solcherart als Schutz gegen die Überforderung von außen. Gegen die Überforderung von innen nützt freilich auch der neue Turbo-wasch-trocken-bügel-in-einem-Automat nichts.

Die neuen Familientypen

Zu einer herzeigbaren Familie zählen . . .

. . . zwei aufgeweckte und trotzdem nicht zu freche Kinder, die brauchbare schulische Leistungen liefern, anständig grüßen und sich in ein bis zwei gehobenen Freizeitaktivitäten (Klavier, Ballett, Schach, Eishockey) lobenswert hervortun.

. . . ein Mann, dem man ansieht, daß er die weite Welt nicht nur vom Hörensagen kennt, der wie ein Tennislehrer aussieht, sich aber nicht auf dessen geistigem Niveau bewegt, der von seinem Tagwerk irgendwo in der Chefetage eines Topkonzerns fast immer rechtzeitig nach Hause kommt, um noch mit den Kindern, die dann selbstverständlich schon ihre Schlafanzüge anhaben und nach Fruchtbärligeschmack-Zahncreme duften, zu tollen. Müßig zu sagen, daß er alle mit Küßchen begrüßt, wenn er heimkommt, und daß er seine Schuhe niemals mitten in der Diele stehenläßt.

. . . eine Frau von optischer und inhaltlicher Wandlungsfähigkeit (vorstellbar sowohl als Werbemodel für Saftpressen als auch für saftige Dessous), die zwar vier Fremdsprachen spricht und ihren doppelten Doktor in der Tasche hat, sich aber trotzdem nicht zu gut ist, ihren Kindern die Geburtstagskuchen selbst zu backen.

. . . ein Haus mit Wintergarten, wahlweise flächendeckend mit Parkett- oder Hochflor-Teppichbelägen ausgestattet, damit man sich, so wie es die Kreditwerbung bestimmter Banken anregt, nett um das auf dem Boden stehende Brettspiel arrangieren kann.

. . . ein Garten, weil dort am Sonntag der gedeckte Frühstückstisch lockt und frisches Grün die Lebensqualität entscheidend hebt.

. . . eine Garage, in der ein Auto mit Stern parkt und daneben ein praktisches Damenmodell zum Einkaufen. Ladyausführung, mit Schminkspiegel hinter der Sonnenklappe.

Soweit das via Medien permanent in die Wohnzimmer transportierte Ideal, das sich nach wie vor trefflich als Werbevorbild eignet: Fragt man nämlich junge, noch ungebundene

Frauen nach ihren Vorstellungen von der späteren Familie, werden die oben beschriebenen Wunschvorstellungen ziemlich exakt umrissen wiedergegeben. Familie zu haben wird zwar mit Werten wie Geborgenheit, Sicherheit und Liebe verbunden, genauso präsent ist allerdings der Wunsch nach Wohlstand und materieller Sicherheit.
Zwischen Ideal und tatsächlich gelebter Praxis liegen Welten, oder besser: Revolutionen. Die klassische Vater-Mutter-Kind-und-Haus-im-Grünen-Familie gilt zwar nach wie vor als Ideal, die in der Praxis allgegenwärtige Konkurrenz an diversen Alternativmodellen macht allerdings ein Umdenken nötig. In einer durchschnittlichen Grundschulklasse von dreißig Kindern hat heutzutage bereits ein Drittel der Kinder geschiedene oder getrennte Eltern.
Die im folgenden beschriebenen Familienmodelle geben einen Eindruck davon, wie vielschichtig der Begriff von Familie heute ausgelegt wird. Und daß das Unkonventionelle bereits die Norm ist.
Um die Intimsphäre der befragten Familienmitglieder zu wahren, die in langen Interviews sehr persönliche Auskünfte über ihre spezielle Lebenssituation gaben, sind nur die Vornamen der Betreffenden angeführt. Die Fakten entsprechen jeweils der zum Zeitpunkt des Gesprächs aktuellen Situation.

Familien, die für die Zukunft stehen

Das Patchwork-Modell

Die Familienmitglieder: Hanna, 31, Redakteurin bei einem TV-Sender. Michael 37, Zeitungsjournalist. Kim (5) und Fiona (6), die Töchter der beiden. Andreas, Hannas neuer Lebensgefährte. Anna, Michaels neue Ehefrau. Patrick (9), deren Sohn. Theresa (1), die Tochter von Anna und Michael.

Irgendwann sind sie zu dem Schluß gekommen, daß es vorbei ist: Hanna und Michael ließen sich nach vier Jahren scheiden, weil es in der Ehe unüberbrückbare Differenzen gab.
Hanna: „Wir haben nur noch gestritten, haben uns gegensei-

tig nicht mehr ausgehalten. Wenn ich ihn nur gesehen habe, bin ich schon aggressiv geworden."
Michael: „Sie hat sich, wahrscheinlich durch die rasch aufeinanderfolgenden Schwangerschaften, völlig hysterisch benommen, hat mir Vorwürfe gemacht, mich kontrolliert, war eifersüchtig, wenn ich nur mit einer anderen Person geredet habe."
Man kam überein, sich scheiden zu lassen, beide Partner sehnten sich nach einem Neubeginn. Michael hatte zum Zeitpunkt der Scheidung bereits eine Freundin, Hanna zog mit den Kindern drei Monate vor dem endgültigen Scheidungstermin zu ihrem Freund. Die Scheidung war nur noch eine Formsache, den Kindern zuliebe vereinbarte man, weiterhin in gutem Kontakt miteinander zu verbleiben. Was in der Praxis so aussah:
Hanna: „Wir haben vereinbart, daß jeder von uns beiden die Kinder jederzeit sehen kann und andererseits auch bei Bedarf beim anderen abgeben kann. Beide sind wir überzeugt, damit die beste Lösung für alle Beteiligten getroffen zu haben. Obwohl ich offiziell das Sorgerecht habe, kümmert sich mein Exmann praktisch genauso oft um die Mädchen. Sie pendeln jetzt wochenweise von einem zum anderen, haben in jedem Haushalt ein Kinderzimmer, Spielzeug, Kleider – eben alles, was sie brauchen. Bis jetzt hat dieses Modell funktioniert, weil keiner von uns beiden das Gefühl hat, ausgenützt zu werden. Und den Kindern scheint es sehr recht zu sein, zumindest haben sie sich noch nicht beklagt."
Die neuen Partner der Eltern sind mit der Situation einverstanden: Andreas, Hannas Lebensgefährte, ist ein junger Schauspieler, der zu den Mädchen ein kumpelhaftes Verhältnis hat. Michaels neue Frau, Anna, hat ein Kind in die Ehe mitgebracht und vor einem Jahr von Michael ein Baby bekommen. Das neue Paar hat somit, wenn Michaels Kinder ihre „Papawoche" haben, vier Kinder im Haushalt.
Anna: „Wir fühlen uns als Großfamilie, die sich gegenseitig unterstützt. Eifersüchteleien oder Streitereien gibt es kaum, Meinungsverschiedenheiten natürlich schon immer wieder. Der Vorteil ist, daß wir uns die Kinderbetreuung wirklich auf-

teilen können: Wenn Michael und ich keine Zeit haben, hütet Michaels erste Frau unsere Kinder genauso wie ihre eigenen. Und umgekehrt natürlich. Vor zwei Monaten waren wir alle zusammen auf Urlaub, und es war toll. Schwierig wird es nur, wenn man neuen Bekannten unsere Familiensituation erklärt. Die sind zuerst einmal verunsichert. Daß dieses Großfamilienleben funktionieren kann, geht den wenigsten in den Kopf."

Fragt man das Exehepaar Hanna und Michael, wie sie rückblickend die Entwicklung ihrer Familie betrachten, kommt von beiden durchaus positives Echo.

Hanna: „Natürlich habe ich mir damals, als wir geheiratet haben und das erste Kind gekommen ist, so eine richtig nette kleine Familie gewünscht. In der Praxis hat das nie richtig funktioniert, weil Michael und ich zu verschieden sind, um miteinander zu leben. Das haben wir erst nach der Trennung irgendwann in aller Ruhe festgestellt. Wir verstehen uns jetzt übrigens auch viel besser als während unserer Ehe. So, wie es gekommen ist, finde ich es gut: Die Kinder leben in einem Familienverband, der vielleicht unüblich ist, aber großartig funktioniert. Mit Sicherheit geht es allen Beteiligten jetzt besser als zum Zeitpunkt unseres Zusammenlebens. Ich glaube, daß es die traditionelle Familie im herkömmlichen Sinn gar nicht mehr gibt. Die meisten, die zusammenbleiben, machen das doch, um die Fassade aufrechtzuerhalten . . ."

Michael denkt ähnlich: „Ich kann ehrlich sagen, daß ich jetzt glücklicher bin als während meiner Ehe mit Hanna. Das soll kein Vorwurf sein, sie ist jetzt zu meiner besten Freundin geworden. Meine Frau ist Gott sei Dank kein eifersüchtiger Typ, sie hätte auch keinen Anlaß. Hanna ist die Mutter zweier meiner Kinder, und diesen Platz hält sie immer besetzt. Ich glaube, daß wir alle von unserer Trennung profitiert haben . . ."

Die Patchwork-Fakten. Patchwork-Familien sind bereits allgegenwärtig, statistisch werden es jährlich – bedingt durch die hohen Scheidungsraten – mehr. In den meisten Fällen funktioniert das Modell, das alte und neue Familienmitglieder zu

einem konstruktiven Haufen zusammenwürfelt, allerdings nicht so prachtvoll wie im oben beschriebenen Beispiel.
Von vielen Fachleuten wird die Patchwork-Familie bereits als Lebensform der Zukunft gepriesen: Man wohnt als Großfamilie zwar nicht unter einem Dach, teilt aber die Verantwortung für die Kinder und hat die gleiche Lebensphilosophie. In der Theorie klingt dieses Modell außerordentlich vernünftig, besonders wenn die Beteiligten – wie im Fall oben – anscheinend völlig frei von vergangenen Verletzungen und enttäuschten Gefühlen agieren.
In ihren tatsächlichen Auswirkungen auf die Kinder ist das Modell der Patchwork-Familie aber noch ziemlich unerforscht, zumindest ist es pädagogisch nicht unumstritten. Kinderpsychologen warnen zunehmend davor, das fixe „Nest" der Kinder durch ein – wenn auch gut gemeintes – Pendelsystem zu instabilisieren.
Was Kinder nur sehr schwer verkraften: Wenn in die Patchwork-Familie auch wechselnde „Onkel" oder „Tanten" aufgenommen werden, als jeweils wechselnde Partner der Elternteile. Studien haben gezeigt, daß Kinder, deren Bezugspersonen mehrere Partnerschaften erleben, zu sehr aggressivem Verhalten neigen und die Eltern sogar ablehnen. Soll das Patchwork-Modell letztendlich funktionieren, muß also Stabilität bei den beteiligten Erwachsenen gewährleistet sein. Doch selbst wenn sich alle Beteiligten traumhaft verstehen, bleibt ein Faktum bestehen: Jedes Kind mit getrennten Eltern wünscht sich, daß Papa und Mama als Paar wieder zusammenfinden. Je kleiner die Kinder sind, desto schwerer ist es für sie zu verstehen, daß das nicht möglich ist, obwohl doch alle so gut miteinander auskommen . . .

Das Single-Elternteil-Modell

Die Familienmitglieder: Katharina, 36, Unternehmensberaterin. Johannes (14), Sebastian (8), Charlotte (4).

Um fünf Uhr früh steht sie auf, mit einer Disziplin, die sonst nur Spitzensportler an den Tag legen. Aber die auch nur, weil sie müssen.

Katharina ist alleinerziehende Mutter dreier Kinder, die von zwei verschiedenen Vätern stammen. Mit dem Vater ihres 14 Jahre alten Sohnes Johannes war sie nie verheiratet, der Kontakt zu ihm ist seit Jahren stillgelegt. Das Kind, das er nie wollte, war schon zum Zeitpunkt der Schwangerschaft auslösend für die Trennung.
Mit dem Vater ihrer jüngeren Kinder ist Katharina nach wie vor verheiratet, allerdings lebt sie von ihm seit drei Jahren getrennt. Er arbeitet im Ausland und besucht die Exfamilie nur sehr sporadisch, überweist aber monatlich einen angemessenen Betrag für die Kinder.
Um ganz davon leben zu können, zuwenig.
Katharina arbeitet 30 Stunden die Woche bei relativ freier Zeiteinteilung. Ihr Zeitplan ist allerdings komplett von den Kindern dominiert.
Sie erzählt: „Mein Tagesablauf ist sehr straff organisiert, weil ich für die Kinder praktisch völlig alleine verantwortlich bin. Nur meine Schwester, die aber selbst vier Kinder hat, übernimmt sie ab und zu oder hilft mir manchmal abends aus. Dann können meine drei bei ihr übernachten. Eltern habe ich keine mehr, und die Mutter meines Mannes lebt im Ausland. Für die Erziehung und die Probleme der Kinder bin ich hauptverantwortlich. Das macht mir manchmal große Angst. Ich könnte es mir zum Beispiel nicht leisten, mir ein Bein zu brechen oder mich ins Krankenhaus zu legen. Ich wüßte dann ehrlich nicht, was ich mit den Kindern machen soll."
Die Zeit von fünf bis acht Uhr früh nützt Katharina für den Haushalt, ab sieben macht sie die Kinder für Schule und Kindergarten fertig, um halb neun verläßt sie mit dem jüngsten Kind das Haus. Sie führt die Kleine in den Kindergarten, fährt dann weiter in ihr Büro. Dort arbeitet sie meist bis drei Uhr nachmittags, dann holt sie die Jüngste wieder ab. Die größeren Kinder gehen alleine von der Schule nach Hause, wärmen sich das vorgekochte Essen.
Katharina: „Ab fünf bin ich spätestens zu Hause, da habe ich dann auch schon eingekauft und Besorgungen erledigt. Die Zeit ab fünf gehört nur den Kindern und reicht sowieso hinten und vorne nicht aus. Der eine hat Probleme in Mathema-

tik, der andere muß Schönschreiben üben, die Kleine will basteln. Wenn die Kinder um neun ins Bett gehen, leg' ich mich eine halbe Stunde später meistens auch hin. Ich habe nicht einmal mehr die Energie, irgend etwas zu lesen, was ich nicht unbedingt beruflich brauche."

Die Kontaktpflege mit Freunden und Bekannten beschränkt sich ausschließlich auf das Wochenende und ist auch da eher sporadisch:

„Außer meiner Schwester und ein, zwei Freundinnen, die aber verheiratet sind, treffe ich privat kaum jemanden. Ich habe trotzdem nicht das Gefühl, etwas zu vermissen. Die Kinder entschädigen mich für alles." Über die Beziehung zu ihrem Mann will Katharina nicht wirklich sprechen – nur soviel:

„Ich habe von Anfang an gewußt, was er für ein Typ ist und auf was ich mich mit ihm einlasse. Er ist acht Jahre jünger als ich und im Grunde sehr unreif. Das hat mich früher an ihm gereizt, mir war auch klar, daß ich die Hauptverantwortung für die Kinder übernehmen muß. Ich habe vom ersten Tag unserer Ehe an gewußt, daß wir kein Familienleben im üblichen Sinn führen werden. Aber was ist schon üblich? Die Kinder und ich, wir sind trotzdem eine funktionierende Familie, ob der Vater jetzt da ist oder nicht."

In die Zukunft sieht sie optimistisch: Die Kinder werden größer, meint sie, dadurch wird alles einfacher. Und ein neuer Partner? Der ist aus Zeitgründen nicht einfach zu finden, aber offenbar auch nicht unbedingt erwünscht – Katharina: „Ich bin lieber mit den Kindern alleine, als mich vor irgend jemandem rechtfertigen zu müssen. Irgendwann einmal ist alles vorstellbar. Derzeit nicht, weil mir dann vermutlich das, was ich jetzt im Griff habe, über den Kopf wachsen würde."

Die Single-Eltern-Fakten. Statistisch sind in Mitteleuropa unter zehn Kindern bereits drei bis vier, die nicht in traditionellen Familienverbänden aufwachsen. Die häufigste Form der nicht traditionellen Familienführung ist eindeutig das Modell des alleinerziehenden Elternteils – und dieser ist in 88 Prozent aller Fälle die Mutter.

Alleinerzieherinnen zählen zu den schwächsten Gliedern der Gesellschaft: Jede fünfte Alleinerzieherin, so die jüngsten Zahlen zum Thema, lebt unter der Armutsgrenze, bezieht Sozialhilfe und hat mangels zu teurer oder überhaupt fehlender Kinderbetreuungseinrichtungen kaum Aussicht darauf, Job und Kind auf vernünftige Weise vereinbaren zu können. Soviel zur Situation der Gegenwart.

Für die Zukunft kristallisiert sich trotz der noch vorherrschenden Misere – in der das oben beschriebene Familienmodell eher die Ausnahme bildet – eine neue Form des Single-Eltern-Lebens heraus. Dank besserer Ausbildung der Frauen und damit verbundendem höherem Einkommen und sozialem Ansehen wird das jetzt noch dominierende Bild der bedauernswerten Alleinerzieherin zusehends geradegerückt. Für gebildete, sozial abgesicherte Frauen ist es natürlich leichter, trotz Kindern eine Trennung vom Partner in Kauf zu nehmen bzw. ein Kind zu bekommen, um es bewußt alleine aufzuziehen.

Doch auch wenn das Alleinerziehermodell fast schon allgegenwärtig ist und in Zukunft noch verbreiteter sein wird – ein ausdrückliches Wunschmodell ist es für die Mehrheit der Betroffenen nicht. Unter 100 Alleinerzieherinnen geben nur fünf an, sich bewußt für diese Lebensform entschieden zu haben. Alle anderen sind bei Gründung ihrer Familie davon ausgegangen, die Kinder im gemeinsamen Familienverband aufzuziehen.

Und dieser Wunsch wird auch in Zukunft bei der Mehrheit dominieren.

Das Arbeitsteilungsmodell

Die Familienmitglieder: Evelyne, 38, Geschäftsführerin eines großen Verpackungsmaterialunternehmens. Clemens, 41, Gartenarchitekt. Die Kinder Constantin (5), Katalin (7) und Ivan (12).

Wenn Evelyn zwischen sieben und halb acht Uhr abends nach Hause kommt, liegt ihr Ehemann mit der Zubereitung des Abendessens gerade in den letzten Zügen. Der Tisch ist schon gedeckt, das Wohnzimmer ist aufgeräumt. Um acht wird mit den Kindern gegessen, um neun werden die Kinder ins Bett gebracht. Clemens räumt die Küche auf.

Am nächsten Morgen steht Evelyn als erste auf – sie ist für das Frühstück zuständig, bringt die Kinder dann zu Schule und Kindergarten. Abgeholt werden sie von Clemens, der auch die meisten Nachmittage mit ihnen verbringt. Hat er keine Zeit, hilft ein Au-pair-Mädchen aus. Schulaufgaben, Zahnarztbesuche, Kinderfaschingsfeste – zuständig für fast alles, was ein Kinderleben ausmacht, ist tagsüber der Vater:

„Als Evelyn unser erstes Kind bekam, hat sie noch studiert", erzählt er im Interview. „Wir haben von Anfang an vereinbart, daß wir uns beide um Kind und Haushalt kümmern werden. Und das haben wir bis heute durchgezogen."

Als selbständiger Fachmann für Gartengestaltungen konnte sich Clemens, im Unterschied zu seiner Frau, die an fixe Arbeitszeiten gebunden ist, die Zeit fast immer zugunsten der Kinder einteilen. Drei Kinder, sagt seine Frau, hätte sie sonst auch nicht mit ihm bekommen:

„Mein Mann war immer ein sogenannter Kümmerer, ich wußte immer, daß er Kinder und Haushalt gut im Griff hat. Mir selbst war der Beruf immer wichtig, trotzdem wollte ich nie auf eine große Familie verzichten. Für uns bedeutet Arbeitsteilung etwas ganz Normales. Keiner von uns käme auf die Idee, dem anderen vorzuwerfen, daß zum Beispiel das Badezimmer nicht geputzt ist. Wer es als erster bemerkt, der macht es eben – da gab es noch nie Diskussionen oder Appelle, so in der Art von: Du hast schon wieder das und das vergessen . . ."

Von 100 Prozent Familienarbeit, rechnet Evelyn vor, übernimmt ihr Mann bestimmt einen Anteil von 70 Prozent. Ihr ist es recht, weil er einfach den zeitlich flexibleren Beruf hat. Und weil auch die Kinder ihrer Meinung nach von dieser Situation sehr profitieren:

„Unsere Kinder wachsen im Glauben auf, daß Männer und Frauen gleichberechtigt für die Familie zuständig sind. Und zwar gleichberechtigt auf allen Ebenen. Beide verdienen das Geld, beide kochen, beide räumen auf. Ich glaube nicht, daß man Kindern ein viel besseres Vorbild geben kann."

Obwohl Clemens merklich stolz ist, ein fast allzeit präsenter Vater zu sein, geben ihm offensichtliche Ressentiments der Umgebung zu denken:

„Was ich für meine Familie mache, empfinde ich zwar als selbstverständlich, es ist aber noch lange nicht selbstverständlich. Die Reaktionen der anderen sind leider oft so, daß man als Mann sein Engagement für die Familie eher verstekken muß. In der Öffentlichkeit haben Männer, die sich um die Familie kümmern, noch immer das Image von Pantoffelhelden. Ich habe zum Beispiel einen Freund, der ganz offen sagt, daß seine eigene Ehe durch eine Situation wie die unsere gefährdet wäre. Die meisten Männer, die ich kenne, betrachten mich mit einer gewissen Skepsis. Ich weiß nicht, ob sie das, was ich tue, wirklich ernst nehmen oder verstehen. Nachvollziehen können sie es offenbar meistens nicht."

Evelyn ihrerseits gilt unter Kolleginnen wieder als extrem privilegiert. In ihrer Firma ist sie die einzige Frau, deren Mann sich auch tagsüber um die Kinder kümmern kann – eine Exotin:

„Du hast es ja gut, bekomme ich oft von meinen Mitarbeiterinnen zu hören, dein Mann bügelt dir sogar die Blusen auf. Er macht das übrigens wirklich, weil er nämlich besser bügeln kann als ich. Ich denke, daß in solchen Aussagen schon ein gewisser Neid liegt. Fast alle Frauen in meiner Firma haben Kinder, viele können dadurch nur halbtags arbeiten. Was natürlich die Aufstiegshierachie sehr beeinflußt. Ich bin an und für sich schon dem Neid der anderen ausgesetzt, weil ich die einzige Frau im Unternehmen in Topposition und mit dementsprechendem Gehalt bin. Und dann hat so eine wie ich auch noch einen Mann zu Hause, der alles organisiert, der kocht, der die Wäsche macht! Das bietet Angriffsflächen. Ich verstehe allerdings nicht, warum sich die meisten Frauen so widerspruchslos in ihr eigenes Schicksal fügen, warum sie sich abhetzen, es allen recht machen wollen und dann über andere, die sich ihr Leben eben anders organisiert haben, herziehen. Wenn nicht alles so ist, wie es immer war, kann es in den Augen der anderen scheinbar nicht gut sein. Ich kann nur sagen: Ich bin sehr glücklich mit der Situation, wie sie ist.

Wahrscheinlich werden in Zukunft viele Paare so wie wir denken, spätestens dann, wenn die Generation unserer Kinder erwachsen ist ..."

Die Arbeitsteilungsfakten. Evelyn und Clemens sind ein Ausnahmepaar in einer Ausnahmesituation. Zumindest laut Statistik sind sie absolute Exoten: Nur eines unter 50 Paaren agiert ähnlich partnerschaftlich wie die beiden. Die unübliche Rollenverteilung – Frau als Hauptverdienerin, Mann als Zusatzverdiener, der sich primär um die Familie kümmert – tut ein übriges, um diese Familie (noch) vollends in den Bereich des Unüblichen zu transferieren.
Der selten praktizierte klassische Rollentausch (der im beschriebenen Fall nicht so kraß ist, weil der Mann ja kein reiner Hausmann ist, sondern ebenfalls seinem Beruf nachgeht) bringt normalerweise Probleme mit sich: Hausmänner werden von typischen „Karrierefrauen" rundweg abgelehnt (siehe auch Umfrage „Welche Männertypen werden Frauen in Zukunft verstärkt ansprechen?" auf Seite 20), weisen früher oder später Egodefizite auf, da ihre Umgebung in ihnen – wie Clemens richtig angemerkt hat – noch immer primär Pantoffelhelden sieht.
Die Voraussetzungen für den Rollentausch sind also schlecht und werden auch in Zukunft nur scheibchenweise (wenn überhaupt) verbessert. Frauen wollen keine Hausmänner, sondern eben einfach Männer, die mithelfen.
Die raren Exemplare, die partnerschaftliche Arbeitsteilung als etwas Selbstverständliches ansehen und an der Familienarbeit auch Freude finden, werden in Zukunft höchstens um das eine oder andere Gesinnungsmitglied aufgestockt. Der Begriff von Partnerschaftlichkeit ändert sich in den meisten Fällen radikal (und zwar generationenübergreifend), sobald das erste Kind da ist, die Frau zu Hause bleibt und der Mann das Geld für die Familie verdient.
Trotzdem steht das Arbeitsteilungsmodell für ein Familienmodell der Zukunft: Selbst ausgeprägte Karrieremenschen begreifen zusehends, daß Arbeit im Leben nicht alles ist und daß die Familie in jedem Fall Priorität genießen sollte. Der

Paderborner Betriebswirt Richard K. Streich befragte etwa 4.000 Führungskräfte zu den Schattenseiten ihrer Karriere: 72 Prozent der Befragten nannten als bedeutendstes Manko, „zuwenig Zeit für die Familie zu haben". Auf die Frage: „Ist Ihnen die Karriere wichtiger als die Partnerschaft?" antworteten immerhin 65 Prozent mit „Nein" (sieben Prozent antworteten mit „Ja", 28 Prozent gaben an, die Karriere sei ihnen genauso wichtig wie die Familie).

Fazit aus derlei Erkenntnissen: Selbst Topmanagern kommen Worte wie „Muße", „Familie" oder „Feierabend" schon gelassen und stolzer über die Lippen als vor zehn Jahren. Sich zu Hause zu engagieren, bekommt zusehends ein schickeres Image, auch wenn das Engagement nicht unbedingt die verdreckte Küchenspüle betrifft, sondern die Zeit, die für Kinder und Partnerin aufgebracht wird. Das ist aber immerhin ein Anfang. Und eine alte neue Erkenntnis scheint zu greifen: Wer die Familie für ein luxuriöses Extra hält, wird mit ihr Probleme bekommen – Streitereien, Trennungen, Scheidungen, Chaos sind die Folge.

Unternehmens- und Personalberater schulen Führungskräfte längst nicht mehr nur darin, sich beruflich durchzusetzen, sondern auch darin, „loslassen" zu können. Der bekannte Münchner Unternehmensberater und Sachbuchautor Günter F. Gross rät Managern in seinen Seminaren etwa, das Privatleben auf die gleiche Bedeutungsebene wie das Berufsleben zu heben.

Und um nichts anderes geht es letztlich, wenn ein partnerschaftlich aufgebautes Familienmodell funktionieren soll. Frauen wissen das seit jeher. Den Männern wird es derzeit mühsam eingetrichtert. Aber aller Anfang ist schwer.

Woran Familien zerbrechen

Irene M. sitzt trotz spätsommerlicher Temperaturen zitternd vor ihrem Haus. In einer Stunde soll der Schätzmeister den schmucken Neubau für die Zwangsversteigerung bewerten.
Die 36jährige Frau, die bis vor einem Jahr noch mit ihrem Mann und den beiden Töchtern im zumindest nach außen hin intakten Familienverband im selbstgebauten Einfamilienhaus wohnte, steht vor dem finanziellen Ruin. Ihr Mann zog zu seiner Freundin und ließ Gattin und Kinder im gemeinsamen Haus sitzen. Beide Ehepartner stehen im Grundbuch, beide unterschrieben für den Hausbau einst Kredite in Millionenhöhe. Wie Irene M. vor kurzem erfahren mußte, hat ihr Mann schon seit Monaten die Kreditraten nicht zurückgezahlt. Auch weigert er sich, weiterhin seinen Teil zum Unterhalt der Familie beizutragen. Irene M. verdient als Halbtagskraft in einem Speditionsunternehmen gerade soviel, um die laufenden Betriebskosten für das Haus abzudecken.
Seit dem Auszug von Herrn M. vor sechs Monaten hatten die Ehepartner keinen persönlichen Kontakt mehr zueinander, Telefongespräche endeten stets in wüsten gegenseitigen Beschimpfungen.
Jetzt sind die Anwälte eingeschaltet, um den Rosenkrieg mittels Scheidungsverfahren ins Finale zu führen. Daß das nicht von heute auf morgen und schon gar nicht im Einvernehmen passieren wird, ist abzusehen: Irene M. wirft ihrem Mann vor, sie „grundlos und böswillig verlassen zu haben". Der Nochgatte schlägt zurück, indem er seiner Frau (auf Anraten des Anwaltes) „lieb- und interesseloses Verhalten" vorwirft. Außerdem habe sie seiner Meinung nach den Haushalt grob vernachlässigt, sei ihren ehelichen Pflichten seit der Geburt des ersten Kindes nur widerwillig nachgekommen und habe zudem in den letzten acht Jahren 15 Kilo zugenommen. Wer von den beiden recht bekommt, wird ein Gericht entscheiden.
Irene M. ist längst verzweifelt: „Wenn ich Pech habe, wird das Haus versteigert, die Schuld an der Scheidung wird mir angelastet, und mir bleiben Schulden in Millionenhöhe. Die

Kinder sind verstört, die Neunjährige hat begonnen, nachts wieder ins Bett zu machen. Ich weiß nicht, wie es weitergehen soll ..."

Der geschilderte Fall stammt aus der Mappe eines auf Scheidungen spezialisierten Rechtsanwaltes. Und er entspricht einem Muster, das durchaus im Bereich der Norm ist. Jede dritte Ehe scheitert, in 65 Prozent der Fälle sind auch Kinder betroffen. Über 70 Prozent der Frauen aus geschiedenen Ehen waren zum Zeitpunkt der Scheidung berufstätig, rund 20 Prozent deklarierten sich zum Scheidungszeitpunkt als typische Hausfrau (etwa drei Prozent der Frauen waren zum Zeitpunkt der Scheidung bereits in Pension).
Einzig erfreuliches Faktum an der allgemeinen Trennungsmisere: 85 Prozent der Scheidungen erfolgen einvernehmlich, nur in 15 Prozent der Fälle fahren die einstigen Liebespartner mitunter schwere Geschütze gegeneinander auf und entfachen Rosenkriege, aus denen die jeweiligen Anwälte als einzige Sieger hervorgehen.
Statistisches Faktum ist, daß die Scheidungsquote im ausgehenden 20. Jahrhundert so hoch wie nie zuvor ist. Ein Hauptgrund dafür mag sein, daß das „Unternehmen" Familie noch nie so kompliziert war wie heute. Es gibt keine Vorbilder für das Zusammenleben zweier berufstätiger, zumindest pro forma gleichberechtigter Menschen, die alte und neue Werte zum gelungenen Ganzen vereinen sollen, ohne die eigenen Lebenspläne hintanzustellen. Und deren Beziehung noch dazu auf Liebe und nicht – wie bei unseren Vorfahren weit verbreitet – auf einer Zweck- und Arbeitsgemeinschaft begründet ist. Raufte man sich früher eben irgendwie zusammen, um die eigene Existenz zu sichern, wird unter das gemeinsame Leben zunehmend kurzerhand ein Schlußstrich gezogen, wenn es nicht den erhofften Gewinn abliefert.
Die folgenden Aussagen stammen von geschiedenen Frauen, die für eine von mir durchgeführte Erhebung zum Thema die Gründe für ihre Scheidung nannten. Zehn Frauen wurden insgesamt befragt, alle reichten von sich aus die Scheidung ein (eine zusätzliche Untermauerung der statistischen Daten, die

besagen, daß 80 Prozent der Scheidungen von Frauen initiiert werden).

Lesen Sie nachfolgend einige der interessantesten Aussagen (gekürzt und auf das Wesentliche beschränkt wiedergegeben):

„Der Grund für unsere Scheidung war die Untreue meines Mannes. Er hat mir verheimlicht, daß er seit Jahren eine Nebenbeziehung führt, ich bin nur durch einen dummen Zufall draufgekommen. Es war fast wie im Film, wo die Gattin den Mann überraschend vom Flughafen abholt, und er kommt Hand in Hand mit einer anderen daher. Die Beziehung zu dieser anderen Frau war für ihn aber kein einmaliger Ausrutscher, sondern eben eine handfeste, langjährige Partnerschaft. Mich hat nicht so sehr die Tatsache gestört, daß er offensichtlich mit einer anderen im Bett gelegen ist, während ich gedacht habe, er hat geschäftliche Termine. Ich war eher darüber zutiefst schockiert, daß ich selbst all die Jahre nichts bemerkt habe. Daß für mich nicht das kleinste Indiz auf sein Doppelleben hindeutete. Ich gebe zu, das hat mich umgehaut. Mich hat nur noch die Frage beschäftigt: Was bin ich für eine Frau, die so etwas nicht merkt? Ich muß ihm gegenüber mindestens so gleichgültig gewesen sein wie er mir gegenüber. Die Scheidung ist jetzt zwei Jahre her, der Kontakt zu meinem Mann läuft nur noch über die Kinder. Ob ich jetzt glücklicher bin? Ich weiß es nicht. Mit Sicherheit bin ich einsamer als vorher." *(Medizinisch-technische Assistentin, 42, zwei halbwüchsige Kinder.)*

„Unsere Scheidung war nur eine Formsache. Wir wußten beide, daß wir uns vermutlich eines Tages umbringen würden, wenn wir zusammenblieben. Mein Mann sagte links, ich sagte rechts, er sagte grün, ich sagte blau. Wir sind zwei komplett verschiedene Charaktere, reiben uns ständig aneinander auf. Andere Beziehungen spielten nur am Rand eine Rolle. Da wir ununterbrochen stritten, war es uns eigentlich auch egal, wenn der andere eine Affäre anfing. Es war ein Fehler, daß wir überhaupt geheiratet haben, das wissen wir heute beide. Jetzt, nach der Scheidung, verstehen wir uns viel besser, gehen ab und zu sogar wieder gemeinsam aus. Das Finanzielle ist geregelt, das Kind sieht seinen Vater, so oft es will. Ich kann ehrlich sagen, daß es mir nach der Scheidung besser geht als während der Zeit meiner Ehe." *(Selbständige Designerin, 32, ein vierjähriger Sohn, seit sechs Monaten geschieden.)*

„Es lag an vielen Dingen, ich könnte nicht genau sagen, was der Hauptgrund für die Scheidung war. Vermutlich die ständige Ignoranz, die mein Mann mir entgegengebracht hat und die mich letztlich auch in eine neue Beziehung getrieben hat. Mein Mann hat sich selbst immer schon für den Größten und Besten unter der Sonne gehalten, die anderen sind bestenfalls dazu da, um ihm das Leben angenehm zu machen. Ich habe dann eine Beziehung zu einem anderen Mann begonnen, irgendwann hat er das mitbekommen und das sofortige Ende dieser Beziehung verlangt. Er hat das autoritär eingefordert, so ähnlich, wie man einem Kind befiehlt, sofort aus dem Sandkasten zu kommen, oder es kracht. Meine Gefühle waren ihm egal, wichtig war ihm nur, seine betrogene Ehre wiederherzustellen. Dabei hat er es selbst mit der Treue nicht so genau genommen, ich weiß mehr, als ihm lieb ist. Das spielte auch im Scheidungsverfahren eine Rolle. Als er mitbekommen hat, daß es mir mit einer Scheidung ernst ist, hat er alles drangesetzt, mir die Schuld in die Schuhe zu schieben. Das ist ihm nicht gelungen, und das macht mich stolz. Ja, ich bin stolz darauf, die Trennung von ihm durchgezogen zu haben. Finanziell geht es mir jetzt schlechter als während meiner Ehe, aber ich komme zurecht." *(Sekretärin, 26, eine zweijährige Tochter, seit vier Monaten geschieden.)*

„Ich bin selbst ein Scheidungskind und habe im Grunde alles versucht, um meine eigene Scheidung zu vermeiden. Ausschließlich wegen des Kindes allerdings, die Beziehung zu meinem Mann lag schon die längste Zeit auf Eis. Als ich meinen Freund kennenlernte, hatte ich dann endlich den Mut, einen Schlußstrich zu ziehen. Ich war mit meinem Exmann sieben Jahre verheiratet, aber ich fühlte mich von Jahr zu Jahr enttäuschter und frustrierter. Seine Auffassung von Familienleben war die: Wenn er zufällig Zeit hatte, sollten alle nach seiner Pfeife tanzen. Wenn er keine Zeit hatte, was meistens der Fall war, sollte man ihn gefälligst in Ruhe lassen. Er hat sehr auf seine Ernährerrolle gepocht, so nach der Devise: Wer zahlt, schafft an. Mich hat diese Einstellung immer abgestoßen, ich war schließlich auch berufstätig und hatte nebenbei noch den ganzen Haushalt und das Kind. Natürlich hab' ich viel weniger verdient als er, und das hat bei ihm dazu geführt, daß er meine Arbeit nicht ernst genommen hat. Mit meinem Freund funktioniert es deshalb so gut, weil er mich und das, was ich mache, ernst nimmt. Mein Mann hat auf alles immer abwertend reagiert, so etwas macht einen mit der Zeit fertig. Ich bin froh, jetzt neu anfangen zu können. Mein Freund und ich haben vor, zu heiraten." *(Kaufmännische Angestellte, 32, ein siebenjähriger Sohn, seit sechs Monaten geschieden.)*

„Ich kann von mir behaupten, daß ich eine glückliche Geschiedene bin. Während meiner Ehe habe ich die meiste Zeit gelitten und mich gedemütigt gefühlt. Mein Exmann ist ein notorischer Fremdgeher, der meiner Meinung nach dringend eine Therapie bräuchte. Ich habe zu Beginn unserer Ehe gehofft, ihn zu ändern, ich habe halt geglaubt, daß ich ihm wichtiger als alle anderen Frauen sein werde. Heute weiß ich, daß man einen 30jährigen Menschen nicht mehr ändern kann, der bleibt, wie er ist. Da beißt man sich die Zähne aus und bleibt am Ende selbst über. Ich habe alles versucht: Ich habe seine Beziehungen ignoriert, ich habe ihm entsetzliche Szenen gemacht, ich habe mich selbst mit Affären gerächt. Es war das totale Chaos. Im Grunde wollte ich nur, daß er sich endlich ganz zu mir bekennt, so wie das Tausende andere Männer bei ihren Ehefrauen machen. Er hat mir immer versichert, daß seine Affären für ihn nicht wichtig sind, das ich das nicht ernst zu nehmen brauche. Die Affären waren mir auch egal, aber daß er andere Frauen offensichtlich zum Glücklichsein gebraucht hat, das war mir nicht egal. Ich habe dann jemanden kennengelernt, der es ernst mit mir gemeint hat. Heute bin ich wieder verheiratet und fühle mich wohl." *(Maklerin, 30, kinderlos, seit zwei Jahren geschieden.)*

Daß Frauen, die von sich aus die Initiative zur Scheidung ergreifen, diesen Schritt rückblickend bereuen (oder zumindest zugeben, daß sie es tun), ist selten: Wenn sich Frauen zur Scheidung entschließen, haben sie in der Regel auch die Folgen sehr genau bedacht, zumindest wenn Kinder da sind. Die Scheidung wird von Frauen fast immer als das kleinere Übel gesehen und eher selten als spontane Reaktion auf eine verletzende Situation betrieben. Vielmehr lassen viele über die Jahre aufgestaute Frustrationen, Enttäuschungen und Verletzungen den Entschluß zur endgültigen Trennung reifen.
Interessant ist, daß die meisten Frauen den Grund für das Scheitern ihrer Ehe auch bei sich selbst sehen – auch dann, wenn die sogenannten „Eheverfehlungen" eindeutig vom Partner ausgegangen sind. Frauen geben sich fast immer auch selbst beziehungsweise äußeren Faktoren (z. B. Geldmangel und dadurch forcierte Streitigkeiten oder berufliche Überlastung des Mannes, die liebloses Verhalten bedingt) Schuld an der Zerrüttung einer Familie. Die durchschnittliche geschiedene Frau versucht, die Gründe für ihre Scheidung in komplexem Zusammenhang zu sehen – sie macht also nicht unbedingt allein den Mann, sondern viele Faktoren dafür verantwortlich.
Der durchschnittliche geschiedene Mann neigt dazu, den seiner Meinung nach ausschlaggebenden Scheidungsgrund auf den Punkt zu bringen („Sie war untreu, ich war untreu" etc.).
Einig sind sich Frauen und Männer allerdings dann, wenn man sie fragt, welche Faktoren für das allgemeine Ansteigen der Scheidungsraten verantwortlich sind. Beide Geschlechter haben ungefähr die gleichen Vorstellungen darüber, was die Scheidung provoziert.
Die umfassendste Studie dazu lieferte ein österreichisches Meinungsforschungsinstitut (MARKET-Institut Linz, österreichweit repräsentative Mehrthemenumfrage mit einem Sample von 1.000 Personen), das erhob, welche Faktoren für Scheidungen und das Zerbrechen von Familien verantwortlich gemacht werden (befragt wurden zu gleichen Teilen verheiratete und geschiedene männliche und weibliche Personen).

Auf die Frage: „Welche Ursachen sehen Sie für das Ansteigen der Scheidungshäufigkeit? Können Sie sie mir nach dieser Liste nennen?" antworteten (Mehrfachnennungen waren möglich):

Untreue eines Partners	70%
Egoismus	57%
mangelnde Fähigkeiten zur Konfliktbereinigung	54%
keine Kommunikation	51%
keine Gemeinsamkeiten	40%

39 Prozent sind der Meinung, daß beengte räumliche Verhältnisse ein intaktes Familienleben bedrohen, 35 bewerten berufliche Belastungen als Bedrohungsfaktor. Für 22 Prozent ist die „Gleichstellung der Frau" die Wurzel allen Übels, 15 Prozent machen den „schwindenden Einfluß der Kirche" für das Scheitern des Familienverbandes verantwortlich.
Und immerhin ein Drittel der Befragten (33 Prozent) geben an, die „zu einfache Ehescheidung" als Bedrohungsfaktor für die Familie zu erleben.
Immer mehr Soziologen und mit Scheidungsangelegenheiten Betraute gehen mit dieser Auffassung konform. Zwar scheint die Trennung vom Lebenspartner vordergründig die unkomplizierteste Lösung für alle familiären und partnerschaftlichen Probleme, der saubere Schnitt wird von vielen vorerst als bester Auftakt für ein neues, besseres Leben gewertet. Tatsache ist aber, daß die sogenannte „Scheidung light" in den allermeisten Fällen ähnlich falsche Hoffnungen weckt wie der Genuß von Lightprodukten im allgemeinen. Der Lightkäse und die Lightmilch machen um nichts schlanker, als man vorher war, und erzeugen bloß die Illusion, „besser" zu essen. Die Scheidung – auch wenn sie noch so „light", also einvernehmlich erfolgt – erzeugt vor allem im Planungsstadium die Illusion des besseren Lebens danach. Tatsächlich aber bewirkt sie meistens keine Verbesserung des Gemüts-, Finanz- und Allgemeinzustandes.

Die neuen Scheidungserkenntnisse

Auch wenn es den Anschein hat, als würde die Trennung vor dem Kadi von vielen nur noch als belangloser Termin wahrgenommen: Zunehmend setzt sich die Erkenntnis durch, daß eine Scheidung für Betroffene nicht nur ein kleiner Betriebsunfall auf dem Lebensweg, sondern ein mittlerer bis schwerer Schicksalsschlag ist. Vor allem dann, wenn das Paar gemeinsame Kinder hat.

Die umfassendste Langzeitstudie über geschiedene Paare stammt von der amerikanischen Soziologin Judith Wallerstein, die erhob, daß eine Scheidung die Gesundheit mindestens ebenso gefährdet wie starkes Rauchen. Wallerstein befragte Hunderte Scheidungspaare während eines Zeitraums von 15 Jahren immer wieder nach ihrem Befinden. Und kam zum Ergebnis, daß ein Viertel der Geschiedenen ihr Leben sogar volle zehn Jahre nach der Trennung vom Partner nicht wieder im Griff hatten.

Die Soziologin in ihrem Fazit zur Studie: Zumindest bei der Hälfte aller Scheidungen macht eine Trennung nicht wirklich Sinn. Denn der Neubeginn nach der Scheidung erweist sich als ebenso stressig wie der Versuch, an einer unbefriedigenden Beziehung zu arbeiten. Das Gefühl, versagt zu haben, nagt auch Jahre nach der Scheidung noch an der Selbstachtung der einstigen Partner. Und der neue Alltag funktioniert nicht besser als der alte – nur muß man ihn jetzt alleine bewältigen. Auch wer eine neue Beziehung eingeht, merkt in der Regel bald, daß mit dem neuen Partner nicht automatisch alles besser wird.

Männer verkraften laut Wallerstein eine Scheidung normalerweise deutlich schlechter als Frauen, zumindest ist ihr Schmerz unmittelbar nach der Scheidung größer. Den Grund für die männlichen Seelenqualen ortet die Soziologin in der labilen Psyche vieler Männer – sie neigen dazu, eine Scheidung zu verdrängen und flüchten häufig sofort in eine neue Beziehung. Mit der Folge, daß auch diese wieder scheitert.

Frauen verkraften die Scheidung nach außen hin zumeist besser, leiden dafür aber innerlich länger als Männer. Sind Kinder

zu versorgen, wagen sich geschiedene Frauen meist nur sehr vorsichtig in eine neue Beziehung. Die Hälfte der Frauen, die eine typische „schmutzige" Scheidung hinter sich haben, gehen – sofern sie Kinder haben – keine neue Lebenspartnerschaft mehr ein.
Generell kommt die Scheidungsforscherin zu dem Schluß, daß jener Partner, der nach der Trennung das Sorgerecht für die Kinder erhält, über die Scheidung besser hinwegkommt. Die Hälfte der nicht sorgeberechtigten Mütter und Väter waren mit ihrem Leben nach der Scheidung unzufrieden, litten unter der Entfremdung von ihren Kindern und fühlten sich vom Leben betrogen.
Bei den Kindern aus geschiedenen Familien ortete die Scheidungsfachfrau noch Gravierenderes:

- Kinder aus Scheidungsfamilien schneiden bei psychologischen Tests, die die psychische und seelische Stabilität ermitteln, um die Hälfte schlechter ab als Kinder aus intakten Familien.
- Scheidungskinder erweisen sich zudem als gesundheitlich anfälliger und rutschen unmittelbar nach der Trennung ihrer Eltern in der Reifeskala mitunter um zwei bis drei Jahre nach unten. Typisches nach außen gekehrtes „Scheidungssyndrom": Sie machen nachts wieder ins Bett, beginnen zu stottern, die Schulleistungen fallen rapide ab.
- Sogar jene Kinder, die vor der Trennung der Eltern deren schwere Auseinandersetzungen miterleben mußten, empfinden die Scheidung letztlich bedrohender als die Schreckensszenen davor.

Ein Kind, so Wallerstein, empfindet die Trennung eines Elternteils von der Familie immer als tiefe persönliche Verletzung.

Als Kraftfutter für jene, die die traditionelle Familie als einzig richtige Lebensform gelten lassen, will die Scheidungsforscherin ihre Studie aber nicht mißverstanden wissen: „Scheidung", so die Forscherin, „ist oft die einzige Lösung für eine schlechte Ehe." Und alle Ergebnisse weisen darauf hin, daß Kinder in quälend zerrütteten Beziehungen noch weitaus größere Schäden davontragen als Kinder von Scheidungspaaren.

Eine ausschließlich positiv besetzte Scheidungsgeschichte ist allerdings Illusion. Wallerstein: „Jede Scheidung ist ein enormer psychischer Kraftaufwand für alle Beteiligten."

Familien nach der Scheidung

Die jüngste europäische Scheidungsstudie stammt von der Hamburger Familiensoziologin Anneke Napp-Peters, die 150 repräsentativ ausgewählte Expaare sowohl im Jahr nach der Scheidung als auch zwölf Jahre danach aufgesucht hat (siehe dazu auch das Interview auf Seite 151). Laut ihrer Erhebung (erschienen unter dem Titel „Familien nach der Scheidung", Kunstmann-Verlag) kristallisiert sich nach einer Scheidung fast immer eines der folgenden vier Familienmodelle heraus:

1. Die offene Großfamilie. Die seltenste, aber – so sie wirklich funktioniert – für die Kinder beste Familienform nach der Scheidung. Nur jede fünfte der 150 untersuchten Trennungsfamilien hat sich dahingehend entwickelt. Kennzeichnend für diesen Familientyp: Die Kinder bauen vertrauensvolle Beziehungen zu mehreren Elternteilen auf, die auch die jeweils neuen Partner der leiblichen Eltern mit einschließen – was aber eine hohe Toleranzbereitschaft aller Beteiligten erfordert.

2. Die kooperierende Einelternfamilie. Die Kinder sind bei diesem Modell zwar fix bei einem Elternteil stationiert, haben zum anderen Elternteil aber regen Kontakt. Dieses Modell wird häufig als „ideal" bezeichnet.

3. Die ausgrenzende Einelternfamilie. Der Kontakt zum außerhalb der Familie lebenden Elternteil bricht bei diesem Modell ab, meist weil die Eltern nach der Scheidung durch ihr Verletztsein oder ihren Zorn so in Anspruch genommen sind, daß sie keinen weiteren Kontakt zueinander ertragen. In vielen Scheidungsfamilien ist diese – für die Kinder immer traumatische – Lösung der Fall.

4. Die künstlich „normale" Mehrelternfamilie. Bei diesem Familientyp wird alles unternommen, um nach außen hin ein intaktes Familienleben zu signalisieren. Und oft zuviel des Guten getan, wenn der neue Partner eines Elternteils den Kindern als „selbstverständlich" präsentiert, im schlimmsten Fall auch aufgezwungen wird.

Das folgende Interview, das ich mit der Soziologin Napp-Peters über ihre Scheidungsstudie führte, macht deutlich, wie Betroffene eine Scheidung verkraften – oder auch nicht:

Sie haben 150 Familien nach der Scheidung untersucht. Was ist das Fazit Ihrer Beobachtungen?
Napp-Peters: Daß eine Scheidung für die meisten Betroffenen lebenslange Folgen hat. Eine „leichte Scheidung" gibt es nicht, schon gar nicht, wenn Kinder betroffen sind. Bricht beispielsweise nach der Scheidung der Kontakt zu einem Elternteil – in der Regel ist es der Vater – ab, reagieren die Kinder fast immer traumatisch. Sie weisen ein geringes Selbstwertgefühl auf, reagieren häufig depressiv. Die Hälfte aller Scheidungskinder, deren Störungen bis ins Teenager- und Erwachsenenalter dauern, hatte nach der Scheidung schlechten Kontakt zu einem Elternteil. Oder wuchs in Familien mit Stiefvater oder -mutter auf, die unter allen Umständen als „Normalfamilie" gelten wollten.

Ist es unvermeidbar, daß Kinder unter einer Scheidung leiden?
Kinder sind die Hauptbetroffenen, auch wenn viele Eltern das nicht wahrhaben wollen. Und die emotionale Stabilität der Kinder hängt eben ganz entscheidend vom Kontakt zu beiden Elternteilen ab. Der Verlust eines Elternteils verletzt die Kinder unheimlich tief. Besonders tragisch ist, daß etwa bei der Hälfte aller Kinder in unserer Studie der Kontakt zum nicht sorgeberechtigten Elternteil schon nach einem Jahr endete.

Was sind die Spätfolgen davon?
Scheidungskinder werden mit den Spätfolgen oft erst als Erwachsene konfrontiert. Und zwar in ihren eigenen Beziehun-

gen. Männer sind oft beziehungsunfähig, das Scheidungsrisiko wird sozusagen teilweise vererbt. Mädchen, die nach einer Scheidung schlechten Kontakt zum Vater hatten, sind als Frauen psychisch oft labil, versuchen in ihren Beziehungen oft zwanghaft eine Trennung herbeizuführen, um innerlich den Scheidungsvorgang von damals zu wiederholen. Mädchen scheinen sich Scheidungssituationen zwar spontan häufig anzupassen und sie leichter zu verkraften, was tatsächlich aber ein Irrtum ist. Im Jugend- und Erwachsenenalter tauchen bei ihnen oft Gefühle von Trauer und Verlassensein auf.

Worunter leiden Expaare nach einer Scheidung am meisten?
Männer leiden am ehesten unter dem Verlust der Kinder und unter den damit einhergehenden finanziellen Einschränkungen. Die Trennung von der Partnerin verwinden sie im Gegensatz dazu relativ leicht. Frauen reagieren viel sensibler, was den Verlust des Partners betrifft. Generell kann man sagen: Jener Elternteil, der die Kinder versorgt, leidet nicht so stark wie der Elternteil, der sie nur wenig sieht.

Wie lange dauert die Verarbeitungsphase von Scheidungsbeteiligten im Durchschnitt?
Die akute Phase dauert bei Erwachsenen ein bis zwei Jahre, bei schlimmen Scheidungen manchmal bis zu zehn oder 15 Jahren. Die Kinder können sich seelisch überhaupt nur dann stabilisieren, wenn die Eltern miteinander kooperieren.

Was sind die Ihrer Meinung nach derzeit häufigsten Scheidungsgründe?
Sicher die Tatsache, daß die Frauen autark geworden sind, daß sie die Ehe nicht mehr als lebenslange Versorgungsstation betrachten. Bezeichnend ist ja, daß 80 Prozent der Scheidungen von Frauen betrieben werden. Ein zweiter wichtiger Grund ist, daß sich viele Ehen im Laufe der Jahre „kaputtbauen". Beide arbeiten, schaffen sich ein teures Heim, haben kaum noch Zeit füreinander. Irgendwann kommt der Punkt, wo man sich nichts mehr zu sagen hat.

Wie hoch ist Ihr Scheidungsrisiko?

Es gibt klassische Scheidungsehen, etwa jene, die von seelischem Leid oder Gewalt geprägt sind. Oder jene, bei denen kraß unterschiedliche Bedürfnisse und Weltanschauungen aufeinandertreffen. Wenn ein Partner seine Zukunft als Eingeborenenarzt der australischen Buschbewohner sieht und der andere auf ein materiell geprägtes Dasein samt Penthouse in der City Wert legt, ist offensichtlich, daß die Beziehung zwischen Buschromantik und Penthouseparties auf der Strecke bleiben wird.
Bei den meisten scheidungsgefährdeten Ehen ist das Muster, das zur Trennung führt, nicht so offensichtlich. Fast jeder hat ein Paar im Bekanntenkreis, das sich für Außenstehende überraschend getrennt hat. Ein Paar, von dem man niemals angenommen hätte, daß „auch die" sich scheiden lassen. Daß sie es trotzdem tun, liegt nicht immer an offensichtlicher Untreue, offensichtlicher Sprachlosigkeit oder dem offensichtlichen Wunsch nach Unabhängigkeit. Für Scheidungen machen Soziologen und Psychologen zunehmend viel subtilere Faktoren verantwortlich.
Die folgende Checkliste wurde nach einer Studie der Universität Bern erstellt („Die soziale Vererbung des Scheidungsrisikos", Dieckmann/Engelhardt), die erhob, welche Risikofaktoren die Scheidungsanfälligkeit erhöhen.

Ihr Scheidungsrisiko ist erhöht . . .
. . . wenn Sie oder Ihr Ehepartner aus einer Scheidungsfamilie stammen. Auch wenn nur ein Ehepartner aus einer Scheidungsfamilie stammt, erhöht sich das Risiko, daß die Ehe scheitert, um das Doppelte gegenüber Partnern aus intakten Familien. Männliche Scheidungswaisen haben zudem ein weitaus höheres Scheidungsrisiko als Frauen, deren Eltern sich scheiden ließen: Trennten sich die Eltern des Ehemannes, liegt sein Scheidungsrisiko um 50 Prozent höher gegenüber einem Mann aus einer intakten Familie. Bei Frauen aus geschiedenen Ehen erhöht sich das eigene Scheidungsrisiko um 20 bis 40 Prozent.

Weiters ist die Scheidung der eigenen Eltern für viele ein sogenannter „Push"-Faktor, der die Kinder veranlaßt, frühzeitig das elterliche Heim zu verlassen und vorzeitig zu heiraten. Die Scheidungswahrscheinlichkeit wird dadurch zusätzlich erhöht.

... wenn Sie ein Einzelkind sind. Einzelkinder haben, geschlechtsunabhängig, ein um 40 Prozent höheres Scheidungsrisiko als Kinder, die mit Geschwistern aufwachsen. Die Erklärung der Soziologen: Im Gegensatz zu Geschwisterkindern lernen Einzelkinder nicht, mit Konflikten unter „Partnern" umzugehen.

... wenn Sie in einer Großstadt leben. Auf dem Land ist Scheidung gesellschaftlich noch immer geächtet, Ehemartyrien werden deshalb eher erduldet. Oder, andersherum: Man rauft sich auch eher wieder zusammen.

... wenn Sie keine Kinder haben. Gemeinsamer Nachwuchs vermindert das Trennungsrisiko um 40 bis 60 Prozent.

... wenn Sie mitten in einer beruflichen Karriere stehen. Erfolgreiche Karrieremenschen (beiderlei Geschlechts) sind einem um die Hälfte größeren Scheidungsrisiko ausgesetzt als Menschen in eher mäßig bezahlten Durchschnittsberufen beziehungsweise als Hausfrauen. Simpler Grund: Das eigene Geld und die Bestätigung von außen machen unabhängig – und schärfen wiederum den Blick für Schwächen des Partners.

... wenn Sie vor der Eheschließung bereits über mehrere Jahre hinweg mit Ihrem Partner zusammengelebt haben. Die sogenannte Ehe auf Probe – früher als probates Mittel gegen Scheidungen selbst von Experten empfohlen – hat sich in Wahrheit als „Ehekiller" erwiesen. Scheidungsstatistiken zeigen, daß sich das Trennungsrisiko um bis zu 60 Prozent erhöht, wenn ein Paar vor der Ehe lange Zeit zusammengelebt hat. Grund: Da die meisten Paare die Institution der Ehe noch immer als konfliktfreies Paradies mißverstehen, sind Enttäuschungen vorprogrammiert. Und der über Jahre hinweg aufgestaute Frust wird abgelassen.

... wenn Sie kürzer als sechs Jahre verheiratet sind. Statistisch werden die meisten Ehen vor dem sechsten Ehejahr (meist zwischen dem dritten und vierten) geschieden. Das sogenannte „verflixte siebente Jahr" ist nur ein Mythos. Ist die Zwölfjahresgrenze überschritten, hat es das Paar – zumindest statistisch – geschafft. Nach dem zwölften Ehejahr läßt sich nur mehr jedes zwanzigste Paar scheiden.

Das Scheidungs-Vermeidungsprogramm

Zukunftsprognosen deuten darauf hin, daß die Scheidungsrate in den nächsten zehn Jahren weiter steigen wird. In amerikanischen Großstädten wird bereits jetzt jede zweite Ehe geschieden. Und da erwiesen ist, daß sich Kinder aus Scheidungsfamilien leichter als Kinder aus intakten Familien scheiden lassen (und bereits jedes dritte Kind unter 20 Jahren aus einer Scheidungsfamilie stammt), ist schon von daher anzunehmen, daß sich die Scheidungsspirale künftig noch schneller dreht.

Jeder Trend provoziert aber auch einen mehr oder weniger einflußreichen Gegentrend. In diesem Fall lautet er: die Ehe als neue Herausforderung anzunehmen.

Galt es noch vor einigen Jahren als schick, die Ehe als Auslaufmodell zu bezeichnen (Sie erinnern sich vermutlich: Magazine und Zeitungen waren voll von Themen, die den Seitensprung samt Trennungsbegleiterscheinungen propagierten, und die Anleitung zur möglichst unproblematischen Scheidung wurde medial praktisch zum Frühstückskaffee offeriert), wird selbst in Frauenmagazinen für sehr junge Zielgruppen die Ehe als neuer Hort der Glückseligkeit beschrieben. Für den es sich auch zu kämpfen lohnt.

Ob im Beziehungskampf tatsächlich die beteiligten Partner oder letztlich die konsultierten Anwälte (die an einer Versöhnung nichts verdienen) als Sieger hervorgehen, sei dahingestellt. Auch durch komplizierteste Hochrechnungen kann nicht ermessen werden, wie es um das Beziehungsglück der Menschheit künftig stehen wird.

Trotzdem möchte ich Ihnen nicht vorenthalten, welche Antischeidungsrezepte von langjährigen Paaren empfohlen werden. Die folgenden Ratschläge (falls man sie so nennen kann: denn eigentlich sind es grundlegende Lebensempfehlungen) stammen aus Gesprächen, die ich mit drei Paaren führte, die ihre Silberhochzeit hinter sich haben. Hier das Scheidungsvermeidungsprogramm von denen, die es wissen müssen.

„Unsere Beziehung stand auch schon einmal an der Kippe. Mein Mann hatte damals eine Freundin, und wir haben beide ernsthaft eine Scheidung überlegt. Nicht einmal die Kinder, wir haben drei, wären für uns ein Hinderungsgrund gewesen. Ein guter Freund von uns, er ist originellerweise Anwalt, hat uns damals aber einen Rat gegeben, der gewissermaßen die Beziehung gerettet hat. Er hat uns erzählt, wieviel Energie zerstrittene Paare normalerweise in ihre Scheidung investieren. Er hatte das ja praktisch täglich vor Augen. Und er hat uns empfohlen, diese Energie und letztlich auch das Geld, das ja immer in eine Scheidung investiert wird, in die Rettung unserer Partnerschaft zu stecken. Der Aufwand ist der gleiche, hat er wörtlich gesagt.
Wir haben ihn ernst genommen und damals eine Schiffsreise ohne Kinder gebucht. Natürlich waren die Probleme nach unserer Rückkehr noch immer da, aber es war ein Anfang. Und wir sind vor allem draufgekommen, daß wir immer noch sehr aneinander hängen, daß unser Ärger aufeinander auch viel mit verletzten Gefühlen und Enttäuschungen zu tun hatte. Unser Fehler war, daß wir irgendwann aufgehört haben, uns miteinander auseinanderzusetzen. Wir haben uns einfach für selbstverständlich genommen. Das ist uns, nachdem wir draufgekommen sind, nie wieder passiert.
Jetzt sind wir seit 28 Jahren verheiratet. Und stolz darauf, noch immer zusammenzusein." *(Unternehmerehepaar, beide 55 Jahre.)*

„Wir sind seit 30 Jahren verheiratet und haben nie an Scheidung gedacht. Eine Art Rezept dafür wußte ich gar nicht. Vielleicht war es einfach so, daß wir uns nie zuviel von der Ehe erwartet haben. Ich denke, das ist ja auch der Hauptgrund dafür, daß so viele Beziehungen scheitern. Man idealisiert den anderen und ist dann enttäuscht, wenn sich herausstellt, er ist ein ganz normaler Mensch. Mein Mann hat manche unangenehmen Eigenschaften, aber gut, die hat ein anderer auch. Ich bin vielleicht auch kein Engel, zumindest sagt das mein Mann, aber eine andere wäre auch nicht besser für ihn. Wozu also? Der Fehler ist wahrscheinlich, daß die meisten glauben, mit einem neuen Mann oder einer neuen Frau wird alles besser. Ist doch ein Unsinn. Wenn wir uns eine Zeitlang nicht leiden konnten, und solche Zeiten hat es gegeben, dann sind wir uns halt aus dem Weg gegangen. Irgendwann ist es dann wieder besser geworden. Deshalb läßt man sich doch nicht gleich scheiden." *(Landwirtehepaar, er 60, sie 54.)*

„Höhen und Tiefen gibt es doch in jeder Beziehung. Wichtig ist, daß das Verhältnis ausgewogen ist und man nur die Höhen in Erinnerung behält. Ich glaube, man muß lernen, mit den Schwächen seines Partners richtig umzugehen. Oder sie einfach zu übersehen. Was mich nicht mehr aufregt, stört mich auch nicht mehr. Ich hätte mir früher schon manchmal einen anderen vorstellen können, aber auf Dauer wäre das alles nichts Richtiges gewesen. Meine Mutter hat immer gesagt: Ein schlechter Mann ist nur einer, der trinkt oder prügelt. Über alles andere kann man hinwegsehen, weil sowieso jeder seine Marotten hat. Recht hat sie gehabt. Einen, der perfekt ist, gibt es nicht, zumindest kenn' ich keinen. Drum bin ich zufrieden mit dem, den ich habe." *(Hausfrau 63, seit 31 Jahren verheiratet.)*

„Wir standen schon einmal kurz vor der Scheidung, das war vor 15 Jahren. Ich hatte damals einen Freund, zuerst war es eine heimliche Beziehung, später hat mein Mann Bescheid gewußt. Er hat sich auch eine Freundin genommen, und wir haben zwei Jahre lang eine offene Ehe geführt, bei der jeder machen konnte, was er wollte. Da wir keine Kinder haben, war das auch kein großes Problem. Wir haben beide mitsammen zu Hause gewohnt, aber jeder ist zeitweise zu seinem neuen Partner gezogen. Immer für ein paar Tage oder für ein Wochenende. Ich denke, daß unsere neuen Beziehungen der eigentliche Grund waren, warum unsere alte Beziehung wieder zu funktionieren begann. Es war recht skurril: Wir haben uns dann sogar wieder heimlich miteinander getroffen, so, als ob wir ein Liebesverhältnis miteinander hätten. Und das hat sich auch wieder richtiggehend entwickelt. Wir haben dann beide mit unseren Nebenbeziehungen Schluß gemacht und sind seither sehr glücklich miteinander. Soviel ich weiß, hat mein Mann danach keine Affäre mehr gehabt, ich jedenfalls hatte keine. Rückblickend kann ich sagen, daß wir durch andere Partner wieder zueinander gefunden haben. Mir ist damals bewußt geworden, daß mein Mann im Grunde bei mir weitaus besser abschneidet als mein damaliger Freund. Es war vielleicht nicht fair, ihn auf diese Weise zu benutzen, andererseits war das Ende dieser ganzen Geschichte nicht auf diese Weise abzusehen. Als ich die Beziehung mit meinem Freund einging, hätte ich nicht im Traum gedacht, dadurch wieder zu meinem Mann zu finden. Empfehlen kann ich diese Methode natürlich nicht, hätten wir Kinder, wäre vermutlich auch alles anders gekommen. Ich denke nicht, daß man Kindern diese Beziehung zumuten kann, die mein Mann und ich zwei Jahre lang geführt haben. Wie auch immer: das Modell hat unsere Ehe gerettet. Im nächsten Monat feiern wir unseren 28. Hochzeitstag." *(Selbständige Steuerberaterin.)*

Familien-Balancing:
Wie Sie erkennen, was Ihnen im Leben wichtig ist

„Heute schon die Schultaschen der Kinder kontrolliert? Nicht? Aber, aber, meine Dame, es ist halb acht Uhr abends! Da sollten die Kleinen strenggenommen doch schon abgefüttert und in aller Sorgfalt für den nächsten Tag gebrieft sein. Wie? Sie sind selbst erst um sechs nach Hause gekommen? Na, na! Das hören wir als ordentliche Staatsbürger nicht sehr gerne. Wohl wieder zu lange im Supermarkt an der Kassa geschwätzt, nachdem Sie ohnehin schon zu spät aus dem Büro weggekommen sind.
Ja, mit der Disziplin ist es oft nicht weit her. Sie sollten endlich lernen, sich Ihre Zeit wie ein erwachsener Mensch einzuteilen. Wie meinen? Sie können sich die Zeit nicht einteilen, weil Sie gar keine haben? Aber Kindchen: das bißchen Haushalt, das bißchen Kinderaufzucht und die paar Stündchen Büro werden Sie doch noch koordinieren können. Einen Mann haben Sie auch noch? Na bitte, wer sagt's denn! Zu zweit geht alles leichter. Sie sollten nicht so undankbar sein!
Und außerdem wieder einmal etwas für die Fitneß tun, irgendwie scheinen Sie außer Façon. Sie wissen, Männer sehen das nicht so gerne. Bitte? Sie sind abends zu müde, um ins Fitneßcenter zu gehen, und haben außerdem keinen Babysitter? Schwache Ansage! Andere schaffen das schließlich auch! Ich kenne einen Topmanager, der spielt jeden Abend noch zwei Stunden Tennis! Und das nach einem 12-Stunden-Tag! Der reagiert sich richtig ab auf dem Court und kommt nachher gutgelaunt zur Familie heim. Oder schiebt dazwischen noch ein paar Termine ein, ha-ha. Das nenne ich effektiv!
Aber, Kopf hoch, wird schon noch werden mit Ihnen. Vielleicht versuchen Sie's einmal mit einem Volkshochschulkurs, um Ihr Leben in den Griff zu kriegen. Meditatives Sticken, zum Beispiel. Soll Wunder wirken, wenn man sich überlastet fühlt. Vielleicht schreien Sie dann die Kinder nicht mehr ständig an. Auf jeden Fall sollten Sie was tun, ist ja kaum mehr auszuhalten mit Ihnen. Immer dieser gehetzte Blick und diese Jammerei. Ihr armer Mann ist auch schon ganz ver-

stört. Er will nichts weiter als seine Ruhe, das sieht doch ein Blinder. Nur Sie offenbar nicht. Warum gönnen Sie ihm nicht ein wenig Muße vor dem Sportkanal? War schließlich nicht seine Idee, daß Sie arbeiten rennen. Und den Kindern Tiefgekühltes vorsetzen. Und vor lauter Hinundherhetzen aussehen wie ein Uhu. Gegen Augenringe gibt's jetzt übrigens einen neuen, sensationellen Abdeckstift. Sollten Sie sich zulegen, wofür verdienen Sie Ihr eigenes Geld. Und überhaupt: Machen Sie sich doch ein bißchen nett! Ehemänner mögen das. Und Vorgesetzte auch.

Und daß Sie's nicht vergessen: Morgen hat Ihr Jüngster schulfrei, weil Elternsprechtag ist. Sie haben den Tag für ihn hoffentlich sinnvoll verplant, damit er nicht wieder geistlos in die Glotze stieren muß. Wie? Sie wissen nicht, wie Sie das morgen organisieren sollen, mit dem Kind, mit der Firma und mit dem Termin bei der Lehrerin? Tja, gute Frau, das hätten Sie sich aber wirklich alles vorher überlegen können. Was ich mit vorher meine? Na vorher eben. Erst denken, dann handeln, alte männliche Weisheit. Ein bißchen könnten Sie sich schon an männlichen Verhaltensweisen orientieren.

Falls Ihnen die nicht zu hoch sind."

Ein fiktiver Dialog wie der obige findet natürlich niemals live statt – welcher Mann gibt sich schon gerne die Blöße, das auszusprechen, was er denkt. Es ist fast achtunggebietend, wie Männer seelenruhig dabei zusehen können, wenn sich ihre Frauen zerfransen, und diesen Vorgang auch noch mit aufmunternden Worten würzen: „Du siehst irgendwie schlecht aus heute"; „tu dir doch nicht immer so viel an"; „die neue Kollegin mit den zwei Kindern schafft locker das Arbeitspensum von zwei anderen. Solltest du mal kennenlernen . . ."

Daß derlei keine Unterstellungen sind, beweist die tägliche Praxis.

Denken Sie doch einmal kurz nach: Wie viele Männer in Ihrem Bekanntenkreis fallen Ihnen ein, die nachmittags ihr Kind vom Kindergarten holen (und auch noch ein paar verbindliche Worte für die Kindergärtnerin erübrigen)? Die mit dem Jüngeren die Puppentheatervorführung „Peppo & das

Krokodil" (15.30 Uhr, Zuspätkommen ist besonders peinlich!), mit dem Mittleren, der beim Fußball seine Brille zertreten hat, den Augenarzttermin (16.50 Uhr) und mit dem Ältesten den Schuheinkauftermin (megageile Basketballschuhe, luftgepolstert) wahrnehmen?
Die, falls man sie einmal bittet, um halb sieben Uhr zu Hause zu sein, weil man selbst noch einen dringenden Termin hat, nicht mit dem entsetzten Ausspruch kontern: „Bist du wahnsinnig, halb sieben? Da brauch' ich ja gleich gar nicht ins Büro zu gehen . . ."?
Wenn Ihnen jetzt mehr als null eingefallen sind, herzliche Gratulation! Sie sind in der glücklichen Lage, einen unter Naturschutz stehenden Exoten gesichtet zu haben und gelten deshalb als Gewinnerin der Woche. Dafür gibt's den Hauptpreis, nämlich eine pflegeleichte Küchenschürze und eine selbst für Analphabeten locker zu bedienende Polaroidkamera. Vielleicht fotografieren Sie das betreffende Individuum gelegentlich (wenn es sich einrichten läßt: Binden Sie ihm vorher die kesse Schürze um) und kleben das Bild dann in das Sammelalbum der „seltenen Tier- und Pflanzenarten" Ihres Jüngsten.
Natürlich gibt es rare Exemplare, die ihrer vom Schicksal begünstigten Frau und den Kindern Spaghetti kochen und nachher soviel Grips aufbringen, den angebrannten Sugotopf noch einzuwässern;
die um sechs Uhr pünktlich (und fröhlich!) auf der Matte stehen, wenn man selbst noch was Wichtiges vorhat, und gerne bereit sind, diesen Vorgang am nächsten Tag zu wiederholen, weil man da wieder was Wichtiges vorhat. Ein Stündchen Tennisspielen vielleicht;
und die selbst dann nicht ausfallend werden, wenn man geschäftlich zwei, drei Tage weg muß, wobei man ohnehin für alle eventuellen Fälle Listen vorbereitet hat, die dem verantwortungsvollen Vater (dem seine Mutter und ein Au-pair-Mädchen zur Seite stehen) im Notfall dienlich sind: „Essen für die nächsten 72 Stunden ist im Eisschrank, Heftpflaster ist in der Hausapotheke, die sich links unten im Badezimmerschrank befindet. Wichtig: Der Kleinen abends ihr Hasi ins

Bett legen, sonst schläft sie nicht gut ein (falls Hasi nicht auffindbar, Bärli geht auch!)."

Doch selbst wer als berufstätige Familienorganisatorin einen gutwilligen Gespons zur Seite hat (oder einen gutbezahlten Hausgeist, der zum Takt der ratternden Zählmaschine die Betten neu bezieht; oder ein schwedisches Kindermädchen, das eine Telefonstandleitung nach Stockholm gelegt hat und vor Heimweh außerstande ist, nach 19 Uhr auf die Kinder aufzupassen); selbst wer also in der privilegierten Situation ist, auf Hilfe zurückgreifen zu können, hat als Frau mit Familie ein unlösbares Problem. Nämlich das, **für jede verdammte Kleinigkeit persönlich zuständig zu sein.**

Nein, hier soll nicht genörgelt werden (wir wissen ja: Männer mögen zickiges Getue nicht besonders). Es muß nur einmal klar gesagt werden, daß *wir, wir, wir* es sind, die alles am Laufen halten. *Wir,* die berufstätigen Mütter, die auf allen Hochzeiten tanzen und die sich – eins, zwei, cha-cha-cha – trotzdem an einem Donnerstag zwischen vier und halb fünf zum Laternenfest im Kindergarten einfinden können. (Man murmelt, bevor man im Büro die Kurve kratzt, dann etwas von einem unaufschiebbaren Termin, abgebrühte Kaliber unter uns werfen ein vages: „Tschüs dann, ich bin am Handy erreichbar" in den Raum. Und beten, wenn sich die Kleinen zum feierlichen Rundtanz reihen, daß das vermaledeite Ding nicht zu piepsen beginnt.)

Nicht, daß wir uns beklagen, wir machen so was gerne. Um ehrlich zu sein: Wir brennen sogar darauf, es zu machen, weil wir just beweisen wollen, für unsere Kinder immer Zeit zu haben.

Nur manchmal, da gibt es Augenblicke, wo wir alles nicht mehr ganz so lustig finden. Wo uns die Energie verläßt. Wo wir müde werden. Wo wir nur noch schlafen möchten. Pennen, ratzen, schnarchen, ordentlich wegknacken, in Ohnmacht fallen. So richtig einen draufmachen und 20 Stunden lang schlaaafen!

Da die Gelegenheiten dafür häufig fehlen (obwohl: 30 Minuten Dösen am Nachmittag würden uns fürs erste auch genü-

gen), sei hier das Zauberwort verraten, mittels dem Sie herausfinden können, ob Ihre Erschöpfung nur ein Ausnahme- oder, vielleicht ohne daß Sie es realisieren, schon ein Dauerzustand ist.
Es heißt „Balancing" (englisch für „ausbalancieren"), wurde von amerikanischen Managementtrainern vor etwa 15 Jahren zum ersten Mal aufs Tapet gebracht – und bedeutet nichts anderes, als das individuell zufriedenstellende Gleichgewicht (also die Balance) zwischen Beruf und Familie zu finden.
Die These hinter Balancing ist einfach nachzuvollziehen: Nur wer ein erfülltes und glückliches Privatleben hat, kann auch im Beruf Leistung erbringen. Und andersherum: Nur wer auch außerhalb der Familie Bestätigung findet (sei es durch den Job, eine ehrenamtliche Tätigkeit oder eine sonstige persönlich wichtig genommene Aufgabe), ist in der Lage, sein Familienleben zu genießen.
Die amerikanische Psychologieprofessorin Faye J. Crosby war eine der ersten, die Balancing auch zum großen Frauenthema machte und der Methode ein ganzes Buch widmete („Juggling – The Unexpected Advantages of Balancing Career and Home for Women and their Families"). Es enthielt unter anderem eine Studie, mittels der die Balancing-Expertin folgendes nachwies: Frauen, die in ihr Leben Beruf und Familie integrieren, sind auf Dauer wesentlich glücklicher als solche, die nur einen der beiden Faktoren zum Lebensinhalt haben. Die sogenannten „Doppelbelasteten" sind in Wahrheit auch doppelt so glücklich und zufrieden wie nur einseitig Belastete.
Sie sind insgesamt gesünder (was vielleicht daran liegt, daß sie kleinen Wehwechen längst nicht die Beachtung schenken wie Frauen, die viel Zeit zur Verfügung haben), ihre Gemütsverfassung ist stabiler, sie leiden weniger oft an Depressionen, wirken insgesamt dynamischer und fröhlicher. Faye Crosby veranlaßte ihr Studienfazit zur Feststellung: „Wenn Sie Ihren Job mögen, dann gründen Sie eine Familie. Wenn Sie Ihre Familie mögen, dann suchen Sie sich einen Job, der Ihnen Spaß macht. Und wenn Sie Wert darauf legen, sich selbst zu mögen, dann versuchen Sie, in Ihrem Leben beides zu bekommen – Familie und Job."

Diese Einstellung hat doch etwas Tröstliches, finden Sie nicht? Demnach machen wir es so, wie wir es machen, offenbar haargenau richtig.
Wichtig ist nur, daß wir neben Beruf und Familie nicht darauf vergessen, was uns eigentlich wichtig ist, welche Bereiche in unserem Leben Priorität haben und welche darüber zu kurz kommen. Genau da setzt Balancing an: Wer die Balancing-Thesen begriffen hat, lernt seine persönlichen (oft durch die tägliche Mühsal und das damit einhergehende Chaos verschütteten) Bedürfnisse besser kennen. Und kann sie in sein Leben wie selbstverständlich integrieren.
Balancing ist – wenn Sie so wollen – der Ausgleich zwischen dem Leben „draußen" und dem Leben „drinnen". Oder mit anderen Worten: Die Methode, um künftig alle Lebensbereiche so miteinander koordinieren zu können, daß man persönlich glücklich damit ist.
Fangen wir an.

Die vier wichtigsten Balancing-Regeln

Die folgenden Balancing-Regeln stammen aus einem Seminar zum Thema, das ich in New York besucht habe. Ursprünglich nahm ich ausschließlich zu Recherchezwecken daran teil, da ich über diese im europäischen Raum noch eher unbekannte Methode, Beruf und Familie geistig (und damit auch tatsächlich) zum gelungenen Ganzen zu vereinen, publizieren wollte. Das rein journalistische Interesse machte allerdings sehr bald einem echten persönlichen Interesse Platz. Die wichtigsten Balancing-Thesen habe ich erfolgreich in mein eigenes Leben integriert: Es sind jene, die ich persönlich am effektivsten finde und die nicht nur mir, sondern auch vielen meiner Bekannten und Freundinnen (alle berufstätig, alle Mütter) geholfen haben, mit sich selbst in besseren Einklang zu gelangen.
Zur Erlangung der richtigen Balance zwischen Arbeit und Muße, zwischen Kindern und Karriere, zwischen Freizeit und verplanter Zeit, gibt es im Balancing verschiedene Methoden. Es sind allerdings weder Gymnastikübungen noch strikte Anleitungen à la „Legen Sie sich Listen an für alles, was Sie zu

erledigen haben" (das machen wir doch ohnehin seit hundert Jahren – wir sind die Listenköniginnen dieses Planeten! Wir träumen von Listen, wir reagieren panisch, wenn wir Listen verlegen, wir zücken unsere tägliche Erledigungliste so routiniert wie Westernhelden ihre Colts).
Balancing ist also kein offensichtliches Trainingsprogramm, um auf die Schnelle etwas zu erreichen. Vielmehr bedeutet dieser Begriff, sich geistig einmal intensiv mit seinen wahren Bedürfnissen auseinanderzusetzen. Eine Stunde genügt fürs erste. Glauben Sie mir: nachher wissen Sie ein bißchen mehr über sich.

Die 1. Balancing-Regel lautet: Ergründen Sie Ihren Zufriedenheitsgrad. Stellen Sie sich bewußt die Frage, ob Sie mit Ihrem Leben zufrieden sind. Sie können diese innere Frage für sich persönlich objektiver beantworten, indem Sie ein Blatt Papier und einen Stift zur Hand nehmen. Erstellen Sie zwei einfache Tabellen: Eine mit dem Titel „zufrieden", eine mit dem Titel „unzufrieden". Tragen Sie jetzt so objektiv wie möglich in jede Tabelle jene Lebensbereiche ein, mit denen Sie zufrieden bzw. unzufrieden sind (also z. B. Partnerschaft, Liebesleben, Finanzlage, persönliche Selbstsicherheit, Aussehen, berufliches Weiterkommen, Zeit für mich selbst, Zeit für meine Kinder, Stimmung in der Familie, sozialer Status, Bestätigung durch andere etc.). Mogeln ist überflüssig, die Liste ist ohnehin nur für Sie bestimmt.
Sie werden sehen: Wenn Sie erst einmal in Fahrt kommen, fallen Ihnen vermutlich noch viele Faktoren ein, die Ihr Leben, positiv oder negativ, beeinflussen.
Am Ende haben Sie zwei Tabellen. Welche ist die längere? Auch wenn die Zufriedenheitstabelle länger ist (was mit ziemlicher Sicherheit anzunehmen ist – beim Analysieren der einzelnen Lebensbereiche werden Sie draufkommen, wie gut es Ihnen vermutlich geht): Sehen Sie sich die Faktoren, mit denen Sie unzufrieden sind, jetzt genau an, denn das führt geradewegs zur zweiten wichtigen Balancing-Regel . . .

Die 2. Balancing-Regel lautet: Definieren Sie Ihre Ziele. Sie haben jetzt schwarz auf weiß, womit Sie in Ihrem Leben nicht zufrieden sind. Vielleicht ist es die mangelnde Zeit für sich selbst, vielleicht die mangelnde Mithilfe Ihres Mannes, vielleicht das schlechte Gewissen den Kindern gegenüber, vielleicht die Tatsache, daß Sie beruflich auf der Stelle treten. Wichtig ist, daß Sie konkrete Änderungswünsche haben. Also etwa: Anstelle eines Mannes, der sich, kaum daß er zu Hause ist, vor den Fernseher knallt, wünsche ich mir einen Partner, der mehr auf meine Bedürfnisse eingeht. Anstelle eines unbefriedigenden „nine to five"-Jobs wünsche ich mir eine Tätigkeit, die mir Spaß macht und bei der ich mir die Zeit freier einteilen kann. Nehmen Sie nun mehrere Blätter Papier zur Hand (für jeden Änderungswunsch eines), und erstellen Sie einen persönlichen Zielzeitplan. Das Blatt könnte etwa so beschriftet sein:

Mein Ziel	*Das bin ich bereit, dafür zu tun*	*Zeitraum der Realisierung*
mehr Zeit für mich	beruflich leisertreten, im Haushalt fünf gerade sein lassen	ab nächster Woche (Gespräch mit Chef)

Auch wenn Sie diesen Vorgang vielleicht ein bißchen kindisch finden (hab' ich auch getan!) und Sie überzeugt sind, Ihre Ziele auch ohne derlei Listen geistig definieren zu können: Probieren Sie die schriftliche Methode trotzdem aus. Erstens hat Niedergeschriebenes mehr Gewicht als nur im Geiste Formuliertes. Und zweitens disziplinieren Sie sich solcherart mehr, als wenn Sie nur einen vagen geistigen Wunsch deponieren, der „auf irgendwann" verschoben wird.
Hilfreich zur Realisierung Ihrer Wünsche ist es, zunächst einmal mit kleineren Zielen zu beginnen (z. B. *Ziel:* Mehr Zeit für soziale Kontakte und Freunde. *Das bin ich bereit, dafür zu tun:* Mich zu einem Treffen aufraffen, auch wenn es Organisation erfordert. *Zeitraum der Realisierung:* Morgen früh Anna und Lena anrufen und Verabredung für Mittwoch abend ausmachen).

Die klare Definition Ihrer Ziele hilft Ihnen zu erkennen, wo Sie im Leben stehen. Das ist der erste wichtige Schritt zur inneren Balance. Wenn Sie wissen, was Sie möchten und wie Sie es bekommen können (und das wissen Sie ja), ist es nur eine Frage der Zeit, bis Sie das gesteckte Ziel auch erreichen. Wichtig ist bei Ihrer persönlichen Zieldefinition übrigens, daß Sie sich alles trauen. Nur zu! Sie dürfen ruhig unverschämt sein, es ist ja keiner da, der Sie in die Schranken weisen könnte. Falsche Bescheidenheit ist der sicherste Weg, um *nicht* zur inneren Balance zu gelangen.
Haben Sie Ihre Ziele (und die zugehörigen realisierbaren Schritte) schriftlich für sich selbst definiert, können Sie sich Balancing-Regel Nummer 3 zuwenden.

Die 3. Balancing-Regel lautet: Prüfen Sie, wie ausgewogen Ihr Leben ist. Wetten, daß Sie schon lange nicht mehr darüber nachgedacht haben, wie es Ihnen eigentlich persönlich geht? Und wenn, dann nur in den diffusen Minuten zwischen Schlafenlegen und Einschlafen, in denen die berüchtigten „Ich müßte unbedingt wieder einmal . . ."-Gedanken wie Lichtblitze auftauchen und ganz schnell wieder verschwinden, weil man einfach zu müde ist, sie zu Ende zu denken?
Jetzt sollen Sie sie einmal zu Ende denken, und das funktioniert ganz einfach. Auch diesmal ist Ihr Einsatz mit Papier und Bleistift gefordert: Zeichnen Sie anhand eines sogenannten „Lebensrades" auf, welche Bereiche in Ihrem Leben dominieren – und welche es verdienen, mehr beachtet zu werden. Zu diesem Zweck zeichnen Sie einen beliebig großen Kreis (je größer, desto übersichtlicher). Er symbolisiert Ihr persönliches Lebensrad. Unterteilen Sie den Kreis nun in Tortenstücke.
Jeweils eines für die Bereiche:
FAMILIE ↕ BERUF ↕ PARTNERSCHAFT ↕ FREUNDE ↕ FREIZEIT bzw. PERSÖNLICHE ZEIT ↕ SONSTIGES bzw. ALLTAGSORGANISATION.
Ordnen Sie nun den einzelnen Bereichen (die Sie natürlich beliebig benennen können – wichtig ist nur, daß es Bereiche aus Ihrem Leben sind) die Größen der jeweiligen Tortenstücke zu, und zeichnen Sie diese in den Kreis ein. Bitte unbedingt objektiv bleiben. (Unter uns: Die Torte mit den richtigen Stück-

größen steht in den allermeisten Fällen erst beim dritten Versuch. Vorher neigen auch ansonsten ehrliche Mitbürgerinnen zur Unobjektivität.)

Am einfachsten funktioniert es so: Sie unterteilen den Kreis mittels eines Kreuzes in vier Bereiche und überlegen, ob die vier Hauptbereiche Ihres Lebens (etwa: Familie, Beruf, Partnerschaft, Freizeit) tatsächlich so ausgewogen sind, daß Sie die vier entstandenen Tortenstücke im Kreis damit benennen können (oder dominiert der Beruf? Dann zeichnen Sie das Tortenstück bewußt größer ein usw.).

Ist die Torte fertig, sehen Sie, welche Lebensbereiche tatsächlich bei Ihnen dominieren. Das ist allerdings nicht das spannendste daran, denn was in Ihrem Leben dominiert, wußten Sie ja auch vorher. Wichtig sind jene Tortenstücke, die eher schmal ausgefallen sind. Sie zeigen Ihnen – vermutlich zum ersten Mal so plakativ –, in welchen Bereichen Ihr Leben Mankos aufweist. Und ob die dominant eingezeichneten Bereiche es wert sind, auf Kosten der schmal eingezeichneten Bereiche weiterhin in diesem Ausmaß vorherrschend zu bleiben. Die Erkenntnisse aus Ihrem gezeichneten Lebensrad werden Ihnen selbst kommen. Und Sie haben es auch in der Hand, die einzelnen Bereiche zugunsten anderer zu verändern. Sprich: die zu klein geratenen Tortenstücke „aufzufetten". Und die zu fetten abzuschlanken – eben so, wie es Ihnen ins persönliche Gleichgewicht paßt.

Wir sind aber noch nicht fertig – eine wichtige Balancing-Regel gibt es noch!

Die 4. Balancing-Regel lautet: Schauen Sie bewußt in Ihre Zukunft.

Und das ist durchaus wörtlich zu nehmen: Machen Sie eine geistige Visionsreise, und schreiben Sie in Stichworten die einzelnen Stationen auf. So funktioniert es: Sie stellen sich vor, wie Sie in zehn Jahren (oder in fünf – das bleibt Ihnen überlassen) aussehen, wo sie leben, arbeiten, mit welchen Personen Sie umgeben sind. Natürlich stellen Sie sich die Ihrer Meinung nach ideale Situation vor, ohne unrealistisch zu werden.

Fragen Sie sich Dinge wie: Mit wem will ich dann zusam-

mensein? (Mit dem jetzigen Partner? Mit einem anderen Partner?) Wo will ich beruflich stehen? (Will ich weniger arbeiten als bisher? Will ich mehr Verantwortung tragen?) Wie will ich aussehen? (Schlanker? Sportlicher?) Wo und wie möchte ich wohnen? (Stellen Sie sich das Haus, die Wohnung, die Gegend, die Möbel vor.)
Anhand der notierten Stichworte erkennen Sie, worauf Sie hinauswollen, was Ihnen im Leben wichtig ist. Und Sie erkennen auch, wie weit (oder wie nahe) Sie von ihrem Traumlebensstil entfernt sind.

Am Ende Ihrer Balancing-Stunde (die Ihnen, sofern Sie die vier oben beschriebenen Schritte nachvollzogen haben, eine ganze Menge über Ihre persönliche „Ist"- und „Wunsch"-Situation offengelegt hat) möchte ich Ihnen noch einige handfeste Tips zur Ausbalancierung Ihres Inneren geben. Es sind Anti-Streß-Methoden, die ebenfalls in Balancing-Seminaren gelehrt werden und äußerst effektiv sind.
Hier die kleinen Geheimnisse, wie Sie Krisen- oder Streßsituationen künftig besser meistern. Und, noch besser: wie Sie innerlich (und äußerlich) cool bleiben, wenn in Beruf oder Familie alles darauf hindeutet, daß es hitzig wird.

Die Situation: Zorn (oder Angst) steigt in Ihnen hoch. Sie spüren, daß Sie das aufkommende Gefühl fast nicht beherrschen können.
Der Balancing-Trick: Beginnen Sie, bewußt zu atmen. Zuerst tief einatmen, dann langsam bis fünf zählen. Nun tief ausatmen, wieder langsam bis fünf zählen. Wiederholen Sie den Vorgang dreimal. Sie werden sehen. Ein Wunder ist geschehen!

Die Situation: Ein bestimmter Vorgang bringt Sie regelmäßig aus der Fassung (Ihr Zehnjähriger legt beim morgendlichen Schulweg die Geschwindigkeit einer Nacktschnecke an den Tag; Ihr Mann lebt seit 15 Jahren im naiven Glauben, daß seine Socken vom Heiligen Geist in die Schmutzwäschetruhe befördert werden).

Der Balancing-Trick: Legen Sie sich für jeden Tag einige Mini-Anti-Streß-Konzepte zurecht, das heißt, wappnen Sie sich geistig gegen Situationen, von denen Sie wissen, daß sie eintreten werden. Sagen Sie sich etwa geistig vor: „Ich sehe, wie mein Mann die Socken genau neben der Truhe plaziert. Ich ärgere mich nicht darüber, sondern lasse sie liegen, bis er sie aufhebt . . ." Banal, aber wirksam: Wenn Sie beschließen, gewisse Streßfaktoren künftig nicht mehr wichtig zu nehmen, geraten Sie auch nicht mehr unter emotionalen Streß.

Die Situation: Sie sind knapp davor, die Kinder anzuschreien.
Der Balancing-Trick: Sofort aus dem Zimmer gehen, tief durchatmen, bis zehn zählen. Oder: die Augen schließen und sich schnell eine angenehme Situation ins Gedächtnis rufen. Das suggeriert Ruhe, der Schreiimpuls vergeht sofort. Allerdings: Irgendwie sollten Sie Ihre Adrenalinschübe loswerden. Die effektivste, gesündeste Methode: Sport treiben. Wer regelmäßig in die Pedale tritt, gegen den Sandsack boxt oder laufend seine Runden zieht, ist erwiesenermaßen weniger streßanfällig. Und falls Sie dazu keine Zeit (oder Lust) haben: Tanzen Sie (funktioniert auch, wenn die Kinder dabei sind)! Lieblingsmusik aufdrehen, loslegen. Das ist fast so gut wie herzhaft losbrüllen.

Die Situation: Sie fühlen sich erschöpft und lustlos, sind im Moment mit nichts zufrieden und innerlich unruhig. Sie fühlen sich, wie man so sagt, nicht „rund".
Der Balancing-Trick: Setzen oder legen Sie sich für einige Momente entspannt hin, und erforschen Sie geistig Ihre Glücksmomente: Rufen Sie sich mindestens zwei (besser: drei oder vier) Situationen ins Gedächtnis, in denen Sie sich besonders erfolgreich gefühlt haben. Analysieren Sie: Was hat genau zu diesem Erfolg geführt? Ihre Erinnerung kann ein Erfolgserlebnis im Familienkreis oder auch im Beruf betreffen – wichtig ist, daß Sie erkunden, was damals dieses Glücks- oder Erfolgsgefühl ausgelöst hat. Wenn Sie intensiv daran gedacht haben, werden Sie draufkommen: Erfolgserlebnisse sind jederzeit wiederholbar, wenn man um die Mechanismen weiß, die da-

zu führen. Sie werden sich mit großer Wahrscheinlichkeit sofort motivierter und damit auch besser fühlen.

Die Situation: Sie sind von schlechtem Gewissen geplagt – vielleicht den Kindern gegenüber, weil Sie in letzter Zeit zuwenig mit ihnen unternommen haben. Vielleicht Ihrem Mann gegenüber, weil Sie verschiedenste Dinge in letzter Zeit viel wichtiger als ihn genommen haben. Vielleicht wegen eines bestimmten beruflichen Projektes, das schon fertig sein müßte. Ihre Schuldgefühle drücken auch auf Ihre Stimmung.
Der Balancing-Trick: Begeben Sie sich ausnahmsweise jetzt nicht auf geistige Visionsreise – sondern handeln Sie. Sie haben ein schlechtes Gewissen den Kindern gegenüber? Kaufen Sie sich in der City-Boutique das kleine Kostüm, das Ihnen schon die ganze Zeit gefällt. Sie sollten eigentlich dieses berufliche Projekt ...? Gehen Sie zuerst einmal zum Friseur und dann mit einer Freundin essen. Oder unternehmen Sie zuerst etwas mit den Kindern. Nachher ist immer noch Zeit. Was ich damit sagen will, ist einfach: Wann immer Sie von Anfällen schlechten Gewissens heimgesucht werden, *tun Sie etwas für sich* und nicht sofort wieder für die anderen. Das mag zunächst widersinnig klingen, ist aber die effektivste Methode, um mit sich selbst wieder ins reine zu kommen. Schuldgefühle entstehen, weil man das Gefühl hat, in irgendeiner Weise unzulänglich zu sein. Nur wenn man sich selbst wichtig nimmt, erhält man auch die Kraft, anderes (und andere) wieder richtig anzupacken. Nur dann! Also: Zuerst gönnen Sie sich etwas, das Ihnen Freude macht, dann (und wirklich erst dann) gehen Sie das konkrete Problem an.

Abschließend möchte ich Ihnen noch einen persönlichen Balancing-Trick verraten. Er wird meines Wissens (noch) nicht in einschlägigen Seminaren gelehrt, vermutlich weil er ein wenig unkonventionell ist: Wann immer ich starken beruflichen Streßsituationen ausgesetzt bin, also im Grunde zehn Dinge auf einmal zu Ende bringen sollte und innerlich dementsprechend „un-ausbalanciert" bin, greife ich kurz zum Telefonhörer. Ich rufe meistens meine Kinder an und plaudere mit ihnen über völlig belanglose Dinge. Sind die Kinder nicht erreichbar, rufe ich meine Mutter an und rede auch mit ihr über Alltagskleinigkeiten – notfalls übers miese Wetter, das alle schlecht gelaunt macht. Ist auch sie nicht erreichbar, gibt es eine Freundin, die sich längst nicht mehr wundert, warum ich an Redaktionsschlußtagen aus heiterem Himmel mit ihr über den Erwerb eines Meerschweinchens philosophiere. Diese scheinbar sinnlosen Anrufe haben bei mir den Effekt, alles wieder ins rechte Lot zu rücken. Nachdem ich mit jemandem gesprochen habe, der mir wichtig ist (und von dem ich weiß, daß ich ihm wichtig bin), fühle ich mich innerlich gestärkt und – was noch wichtiger ist – messe Dingen, die mir vorher noch unaufschiebbar und ungeheuer wichtig schienen, wieder ihre richtige Bedeutung zu. Und genau das ist das wirkliche Geheimnis hinter Balancing: zu begreifen, daß wir selbst die Wichtigsten sind, weil nur wir es in der Hand haben, ob es uns und anderen gut geht.

Das Bild der Hausfrau im Jahr 2000: Grüß Gott, und was machen Sie beruflich?

Ding-Dong. Kinderhände öffnen die Wohnungstüre, davor steht Mutti, beladen mit einem Einkaufskorb. Lächelnd eilt sie in die Küche und plaziert ihn auf dem Tisch. Kinderhände wühlen im Gekauften. Man vernimmt freudige Ahs und Ohs. Und dann, die Enttäuschung zum Tage: „Was hast du denn da wieder gekauft", raunzt das Kind mit unverhohlenem Ärger in der Stimme. Mutti stutzt – tatsächlich, da hat sie doch glatt erneut den falschen Schokoaufstrich eingesackt. Statt der bekannt streichfreudigen Paste ein simples No-name-Produkt. Weiß der Teufel, wie das zugegangen ist. Das Kind zieht sich vertrotzt zurück, Mutti blickt schuldbewußt auf den erstandenen Unsinn. Noch einmal wird ihr ein Fauxpas wie dieser nicht passieren. Noch einmal wird sie ihre Familie nicht enttäuschen. Noch einmal wird sie ihr kleines Glück durch die Wahl der falschen Marke nicht aufs Spiel setzen. In Zukunft hält sie sich an das, was ihr gesagt wird. Gut, daß ihr kluger Gedankengang aus dem Off Bestätigung findet. Eine gütige Männerstimme, der man anhört, daß ihr Inhaber gewohnt ist, mit geistig nicht ganz auf der Höhe Befindlichen zu sprechen, klärt auf: „Nur wo XY draufsteht, ist auch XY drin." Ah ja. Jetzt weiß Muttchen Bescheid und wird sich das nächste Mal nicht mehr blamieren.

Die beschriebene Szene stammt aus einem inzwischen abgeänderten Werbespot für ein bei Kindern beliebtes Frühstücksprodukt. Der bezeichnende Satz „Was hast du denn da wieder gekauft" wurde, nachdem der Spot vier Monate lang in Originalfassung lief, gestrichen, weil zahlreiche Beschwerden sowohl den produzierenden Konzern als auch die verantwortliche Werbeagentur erreichten. Irgendwann merkten die zuständigen Herren, daß Aussagen, in denen Hausfrauen zu glücklichen kleinen Schafsköpfen degradiert werden, anscheinend doch nicht imageförderlich sind.

Derlei Erkenntnisse fruchten aber nur in Einzelfällen, und auch da nur, wenn die Verantwortlichen mit der Nase auf offensichtliche Blamagen gestoßen werden. Noch immer bietet

sich die Rolle der Hausfrau nämlich für die gnadenlose Pressung in Klischeeform an: Werbungen für Lebens-, Putz- und Waschmittelprodukte lassen sich nach wie vor ganz trefflich via der Figur einer emsigen Hausdienerin transportieren. Das von ihr in den letzten Jahren gezeichnete Bild ist zwar durchwegs jünger, attraktiver und selbstbewußter, als es etwa 1980 war (gelegentlich verirrt sich heute sogar ein Hausmann in die Putzmittelwerbung, der ob seiner offensichtlichen Alibirolle aber ziemlich lachhaft wirkt), trotzdem ist sie medial für alle niedrigen Belange des Alltags zuständig.
Das Image der Hausfrauen ist schlecht, nicht zuletzt, weil ihr Rollenbild in den letzten zwei Jahrzehnten auch von den Medien nicht weiterentwickelt wurde. Karriere zu machen war und ist Anlaß, um darüber zu schreiben, TV-Porträts zu gestalten, Studien, Umfragen und „So gelingt es Ihnen auch"-Anleitungen zu veröffentlichen.
Karriere zu machen und nebenbei auch eine Familie zu managen ist noch mehr Grund für mediale Anerkennung: Hoch lebe die tüchtige Vorzeigefrau, die die frohe Botschaft von der Vereinbarkeit aller Lebensbereiche in die weite Welt hinausträgt. Selbst die Tatsache, Familie zu haben und keineswegs in einem Vorzeigejob sein Geld zu verdienen, war und ist Anlaß, um von der Öffentlichkeit wahrgenommen zu werden. Fehlende Kindergartenplätze, schlechte Arbeitsbedingungen, die Nöte und Ängste alleinerziehender Mütter – all das sind Themen, für die in der Öffentlichkeit ein Bewußtsein geschaffen wurde.
Für die Hausfrauen interessiert sich niemand. Sie rangieren, jede für sich, in der Kategorie „persona non grata". Nicht einmal die dankbarste Provinzzeitung greift ihre Anliegen auf. Apropos: Haben Hausfrauen überhaupt welche? Die Bezeichnung Hausfrau ist zu einem schwammigen Begriff mutiert, unter dem sich die meisten eine mausgraue Person vorstellen, die ihre Lieben versorgt, das Geld des schwer schuftenden Gatten manchmal mehr, manchmal weniger bereitwillig ausgibt (je nachdem, wieviel er verdient), bei Bedarf stets strammsteht und die, je nachdem, was der Gatte beruflich darstellt, auch ein wenig repräsentieren darf. Und ansonsten den Mund

hält. Was auch gut ist, denn viel hätte sie sowieso nicht zu sagen.
Soweit das Klischee.
Die Praxis sieht so aus, daß die klassische Hausfrau, die ihr Leben Mann, Kindern und dem gemütlichen Heim verschrieben hat, bereits zur Gattung der geschützten Arten zählt. Das Lebensideal der meisten Frauen ist heute Mutterschaft und – zumindest teilweise – Berufstätigkeit. Kaum jemand in der Generation der unter 40jährigen will sich lebenslang in der Rolle der Hausfrau sehen. Selbst die zeitweise Besinnung auf Heim und Familie ist für den Großteil der Frauen noch lange kein Grund, sich als Hausfrau zu titulieren. Stellt man einer Frau, die zu Hause ist, eine Frage in der Art von „Was machen Sie so", kommen zahlreiche Antwortvariationen („Ich manage die Familie", „Ich bin derzeit bei den Kindern", „Ich mache von zu Hause aus das Sekretariat für meinen Mann"). Die mutige Antwort: „Ich bin Hausfrau" hört man nie. Vermutlich weil die Betreffende weiß, wie sehr sie ihr Gegenüber durch derlei offengelegte Banalitäten brüskieren könnte. Was sollte der Gesprächspartner, zumindest wenn es sich um einen Mann handelt, denn auch dazu sagen? „Wie nett, und wie läuft's denn so mit dem Eingemachten?" – „Na, da haben Sie's aber fein erwischt!" – „Wie originell, das muß ich meiner Frau erzählen!"
Und was sollte eine berufstätige Frau darauf sagen? Üblicherweise erschöpfen sich ihre Reaktionen in: „Oh, interessant, das wollte ich auch immer schon probieren. Aber fällt Ihnen da nicht die Decke auf den Kopf?" Und dann lächelt sie, hebt das Glas und gesellt sich mit einem unverbindlichen „Wir sehen uns ja später noch" zu einem anderen Grüppchen. Nette kleine Hausfrau da drüben, aber nicht so ganz unser Niveau.
Hausfrauen haben es zunehmend schwerer, weil sie zunehmend weniger akzeptiert werden. Daran ändern selbst gutgemeinte Schlagworte nichts, die Frauen, die zu Hause bleiben möchten, als „Familienmanagerin", „Haushaltsorganisatorin" oder „Aussteigerin auf Zeit" titulieren. Und der bis etwa Anfang der achtziger Jahre untadelig gehaltene Begriff „Hausfrau" rangiert heute fast schon im Bereich der üblen Nachrede.

Ausgerechnet die Firma Tupperware, jenes Unternehmen, das seit bald 50 Jahren praktikable Frischebehälter aus Kunststoff an den weiblichen Teil der Menschheit bringt, hat die erste wirklich repräsentative Hausfrauenstudie verfaßt. Die Firma ließ 5.000 Europäerinnen in fünf Ländern (je tausend in Deutschland, Frankreich, Italien, Spanien und Großbritannien) zum Thema „Hausarbeit" befragen. Und das Ergebnis macht auf sehr drastische Weise deutlich, wie sehr sich das Rollenbild der Hausfrauen gewandelt hat.

- Obwohl 72 Prozent der Europäerinnen der Meinung sind, daß es die klassische Hausfrau noch gibt, wollen 57 Prozent selbst nicht mit ihr identifiziert werden.
- Für 20 Prozent der Frauen ist „Hausfrau" ein altmodischer Ausdruck, 13 Prozent definieren die klassische Hausfrau als überarbeitete, unterbezahlte und nicht geschätzte „Küchenhilfe".
- Mangels partnerschaftlicher Unterstützung ist Hausarbeit zwar noch immer Frauensache, 75 Prozent der europäischen Frauen sehen unvermeidliche Tätigkeiten wie Kochen, Bügeln und Putzen aber ausschließlich als lästige Pflichterfüllung an.
- Am stärksten zu erkennen ist diese Tendenz in Deutschland, Frankreich und Großbritannien, da dort der weibliche Anteil der Berufstätigen fast so hoch wie der männliche ist.
- 70 Prozent aller Frauen (Hausfrauen und Berufstätige) sind für den täglichen Einkauf allein zuständig. 72 Prozent sind allein für die Zubereitung der täglichen Mahlzeiten zuständig. 80 Prozent aller Frauen sind für die Reinigung von Toilette und Bad alleine zuständig. Und: 57 Prozent aller Frauen geben an, mit der Mithilfe des Partners im Haushalt „äußerst unzufrieden" zu sein.

Fazit der Aussagen: Europas Frauen sind es leid, die Firma „Familie" unbezahlt und ohne gesellschaftliche Anerkennung zu managen. In der Altersgruppe der unter 40jährigen ist das Bild der traditionellen Hausfrau nahezu nicht mehr existent, nur noch eine (schlecht ausgebildete) Minderheit betrachtet Hausarbeit als erstrebenswertes Lebensziel.
Was nicht verwundert, betrachtet man zum Negativimage

auch die tatsächlichen Lebens- und Arbeitsbedingungen der europäischen Durchschnittshausfrau: So hat das österreichische Frauenministerium errechnet, daß eine Vollzeithausfrau für ihre Dienste an Mann, Kindern und Heim durchschnittlich mindestens 25.000,– Schilling (3.570,– DM) monatlich verdienen müßte (der Betrag errechnet sich aus dem Gehalt einer angestellten Hauswirtschafterin). In der Praxis bekommen Hausfrauen nur das, was ihnen vom Ehemann zugeteilt wird. Das seit Jahren von engagierten Politikerinnen geforderte Hausfrauengehalt hat mittlerweile den Stellenwert eines Running gags erreicht und verbleibt aufgrund leerer Staatskassen auch weiterhin im Status gut gemeinter Utopie.

Die Arbeitsbedingungen von Hausfrauen wurden mittlerweile allerdings schon bis ins Detail demoskopisch entschlüsselt. So erhob eine Studie des österreichischen Familienministeriums, daß Frauen für die Instandhaltung des familiären Ambientes einen exorbitant hohen Zeitaufwand benötigen:

Jährlich werden in einem einzigen Vierpersonenhaushalt 30.000 Quadratmeter Boden geschrubbt und 7.000 Kilogramm Geschirr gewaschen. Im Durchschnitt sieben Stunden täglich nützt eine Familie den unentgeltlichen Room- und Verpflegungsservice jener Frauen, die sich ganztags um Heim und Herd kümmern.

Laut einer Studie der Weltgesundheitsorganisation trägt der unbedankte häusliche Einsatz auch an seelischen Unzukömmlichkeiten Schuld: Ausschließlich im Haushalt tätige Frauen, so ist es in der Studie zitiert, seien aufgrund ihrer hohen Belastungen im Familienalltag und der mangelnden Anerkennung von außen psychischen und physischen Gefährdungen ausgesetzt. Was mitunter zu argen Gesundheitsproblemen führt.

Eine sehr realistisch scheinende Erklärung dafür:

92 Prozent der Männer, die in einer festen Partnerschaft und mit einer nicht berufstätigen Frau leben, beteiligen sich wenig bis kaum an der Hausarbeit. Und dieser Prozentsatz ist so hoch wie weiland in den fünfziger Jahren.

Die Zukunft der Hausfrauen – Hausfrauen mit Zukunft?

Die klassische Hausfrau, also eine Frau, deren Lebensinhalt in der Versorgung der Familie besteht, wird es in zehn Jahren kaum mehr geben. Zumindest nicht in der bekannten Form eines Dienstleistungsmulis, der auf freundliche bis barsche Zurufe brav herantrabt. Nicht die partnerschaftliche Bewußtseinsänderung der Männer ist dafür ausschlaggebend (für Männer sind Hausfrauen nach wie vor die praktischste Erfindung neben dem Feuerstein), sondern das gestiegene Selbstbewußtsein der Frauen: Wer gut ausgebildet ist, einen Beruf erlernt hat und Erfolg nicht als Schimpfwort betrachtet, wird kaum dem Lebensideal einer abhängigen Hausfrau nachhängen. Überholte gesellschaftliche Entwicklungen fallen nie wieder ins Urstadium zurück, das ist eine soziologische Tatsache.

Allerdings wird weltweit eine Rückbesinnung auf überholt geglaubte Werte geortet. Das von Trendforschern genannte Hauptindiz dafür:

In Amerika ist die Zahl jener Frauen, die wieder zu Hause bei den Kindern bleiben wollen, in den letzten zehn Jahre drastisch gestiegen. Die Mehrzahl der weißen, gut ausgebildeten Amerikanerinnen äußert Umfragen zufolge den Wunsch, zumindest ein paar Jahre lang zur Gänze daheim bei der Familie bleiben zu wollen. Der eigentliche Grund dafür ist freilich nicht die Sehnsucht der Frauen nach Abhängigkeit und einem starken Ernährer, sondern es sind zermürbende Alltäglichkeiten, denen berufstätige Mütter ausgesetzt sind: etwa mangelnde Kinderbetreuungseinrichtungen, ein unflexibles Arbeitszeitsystem und das nach wie vor schlechte Gewissen, das kontinentübergreifend von allen Seiten intravenös verabreicht wird (schon wieder verabsäumt, das Turnzeug zu waschen? Den für Dienstag, 14.40 Uhr angesetzten Termin bei der Lehrerin mit dem fadenscheinigen Argument verschoben, aus dem Büro nicht weg zu können? Bedenklich, bedenklich!).

Die Hindernisse, oder sollte man sagen: Prügel, die Frauen vor die Füße geworfen werden, sind um nichts kleiner als vor zwanzig Jahren. Da das weibliche Selbstbewußtsein enorm gestiegen ist, agieren Frauen allerdings routinierter im Beiseiteschaffen aufgetürmter Widerstände. Und darin ist auch der große Irrtum begründet, der besagt, daß es heutzutage im Grunde ein Klacks sei, Familie und Beruf zu vereinbaren: Nicht die Bedingungen sind für berufstätige Mütter heute besser als vor zwanzig Jahren. Waschmaschinen, Trockenautomaten und Geschirrspüler gab es damals schließlich auch. Allein die Routine der Frauen, mit schlechten Bedingungen fertig zu werden, ist größer geworden.

All diese Tatsachen tragen dazu bei, daß Medien immer häufiger eine gewisse „Karriere-Übersättigung" bei Frauen propagieren. Die Frauen, so wird argumentiert, wenn männlichen Politikern die Argumente gegen die Errichtung eines flächendeckenden Kinderbetreuungsnetzes ausgehen, seien „karriemüde". Und tatsächlich ist es so, daß der Rückzug aus der Emanzipation in den häuslichen Bereich von Frauen gelegentlich wieder als das „kleinere Übel" gesehen wird. Statt täglicher Hetze zwischen Arbeitsplatz, Kindergarten und Supermarkt lieber ein bißchen Unterordnung samt angenehmen Begleiterscheinungen wie freie Tageseinteilung, Zeit für die Kinder, für die Partnerschaft und für sich selbst.

Ein Phänomen ist diese Erscheinung freilich noch lange nicht, auch wenn Engpässe auf dem Arbeitsmarkt, fehlende Kindergartenplätze und wenig partnerschaftliches Agieren der Männer geradezu prädestiniert dafür sind, Frauen aus dem Erwerbsleben wieder hinauszudrängen. Motto: Wenn du mit dem, was du dir freiwillig aufgebürdet hast, nicht zu Rande kommst, dann beschränke dich eben auf das Wesentliche – nämlich die Aufzucht und Hege deiner Brut.

Diejenigen, die das angenehme Leben zu Hause, gut getarnt hinter zweifelhaften soziologischen Erhebungen und Umfragen, propagieren (interessanterweise sind es nie Frauen, sondern immer männliche Politiker, männliche Trendforscher, männliche Soziologen), haben allerdings die Rechnung ohne zugehörige Wirtinnen gemacht. Die sind immer weniger dazu bereit, sich mit Trinkgeld für Rund-um-die-Uhr-Service abspeisen zu lassen. Zumindest nicht ein Leben lang.

Vom richtigen Zeitpunkt, Hausfrau zu sein

„Mann" kann es noch so schönreden: Hausfrau zu sein ist ein unbezahlter Job ohne Zukunftsperspektive, bei dem diejenige, die ihn ausübt, auf Gedeih und Verderb ihrem Arbeitgeber ausgeliefert ist. Jegliche Verklärung der erfüllten Hausfrau, die im Kreise ihrer Lieben nach Herzenslust schalten und walten darf, ist nur Oberflächenkosmetik, die das wahre Problem – nämlich die wirtschaftliche Abhängigkeit – mit einer Make-up-Schicht zu übertünchen versucht.
Fragt man Hausfrauen aus der Generation der 50- bis 60jährigen nach ihrer Einstellung zum „Hausfrausein", erhält man etwa folgende Antworten:

„Ich denke, daß ich die Früchte dafür, daß ich meine Zeit und Energie ausschließlich in die Familie gesteckt habe, niemals ernten kann. Ich bewundere meine Tochter, die zwei Kinder hat und trotzdem wieder begonnen hat, als Sekretärin in ihrer alten Firma zu arbeiten. Sie hat mir gesagt, daß sie mir zwar sehr dankbar dafür ist, daß ich wegen ihr praktisch auf den Beruf verzichtet habe, aber daß sie heute bestimmt um nichts weniger glücklich wäre, hätte ich es nicht getan. Ich finde, sie hat recht. Hätte ich noch einmal die Wahl, würde ich mein eigenes Leben wichtiger nehmen. Für meine Enkelkinder bin ich jedenfalls nicht mehr so grenzenlos verfügbar, wie ich es für meine eigenen Kinder war. Ich beginne erst jetzt, mich gegen die Bedürfnisse der Familie abzugrenzen, und springe nicht automatisch, wenn ich zum Beispiel als Oma gebraucht werde. Nicht, daß Sie mich falsch verstehen: Aber es bereitet mir einfach Vergnügen, nicht immer abrufbereit zu sein, wenn es erwartet wird. Vielleicht weil ich immer auf Abruf bereit stand." *(Verheiratete Hausfrau, 53, die ihren Beruf als Verkäuferin nach dem ersten Kind aufgab.)*

„Die Familie war immer mein Lebensinhalt. Ich habe vier Kinder großgezogen, meinen Mann beruflich unterstützt und ihm beim Aufbau unserer Betriebes geholfen. Jahrelang habe ich nebenbei die Buchhaltung, die Steuer, den ganzen Bürokram erledigt. Gegen nette Worte versteht sich, nicht gegen

Geld. Später haben wir jemanden eingestellt, der das machte, mein Mann wollte nicht, daß die Familie leidet. Ich habe mich also ausschließlich den Kindern gewidmet, war Chauffeur, Köchin, Lehrerin, Spielgefährtin, alles in einem. Mein Mann hat irgendwann mit einer Angestellten unserer Firma ein Verhältnis begonnen. Ich bin total danebengestanden, ich wußte nicht mehr, was in der Firma eigentlich läuft, ich wußte nicht, warum mein Mann das tut, ich wußte gar nichts mehr. Ich wollte mich scheiden lassen, mein Mann war dagegen, drohte, mich finanziell auszuhungern. Wir sind immer noch verheiratet, das Verhältnis ist beendet, dafür sind andere nachgefolgt. Die Kinder sind jetzt, bis auf den 20jährigen, aus dem Haus, ich habe eine Bedienerin, die alle schweren Haushaltsarbeiten erledigt und bin dadurch auch zeitlich völlig un gebunden. Daß ich das Leben jetzt genieße, kann ich nicht unbedingt behaupten. Ich habe keine Funktion, von der ich sagen könnte, daß sie wirklich sinnvoll ist." *(Verheiratete Hausfrau, 59, die wegen Depressionen in ärztlicher Behandlung ist.)*

„Für mich war es immer ganz normal, Hausfrau zu sein. Mein Mann hat immer gut verdient, ich hatte es so gesehen nie nötig, berufstätig zu sein. Ich habe es genossen, zu Hause bei den Kindern zu sein, zu Mittag mit dem Essen auf sie zu warten, ihr Leben zu teilen. Wäre ich berufstätig gewesen, hätte meine Ehe vermutlich auch nicht so gut funktioniert. Mein Mann war immer stolz darauf, eine Frau zu haben, die zu Hause ist. Dem üblichen Begriff der Hausfrau, die sich nur für den Haushalt und Kinder interessiert, habe ich nämlich nie entsprochen. Ich habe mich immer sehr gepflegt, war gut gekleidet, auch wenn ich nur die Kinder von der Schule abgeholt habe. Ich bin zur Kosmetik, zum Friseur, zur Maniküre gegangen, ich war tipptopp. Heute lebe ich mit meinem Mann alleine in unserem Reihenhaus am Stadtrand und freue mich, daß ich als Großmutter gefragt bin. Ja, ich springe immer gerne ein. Ausgenützt habe ich mich nie gefühlt, weil ich mir von seiten der Familie immer anerkannt vorgekommen bin. Allerdings bewundere ich die jungen Frauen, die Beruf und Kinder unter einen Hut bekommen. Ich denke, sie sind viel dynamischer, als wir es damals waren. Und sie haben natürlich andere Männer. So stolz, wie mein Mann früher war, daß ich nicht berufstätig zu sein brauchte, so stolz ist mein Schwiegersohn auf meine Tochter, weil sie als Zahnärztin berufstätig ist. Trotz Kindern, natürlich. Heute wird es nicht mehr als Privileg gesehen, zu Hause bleiben zu können, sondern eher als Übergangslösung." *(Verheiratete Hausfrau, 58, niemals berufstätig.)*

Der traditionelle Begriff der Hausfrau wird sogar von den traditionellen Hausfrauen als nicht mehr zeitgemäß definiert. Und die Bezeichnung „Hausfrau" wird in Zukunft durch den Begriff der „Hausfrau auf Zeit" abgelöst werden. Die Metapher, daß es für alles im Leben den richtigen Zeitpunkt gibt, hat in diesem Fall absolute Gültigkeit.

Der richtige Zeitpunkt, um ein paar Jahre der Familie zu widmen, kann etwa sein, wenn die Kinder noch klein sind.

Er kann sein, wenn das erste Kind in die Schule kommt, wenn die Kinder in der Pubertät stecken, auch wenn die Kinder aus dem Hause sind, um endlich einmal wieder durchatmen zu können. Die meisten Frauen haben von jeher ein untrügliches Situationsgespür, das heißt, sie wissen besser als jeder Kinderpsychologe oder Pädagoge, zu welcher Zeit sie ihre Kinder am nötigsten brauchen. Zwar ist erwiesen, daß die ersten Jahre im Leben eines Kindes prägend sind, doch ist nicht erwiesen, daß das Kind davon profitiert, wenn ausschließlich die Mutter mit ihm auf dem Teppich herumrutscht und Brumm-Brumm-Autobahn spielt. Zwar ist erwiesen, daß Kinder vitaminreiche Mahlzeiten brauchen, doch es ist nicht erwiesen, daß sie weniger wirken, wenn die Großmutter, die Nachbarin, ein Au-pair-Mädchen oder gar der Vater sie zubereitet.

Die ersten Jahre zu Hause beim Kind zu bleiben, nur weil es üblich ist oder Sigmund Freud irgendwann die längst überholte These kundtat, daß Kinder (und vorzugsweise Knaben) sonst zur seelischen Verwahrlosung neigen, ist widersinnig.

Ich selbst habe etwa die Erfahrung gemacht, daß mich meine

Kinder im Schuleintrittsalter und während der Volksschulzeit viel eher brauchten als mit zwei oder drei Jahren. Ich persönlich vertrete auch die These, daß Kinder um so mehr die physische Präsenz der Mutter einfordern, je älter sie werden. Aus vielen Gesprächen mit anderen Müttern weiß ich, daß es ihnen ebenso ergeht. Zahnarzt-, Augenarzt-, Orthopädenbesuche, Fußballspiele, Ballettaufführungen, Schulchorpräsentationen, Weihnachtsmarkt- und Kinobesuch, das Aussuchen eines ganz bestimmten Basketballdresses (den nur ein einziges Geschäft an der Pheripherie vorrätig hat) oder der vier Wochen lang währende Stadtmarathon, der dem Erwerb eines ausgesucht schlichten und doch herzeigbaren Kommunionskleides dient (für den Erwerb von Kerze, Tropfenfänger, Schuhen, Beutel, Jäckchen und Haarschmuck sollte noch einmal der gleiche Zeitraum veranschlagt werden) – bei all dem und Hunderten anderen Dingen mehr ist eine Mutter tatsächlich unersetzlich. Beim stündlichen Windelwechseln ist sie es ebensowenig wie beim Füttern oder Heia-heia-in-den-Schlaf-Wippen.
Eine mir bekannte Mutter dreier Söhne, Ehefrau eines Hoteliers und durchgehend (auch jeweils nach den Geburten) im Familienbetrieb tätig, zog sich etwa ins Privatleben zurück, als der erste Sohn ins Gymnasium kam. „Die Kinder brauchen mich jetzt verstärkt, und ich möchte die wichtigsten Jahre mit ihnen nicht verpassen", ist ihr Argument. Sie will sich die nächsten drei Jahre ausschließlich der Familie widmen, ihren Part im Betrieb übernimmt eine Angestellte.
Eine andere Bekannte, Etatdirektorin einer Werbeagentur, beruflich sehr erfolgreich, aber auch sehr gefordert, zog sich mit dem Schuleintritt ihres Sohnes für zwei Jahre ins Privatleben zurück. Zwar hält sie als Konsulentin weiterhin Kontakt mit der Firma, für allfällige Gespräche steht sie aber ausschließlich in den Vormittagsstunden, wenn der Junior in der Schule weilt, zur Verfügung.

Arbeitspsychologen haben errechnet, daß folgende Zeitpunkte optimal für „Familienpausen" genützt werden können:

- Wenn die berufliche Laufbahn schon gefestigt ist, man sich also beruflich etabliert hat, ist jeder Zeitpunkt möglich. Nach der Geburt eines Kindes sollte man allerdings nicht länger als ein Jahr völlig berufsabstinent leben, das heißt nach einem Jahr den Kontakt zur Firma wieder aufnehmen, selbst wenn man noch zu Hause bleiben möchte. Will man sich für ein paar Jahre ausklinken, wenn die Kinder schon größer sind, empfiehlt es sich auf jeden Fall, losen Kontakt zum Unternehmen (oder zur Branche im allgemeinen) zu halten. Freiberufliche Tätigkeiten für das Unternehmen, z. B. von zu Hause aus, sind optimal, um der Firma Interesse zu signalisieren, selbst „am Ball" zu bleiben und nach Bedarf beruflich wieder einsteigen zu können.

- Wenn die berufliche Laufbahn erst am Beginn steht, raten Arbeitsmarktexperten, nicht länger als maximal drei Jahre ganz zu Hause zu bleiben. Erfahrungsgemäß wird der Wiedereinstieg nach einer Zeitspanne, die diese Grenze überschreitet, doppelt schwer. Viele Frauen bleiben also notgedrungen noch länger zu Hause, finden deshalb noch schwerer eine Wiedereinstiegsmöglichkeit – und eröffnen einen Kreislauf, der nur durch Kreativität (neue Branchen, neue Berufsperspektiven) unterbrochen werden kann.

Die folgenden Interviews führte ich mit „Hausfrauen auf Zeit", also Müttern, die der Familie zuliebe eine Berufspause eingelegt haben. Sie schildern hier ihre Beweggründe für den phasenweisen Rückzug ins Private, nennen ihre Wünsche an die Zukunft. Und erzählen, wie es ihnen zu Hause zwischen Kindern und Kochtopf (und gelegentlich auch Computer) so geht bzw. ergangen ist:

„Ich bin gelernte Friseurin und habe nach der Geburt meines ersten Sohnes aufgehört zu arbeiten. Nach zwei Jahren kam das zweite Kind, nun bin ich insgesamt schon vier Jahre zu Hause. Wir können uns das leisten, mein Mann verdient nicht schlecht. Viele meiner Freundinnen können nicht zu Hause bleiben, obwohl sie es möchten. Da müssen zwei Gehälter her, um die Wohnung und den laufenden Kredit bezahlen zu können. Ich bin im Grunde gerne zu Hause bei den

Kindern, auch wenn mir der Kontakt zu anderen Menschen zeitweise doch abgeht. Man pendelt halt zwischen Wohnung, Spielplatz und Supermarkt. Im Sommer ist es besser, da können wir raus. Im Winter werde ich zeitweise verrückt, mit zwei schreienden Kleinkindern in der Wohnung. Mein Mann unterstützt mich nicht besonders, er arbeitet körperlich schwer und ist hundemüde, wenn er heimkommt. Ich versuche dann, die Kinder möglichst ruhigzustellen, am liebsten ist es mir, wenn sie schon im Bett sind. Das ist ihm aber auch nicht recht, weil er sie noch sehen will. Na ja, als Frau zu Hause ist man eben für alles zuständig. Man will es allen recht machen. Zeitweise komme ich mir schon vor wie ein Mathematiker. Ich rechne mir zum Beispiel aus, er kommt heute um acht Uhr nach Hause, da muß ich die Kinder schon um ein Uhr mittags hinlegen. Dann wachen sie nämlich um halb drei wieder auf, und es geht sich ziemlich genau aus, daß sie um acht wieder müde sind. Wenn ich Pech habe, schlafen sie aber bis um halb zehn nicht ein, weil sie so überdreht sind. Das ist richtige Tüftelarbeit, und ein einziger Telefonanruf zu Hause kann das ganze System zerstören. Wenn es klingelt, wacht einer auf, dann wacht der zweite auf – und aus. Dann kann ich die Abendplanung vergessen. Gemütliches Zusammensitzen mit meinem Mann kommt selten vor. Wenn die Kinder endlich im Bett sind, würde ich mich auch am liebsten hinlegen. Früher war ich unternehmungslustiger, aktiver, hatte auch mehr Energie, um nebenbei Sachen zu machen. Ich habe zum Beispiel sehr schöne Handarbeiten gestickt. Dazu fehlt mir jetzt die Lust. Wenn ich einen Wunsch frei hätte, würde ich eine Woche lang nur schlafen wollen. Mich irgendwohin zurückziehen und nur für mich etwas tun. Ruhig im Bett liegen würde mir schon genügen. Nicht sehr anspruchsvoll, oder?

Eines weiß ich sicher: Daß ich mir das nicht mein ganzes Leben lang antun werde. Als Hausfrau hast du es einerseits gut, weil du dir deinen Tag einteilen kannst. Auf der anderen Seite mußt du ohnehin total auf die Bedürfnisse der Kinder Rücksicht nehmen. Nächstes Jahr ist der Kleine drei, da kommt er in den Kindergarten. Ich werde dann wieder halbtags arbeiten, mit meiner ehemaligen Chefin hab' ich schon gesprochen. Die nimmt mich mit Handkuß, wie sie sagt. Ehrlich gesagt, freu' ich mich schon darauf, wieder einmal rauszukommen." *(In Karenz befindliche Mutter, 28, zwei Kinder.)*

„Ich bin jetzt seit einem Jahr bei meinem Kind zu Hause, vorher habe ich in einer Bank gearbeitet. Ich genieße es sehr, beim Baby zu sein, nebenbei arbeiten zu gehen, kann ich mir nicht vorstellen. Eine Freundin von mir betreibt einen Fußpflegesalon, die hat vor sechs Monaten ein Kind bekommen, und jetzt ist es den ganzen Tag bei ihr im Geschäft. Liegt im Wagerl, und eine Angestellte fährt dreimal pro Tag mit ihm um den Häuserblock. Natürlich geht das auch irgendwie, aber meine Freundin ist schon ziemlich genervt. Allein das Zusammenpacken in der Früh ist mühsam. Obwohl sie den Laden jetzt extra erst um zehn Uhr aufsperrt. Ich denke schon, daß mich meine Freundin darum beneidet, daß ich zu Hause sein kann. Auf der anderen Seite ist sie natürlich unabhängig und braucht niemandem Rechenschaft zu geben. Sie ist alleinstehend, hat das Kind auch mehr aus egoistischen Gründen bekommen. Weil sie halt unbedingt auch eines wollte. Aber sie ist eine sehr selbständige Person, die mir in gewisser Weise zeigt, wie es auch anders funktionieren kann. Meine Tagesabläufe sind natürlich ziemlich monoton: Füttern, Wikkeln, Spazierengehen, Einkaufen, Kochen, Haushalt machen. Am nächsten Tag alles wieder von vorne. Die Kolleginnen von früher schauen auch nicht mehr so oft wie am Anfang vorbei. Zuerst kamen alle Baby schauen, jetzt ist es für sie nichts Besonderes mehr. Ich bin halt eine Mutter in Karenz. Trotzdem ist es mir so lieber, als durch einen Beruf auch noch doppelt belastet zu sein. Und so wahnsinnig abwechslungsreich ist der Alltag in einer Bank ja auch nicht. Nur der Kontakt zu den Kunden fehlt mir, die Anerkennung natürlich auch. Optisch hab' ich mich schon verändert, seit das Kind da ist. Zehn Kilo müssen noch weg, damit ich die alte Figur wieder habe. Und statt gepflegter Kleidung trage ich natürlich bequeme Sachen. Oder soll ich die Kleine im Jil-Sander-Kostüm füttern? Ich möchte so lange zu Hause bleiben, bis die Kleine in den Kindergarten kommt. Also noch zirka zwei Jahre. Dann will ich unbedingt wieder etwas machen, aber nicht zwingend in meinem alten Beruf. Mein Mann und ich überlegen uns, uns selbständig zu machen, das ist aber im Moment noch alles illusorisch. Ein Leben als Nur-Hausfrau kann ich mir nicht vorstellen, das wäre mir zu wenig. Dafür hab' ich erstens keine Ausbildung gemacht, und zweitens stört es mich, kein eigenes Geld zu verdienen. Das ist natürlich ein Riesenvorteil, wenn man über sein eigenes Geld verfügen kann. Meine Freundin kauft für ihr Kind die irrsten Sachen, ohne daß es jemanden stört. Ich bin meinem Mann natürlich schon Rechenschaft schuldig, und er sieht es auch nicht gern, wenn ich für die Kleine zu viel kaufe. Ginge es nach ihm, müßten wir nur sparen, sparen, sparen. Das eigene Geld ist also sicher ein Hauptanreiz für mich, wieder berufstätig zu werden. Mich würde es verrückt machen, immer nur das Geld anderer Leute ausgeben zu können und ständig Erklärungsbedarf zu haben. Nein, mit mir nicht." *(Bankkauffrau, 31, in Karenz.)*

„Ich bin jetzt seit einem halben Jahr zu Hause bei meinen Kindern und muß sagen: Es tut mir unheimlich gut. Der Grund für den beruflichen Ausstieg ist meine neuerliche Schwangerschaft. Ich bin zwar erst im vierten Monat, habe aber beschlossen, das neue Baby zum Anlaß für eine richtig ausgiebige Familienpause zu nehmen. Ich bin in einem Buchverlag für die PR zuständig, leitete in den letzten Jahren die Abteilung. Meinen Posten hab' ich an meine Stellvertreterin weitergegeben, die auch in meinem Sinn weiterarbeitet. Ich unterstütze sie von zu Hause aus ein wenig, mache auf freiberuflicher Basis auch bestimmte PR-Aktionen für einige Autoren. Das ist von zu Hause aus kein Problem, ich habe Computer und Fax-Anschluß und bin bei Bedarf immer erreichbar. Diese kleine berufliche Nische ist mir sehr wichtig, auch wenn im Moment die Familie Vorrang hat. Ich möchte auf jeden Fall zu Hause bleiben, bis das jüngste Kind in den Kindergarten kommt. Die beiden Größeren gehen ja schon in die Volksschule. Die freuen sich übrigens wahnsinnig, endlich ei-

ne Mutter zu haben, die zu Mittag da ist, wenn sie von der Schule kommen. Ich denke, daß Kinder solche Situationen doch sehr genießen, auch wenn man als berufstätige Frau immer versucht, das irgendwie abzustreiten. Finanziell muß die ganze Familie durch meinen Ausstieg natürlich etwas kürzertreten. Ich hab' nicht übel verdient, jetzt bekomme ich einen Bruchteil davon. Wir haben eine schöne, große Eigentumswohnung mit Gartenbenützung, da laufen natürlich auch Kredite. Mein Mann arbeitet in der Computerbranche, da waren die Zeiten auch schon rosiger. Der Konkurrenzkampf ist mörderisch. Er ist natürlich jetzt der Familienernährer, das ist für mich eigentlich das Schwierigste an der ganzen Situation. Ich habe direkt ein schlechtes Gewissen, wenn er am Morgen zur Arbeit fährt und ich räume in der Küche gemütlich das Geschirr weg. Vermutlich hat sich daraus meine neue Haushaltsakribie entwickelt, ich bin zur richtigen Hausfrau geworden, die backt, kocht, grillt, was weiß ich alles für Rezepte ausprobiert. Na ja, man hat eben verschiedene Phasen im Leben. Derzeit macht mir das Hausfrausein noch großen Spaß, wie es in ein, zwei Jahren ausschaut, weiß ich nicht. Früher bin ich vor fünf am Nachmittag nie nach Hause gekommen, jetzt sitze ich mit meinen Kindern um fünf beim Aufgabemachen, oder wir sehen uns was im Fernsehen an. Die Kleinen genießen es auch sehr, daß sie nicht mehr in den Hort müssen. Da waren sie immer bis halb fünf.
Ich denke, daß sich jede beruflich engagierte Frau unbedingt ein paar Jahre Familienpause gönnen sollte. Das öffnet neue Perspektiven, und man nimmt andere Dinge wichtig. Ich glaube, daß die Zeit mit den Kindern das fehlende zusätzliche Einkommen und die Anerkennung von außen aufwiegt. Optimal wäre eigentlich ein Lebensentwurf, bei dem man fünf Jahre lang arbeitet, fünf Jahre lang bei der Familie sein kann und dann wieder arbeitet. Vielleicht schnitze ich mir jetzt so ein Modell zurecht. Man muß als Frau Ideen haben." *(Berufsaussteigerin und Mutter zweier Kinder, 34, die ihre Karenzzeiten bisher nicht in Anspruch genommen hat.)*

„Wenn mir vor fünf Jahren jemand gesagt hätte, daß ich einmal zu Hause beim Kind bleiben würde, hätte ich ihn für verrückt erklärt. Ich arbeite als Bereichsmanagerin bei einem Kosmetikkonzern und bin an und für sich ein erfolgsorientierter Mensch. Bei mir muß alles zack, zack gehen. Familie, Kinder und alles, was damit zusammenhängt, kannte ich nur vom Hörensagen. Ich selbst wollte mir damit immer bis Mitte Dreißig Zeit lassen. Na gut, jetzt bin ich Anfang Dreißig und habe eine Familie. Mein Mann hat einen Sohn aus erster Ehe, der ist 14. Er lebt bei uns, was am Anfang nicht ganz einfach war. Ich bin derzeit im achten Monat schwanger. Seit einem Monat bin ich im sogenannten Mutterschutz zu Hause, sechs Monate lang werde ich beim Kind bleiben. Länger wohl nicht, weil ich erstens einen verantwortungsvollen Job habe und zweitens der Meinung bin, daß ein Kind nicht ständig seine Mutter braucht. Meine Mutter und meine Schwiegermutter werden abwechselnd das Baby betreuen, zusätzlich möchte ich stundenweise ein Kindermädchen beschäftigen. Ich denke, daß dieses System gut funktionieren wird. Die ersten Jahre werde ich beruflich ein bißchen leisertreten, also versuchen, früher nach Hause zu kommen, mir Arbeit mit nach Hause zu nehmen. Ich habe einige Bekannte, bei denen das sehr gut funktioniert. Die können sich nicht vorstellen, nur zu Hause zu sein. Und ich bin da ehrlich gesagt auch nicht der Typ dafür. Die letzten vier Wochen waren für mich ausgefüllt mit Babyvorbereitungen, die nächsten Wochen hab' ich auch noch allerhand zu erledigen. Gut, und dann kommt das Kind. Ich denke, das wird schon ein Riesenstreß. Es ist also gut, daß ich mich um nichts anderes als um das Baby und um mich zu kümmern habe. Der Haushalt interessiert mich ehrlich gesagt weniger, ich bin keine, die gerne kocht. Und mein Mann legt da auch keinen großen Wert darauf. Er hat mich so kennengelernt, wie ich bin, und so hab' ich ihm gefallen. Also werd' ich mich auch nicht ändern. Familie zu haben, kann etwas Wunderbares sein, solange man seine eigenen Bedürfnisse nicht aus den Augen verliert. Ich sehe mich als berufstätige Mutter, die wegen ihres Kindes aber nicht auf das, was ihr wichtig ist, verzichten wird." *(Werdende Mutter, 32.)*

„Ich war zwei Jahre lang den Kindern zuliebe ganz zu Hause. Die Größere war drei, als der Kleine geboren wurde. Beim ersten Kind nahm ich nur zwei Monate Karenzzeit in Anspruch, dann ging ich wieder in die Redaktion. Ich bin Journalistin bei einer Tageszeitung und habe mich wohl auch irgendwie für unabkömmlich gehalten. Das Gefühl wurde mir auch ein bißchen von meinem Chef vermittelt, und es hat mich natürlich geehrt. Im ersten Jahr mit dem Baby zu Hause ging es rund: Morgens um neun raste ich in die Redaktion, zu Mittag habe ich versucht heimzukommen, meistens war die Zeit dazu aber zu knapp. So gegen halb fünf bin ich wieder nach Hause gekommen, hab' dann meistens noch telefoniert und irgendeine Geschichte vorbereitet. In diesem Job schaltet man nie ganz ab, man arbeitet zumindest geistig fast immer auf Hochtouren. Das Baby ist tagsüber von einer Kinderfrau betreut worden, einer netten Pensionistin, die selbst vier Kinder hat. Sie hat auch im Haushalt geholfen, Wäsche gewaschen, gebügelt und so, aber es ist immer noch genügend übriggeblieben für mich. Mein Lebensgefährte ist auch Journalist, die Hilfe von seiner Seite war sehr beschränkt. Kind schaukeln ja, Küche putzen nein – so nach der Devise ist das bei ihm gelaufen. Ich habe mich zwischen Job und Familie schon sehr aufgerieben. Beim nächsten Kind blieb ich dann zu Hause. Vermutlich auch aus Erschöpfung. Ich glaube, daß diese Erschöpfung für mich überhaupt der Auslöser war, wieder ein Kind zu bekommen. Ich hab' mir wohl irgendwie Ruhe gewünscht. Als das zweite Kind dann da war, fühlte ich mich richtig glücklich. Ich war eine entspannte, zufriedene Mutter, nichts konnte mich aufregen. Die zwei Jahre zu Hause haben mir unheimlich gutgetan, besonders die Größere hat meiner Meinung nach sehr davon profitiert. Wir haben sehr viel unternommen in dieser Zeit, Kasperltheater, Nikolausfeste, Geburtstagskinderjausen, lauter Sachen, die auch ihre Wichtigkeit haben, die man aber als berufstätige Mutter nicht so wahrnehmen kann. Mir hätte das alles ehrlich gesagt auch noch ein paar Jahre länger Spaß gemacht. Der Grund, warum ich wieder zu arbeiten begonnen haben, war das Angebot einer anderen Zeitung. Ein gutes Angebot, das ich nicht ausschlagen wollte. Jetzt bin ich wieder voll in der Tretmühle, die Kinder haben ein Au-pair-Mädchen, und alles läuft seinen gewohnten Gang. Manchmal besser, manchmal schlechter organisiert. Manchmal ist abends nichts eingekauft, weil es alle im Tageschaos irgendwie vergessen haben. Bis jetzt haben's aber alle Familienmitglieder überlebt. Schlechtes Gewissen hab' ich keines, weil die Beziehung zu meinen Kindern sehr gefestigt ist. Ich hätte nur manchmal gerne mehr Zeit für mich selbst. Eine Tennisstunde ab und zu wäre fein, oder hin und wieder ein paar Tage Urlaub ohne Kinder. Das mach' ich dann aber doch nie, weil mir um die Zeit leid ist. Daß mich die Anerkennung von außen glücklich macht, gebe ich gerne zu. Ich arbeite nicht nur wegen des Geldes. Journalismus hat ja auch sehr viel mit Egopflege zu tun, ich kenne keinen Journalisten, der nicht eitel ist. Aber ich bekenne mich wenigstens dazu und sage, das und das ist mir wichtig. Meine Familie ist mir auch wichtig, aber sie muß mir den nötigen Raum lassen für andere Bereiche." *(Redakteurin, 33, zweifache Mutter und berufstätig.)*

Muttertag ist Familientag

Sonntag, 12. Mai. Heute ist Muttertag, was nicht zu überhören ist. Eine Etage tiefer wird mit Bestecken geklirrt, das kleinere Kind wird vom größeren Kind mit Zuckerbrot und Peitsche durch die Küche dirigiert. „Bist du wahnsinnig, wie schneidest du das Brot ab?" keift das große Kind. „Wie soll ich denn sonst . . .", schreit das kleine hysterisch. „Gib her, und sei leise", kreischt das große, und der Person, die im Bett ihrer Würdigung harrt, bleibt nichts als die Hoffnung auf genügend Hansaplast im Haus.

Nun wispern sie miteinander, ein merkliches Zeichen der Solidarität. In solchen Momenten mögen sie einander, jeweils drei bis fünf Sekunden lang.

Jetzt schlafend stellen, sie kommen. Trapp, trapp, vier bloße Füße nähern sich der Bettstatt. „Die schlafen noch", piepst das kleine Kind enttäuscht. „Nein, du Depp, die tun nur so", mutmaßt das große.

Zeit für Action. Strecken, recken, Augen öffnen. „Alles Gute zum Muttertag", brüllen das kleinere und das größere Kind gemeinsam.

Man lächelt gütig. Auf einem Tablett ist allerhand aufgetürmt, was man sonst um diese Uhrzeit nicht zwingend begehrt. Fruchtsalat aus der Dose, zu Gesichtern aufgelegte Wurstscheiben, Scheiblettenkäse mit aufgemalten Marmeladeherzen. Hm, lecker. Auch die bräunliche Flüssigkeit in der Filterkanne macht einen interessanten Eindruck. Kaffee, Tee, Cola, Magenbitter? Gleich wird man es wissen. „Koste", befiehlt das freudig erregte kleine Kind, „der Dillo hat zuviel Wasser reingetan", sagt das große unbarmherzig. „Nicht streiten, daß heute ja nicht gestritten wird", nuschelt ein in unmittelbarer Nähe Liegender in die Kissen. „Heute ist nämlich Muttertag."

Lieb, daß er es auch bemerkt hat.

Man kostet das Bräunliche und gibt sich entzückt. „Magst du nicht essen?" säuselt das kleine Kind, und das große zerrt ein verknittertes Etwas unterm Pullover hervor. Das Päckchen ist nur außen verknittert, drinnen ist eine CD. Man ist gerührt. Der arme Wicht hat sein ganzes Taschengeld ... na gut, man wird sich revanchieren. Das kleine Kind hat Holzblumen gebastelt, die in Korkenziehern stecken. Der Kissenhaufen nebenan lallt undeutlich etwas von noch einer halben Stunde schlafen. Dann soll ordentlich gefeiert werden, mit einem ordentlichen Frühstück.

Wer sonntags um halb acht aufsteht, hat mehr vom Muttertag. Man springt also wie ein Reh aus dem Bett. Der unbeeindruckbare Kissenhaufen nebenan scheint nur darauf gewartet zu haben, türmt weitere Bettzeugschichten um seine Person und schwillt zum Daunengebirge an. Unmöglich, das zu bezwingen.

Später wandert man durch die Weinberge. Mangels familieneigener Großmütter, die aus Altersheimen gezerrt und an die frische Gastgartenluft gesetzt werden könnten, betrachtet man die Omas der anderen. Man denkt darüber nach, ob man auch einmal in einem Lokal sitzen wird, mit seinen Kindern vis-à-vis, die merkwürdiges Zeug von sich geben. „Na, was hat der Arzt jetzt genau gesagt, Mama? Ja, wir fahren wieder nach Griechenland, Mama. Nein, nein, die Hitze macht den Kindern nichts, na, für dich wär' das nichts mehr, was, Mama!?" Lauter alte Mütter, die sich für einen Tag wieder wichtig genommen fühlen dürfen. Lauter bemühte Kinder, die das Muttertagsprogramm so routiniert herunterspulen wie sonst ihre Bilanzberichte oder Werbepräsentationen.

Man beschließt, sollte man je in eine ähnliche Situation kommen, die eigenen Kinder zu fragen, ob sie noch bei Trost seien und was der Zirkus überhaupt solle. Man beschließt auch, es später der fortschrittlichen eigenen Mutter und Schwiegermutter gleichzutun. Beide befinden sich auf Urlaub im Ausland und pfeifen auf den Muttertag. Fast könnte man neidisch auf sie werden, zu Recht aber darf man verstimmt sein. Schließlich will man als Tochter doch irgend jemanden greifbar haben, den man feiern kann.

Abends wird mit Freunden gegrillt. Die Ehemänner und Väter sind bemüht bei der Sache. Das Grillgut samt drei Dutzend Beilagen hat man vorsorglich selbst besorgt, schließlich wollen Ehemänner und Väter nicht gerne überfordert werden. Sie benehmen sich dann manchmal unleidlich. Jetzt aber bemühen sie sich sehr und legen großen Wert darauf, daß es die untätig herumsitzenden Weiber ringsum zur Kenntnis nehmen.

Wie lieb sie sich gegenseitig im Weg stehen, wie fröhlich sie die Grillwerkzeuge schwingen. Man erinnert sich, betrachtet man ihr nützliches Tun, an das größere Kind, als es zwei war und ständig „helfen, helfen, helfen" sabberte. Damals erteilte man ihm einfache Aufträge, und es lachte so lieb, wenn man es lobte. Man ist auch jetzt kein Unmensch und zollt reichlich Anerkennung. Die Ehemänner und Väter strahlen fast so lieb wie das größere Kind damals. Auch sonst sind Parallelen erkennbar, denn man registriert erneut die Grenzen der eigenen Geduld – und daß man zum unwirschen Antworten neigt, wenn der allseits beliebte „Wo ist eigentlich . . ."-Satz (das Salz? der Senf? die Küche?) binnen zehn Minuten 30mal vorgetragen wird.

Da man am heutigen Muttertag aber milde gestimmt ist, gibt man darauf extra *nicht* die Antwort: „Dort, wo es (er, sie) immer ist." Man weiß, daß sich der Fragende durch lieblose Feststellungen wie diese sehr alleine fühlen kann. Lieber mag er es, wenn man das Gesuchte bringt.

Nachdem kein Wunsch mehr offen ist, den man nicht erfüllen könnte, prostet man einander zu und trinkt. Der gut gekühlte Weißwein spornt zur Kreativität an. Man setzt der Freundin Flausen in den Kopf, indem man ihr kühn vorschlägt, am nächsten Muttertag doch zu verreisen. Zusammen, aber ohne Ehemänner und Väter. Die Kinder können auch nicht mit. Schule, leider, leider. Der Freundin hat der Alkohol in hohem Maß das Hirn verwirrt. Sie findet die Idee nämlich gut. Beautyfarm? Ein Shopping-Wochenende in Paris? Sightseeing in Rom? Oder man könnte . . . „Spinnst du völlig?" flüstert das größere Kind entgeistert. „Du kannst doch nicht am Muttertag nicht dasein!"

Im Geist entschuldigt man dem Kind die ordinäre Wortwahl. Der Gedanke, sich dem eigenen Ehrentag durch feige Flucht ins Ausland zu entziehen, ist ja wirklich ein wenig obszön. Laut sagt man: „War ja nur so eine Idee." Man denkt, daß man genausogut hierbleiben und sich wieder einmal ordentlich feiern lassen kann. Man denkt, daß man froh ist, eine Familie zu haben, die unglücklich ist, wenn man nicht da ist. Man dankt einer höheren Instanz dafür, es im Grunde so gut getroffen zu haben. Man fühlt sich wohl mit seinen Lieben. Und gelegentliche Spinnereien erhalten die Freundschaft zu ihnen, zumindest auf unserer Seite.

Test: Erkennen Sie Ihren Familientyp

Für den folgenden Test benötigen Sie nur ein paar Minuten, das Ergebnis kann Ihnen aber entscheidende Hinweise auf Ihr ganz persönliches Verhalten innerhalb der Familie geben. Die Fragen wurden auf psychologischer Basis erstellt und ermitteln, ob Sie von Ihrer Persönlichkeit her ein typischer Familienmensch sind oder ob sie ebensogut ohne Familie glücklich werden könnten. In jedem Fall kann Ihnen das Testergebnis als Anregung dienen, Ihre eigene Rolle in der Familie zu überdenken. Und möglicherweise neu (oder anders) zu positionieren.
Der Test wurde vom Wiener Psychologen und Psychotherapeuten Dr. Walter Hoffmann ausgearbeitet, die Interpretationen der Ergebnisse erfolgten in Zusammenarbeit mit ihm.

Testanleitung:
Kreuzen Sie in den nachfolgenden Kästchen die Aussage JA oder NEIN an, und zwar so spontan wie möglich (zu langes Nachdenken macht Sie in diesem Fall eher unobjektiv).

1. Als Kind wurde ich von meinen Eltern in schwierigen Situationen immer unterstützt. JA NEIN
2. Wenn ich etwas wirklich möchte, setze ich normalerweise alles daran, es auch zu erreichen. JA NEIN
3. Ich bin der Meinung, daß Ordnung und Sauberkeit die Grundlagen der Kindererziehung sind. JA NEIN
4. Ich bin ein Mensch, der zur Ruhelosigkeit neigt. JA NEIN
5. Ein Kind sollte immer zur selben Zeit ins Bett, auch dann, wenn es einmal nicht müde ist. JA NEIN
6. Meine Mutter habe ich als äußerst fürsorglich bis überbesorgt in Erinnerung. JA NEIN

7. Es fällt mir eher leicht, mich in andere Menschen einzufühlen. JA NEIN

8. Ich betrachte mich als Mensch, dem Unabhängigkeit im Grunde über alles geht. JA NEIN

9. Ich betrachte es als Selbstverständlichkeit, Kinder, auch wenn Sie noch sehr klein sind, würdevoll zu behandeln. JA NEIN

10. Ich bin der Meinung, ein kleiner Klaps zur rechten Zeit hat noch keinem Kind geschadet. JA NEIN

11. Ich bin ein eher eigensinniger Mensch. JA NEIN

12. Eltern sollten sich bei ihrem Kind entschuldigen, wenn sie es ungerecht behandelt haben. JA NEIN

13. Meine Eltern haben oft miteinander gestritten. JA NEIN

14. Wenn gewisse Dinge nicht nach meinem Kopf gehen, werde ich normalerweise ziemlich ungehalten. JA NEIN

15. Ich lege großen Wert auf gemeinsame Freitzeitgestaltung mit meinem Partner. JA NEIN

16. Erst in einer längeren, vertrauten Beziehung kann ich erotische Situationen richtig genießen. JA NEIN

17. Ich hatte als Kind immer das Gefühl, von meinen Eltern ernst genommen zu werden. JA NEIN

18. Von meinem Partner wünsche ich mir, daß er gleichzeitig auch mein bester Freund ist. JA NEIN

19. Ich bin der Meinung, daß zu einer rundum glücklichen Beziehung unbedingt Kinder gehören. JA NEIN

20. Es fällt mir eher schwer, meine eigenen Wünsche zurückzustellen. JA NEIN

Auswertung

Für jede JA-Antwort erhalten Sie 2 Punkte, für jede NEIN-Antwort 0 Punkte.

Um Ihren persönlichen Familientyp in der Testauflösung erkennen zu können, müssen Sie nun drei Summen bilden. Und zwar:

Für Typ 1 bilden Sie die Summe aus den Fragen 1, 7, 9, 12, 16, 17, 18, 19.

Für Typ 2 bilden Sie die Summe aus den Fragen 3, 5, 6, 10, 11, 13, 14, 15.

Für Typ 3 bilden Sie die Summe aus den Fragen 2, 4, 6, 8, 11, 13, 14, 20.

Und so interpretieren Sie das Ergebnis

Die Kategorie, in der Sie die höchste Punktezahl erreichen, beschreibt am ehesten, welchem Familientyp Sie persönlich entsprechen. Wenn Sie in zwei oder allen drei Bereichen fast gleich hohe Werte erzielen (was aber eher nicht wahrscheinlich ist), vereinen Sie in Ihrer Persönlichkeit zum Teil sehr widersprüchliche Charakterzüge.

Typ 1. Haben Sie die höchste Punktezahl bei Typ 1, dann sind Sie mit hoher Wahrscheinlichkeit ein typischer, eher fortschrittlich denkender Familienmensch.

Schmutzige Hände der Kinder stellen für Sie ebensowenig ein Problem dar wie eine verpatzte Schularbeit oder die zur Abwechslung grün gefärbten Haare Ihres Ältesten. Sie wissen mit den Unzulänglichkeiten im Familienalltag bestens umzugehen, betrachten Dinge, die für andere vielleicht eine kleine Katastrophe darstellen, mit gewissem Humor und sind flexibel genug, sich auch an veränderte Familienverhältnisse (die Sie mit hoher Wahrscheinlichkeit ja auch selbst herbeiführen oder herbeigeführt haben) bestens anzupassen.

Fazit: *Sie entsprechen einem sehr zeitgemäßen, flexiblen Familientyp, bei dem die Familie einen hohen Stellenwert einnimmt, der aber trotzdem keine Anstalten macht, sich seinen Lieben auf Gedeih und Verderb auszuliefern (bzw. sich ihren Wünschen unterzuordnen). Bleibt nur, Ihnen zu gratulieren.*

Typ 2. Haben Sie die höchste Punktezahl bei Typ 2, dann sind Sie mit hoher Wahrscheinlichkeit ein typischer, eher traditionell denkender Familienmensch.
Familie bedeutet für Sie neben Geborgenheit auch Regelmäßigkeit und eine gewisse Ordnung im Leben. Die Familie ist ein fixer Bestandteil Ihres Lebens, oder zumindest würden Sie sich das wünschen (wenn Sie noch keine eigene Familie haben). Im Unterschied zum oben beschriebenen, eher flexiblen Familientyp halten Sie gerne an traditionellen Mustern und Regeln fest. Das kann für Sie persönlich ein optimaler Lebensentwurf sein, setzt aber eine hohe Toleranz bei anderen, etwa dem Partner, voraus.
Fazit: *Die Familie nimmt bei Ihnen einen hohen Stellenwert ein, allerdings sollten Sie überdenken, ob Sie in Zukunft nicht flexibler auf einzelne Situationen reagieren könnten. Vielleicht haben Sie einen zu hohen Perfektionsanspruch, Sie würden sich selbst vermutlich manches erleichtern, wenn Sie die Ansprüche an sich und andere manchmal zurückschrauben.*

Typ 3. Haben Sie die höchste Punktezahl bei Typ 3, dann sind Sie mit hoher Wahrscheinlichkeit nicht zum Familienmenschen geboren.
Sie legen Wert auf Unabhängigkeit und entsprechen vom Persönlichkeitstyp her nicht unbedingt einem ausgeprägten Familienmenschen, der zum Wohle der anderen agiert. Sie könnten sich vermutlich vorstellen, auch ohne Kinder (oder ohne Lebenspartner) glücklich zu werden. Falls Sie Familie haben, laufen Sie nicht Gefahr, Ihre eigenen Interessen hintanzustellen. Ihren Egoismus kann man durchaus als gesund bezeichnen.
Fazit: *Sie sind für andere im Zusammenleben nicht ganz einfach, Sie selbst haben vermutlich aber die wenigsten Probleme damit. Sollten Sie Kinder haben, achten Sie darauf, nicht unbewußt mit ihnen zu rivalisieren.*

Der Karrierereport

Wie Frauen über Karriere, Beruf und Aufstieg denken

Vom schlechten Gewissen berufstätiger Mütter bis zur Einschätzung der eigenen Karriere: Was Frauen über die Themen Karriere und beruflicher Erfolg denken (ausgewertet wurde ein Sample von 10.000 Antworten).

Sind Sie der Meinung, daß Mütter mit kleinen Kindern ruhigen Gewissens berufstätig sein können?

ja	15%
eher ja	26%
eher nein	42%
nein	17%

Insgesamt 59 Prozent, also die Mehrheit der befragten Frauen, sind nicht der Meinung, daß Mütter mit kleinen Kindern (im Kindergartenalter) ruhigen Gewissens berufstätig sein können. Der hohe Prozentsatz ergibt sich auch dadurch, weil das schlechte Gewissen zur Rolle der guten, sorgenden (berufstätigen!) Mutter fast schon dazugehört. So skurril es sein mag, aber: Wer als berufstätige Mutter zumindest ein schlechtes Gewissen hat, wird gesellschaftlich eher akzeptiert als Frauen, die offen zugeben, keines zu haben. (Ich habe im Bekanntenkreis eine sehr engagierte berufstätige Mutter, die sich die Hälfte des Jahres auf Dienstreisen im Ausland befindet und offen bekennt, ihren zwei Kindern gegenüber nicht den Funken eines schlechten Gewissens zu haben. Sie ist durch ihre Ansichten vielen sonst durchaus aufgeschlossenen Menschen äußerst suspekt.)
Naturgemäß neigen Hausfrauen eher zur Ansicht, man könne

mit kleinen Kindern nicht ruhigen Gewissens berufstätig sein, als Berufstätige: Von den befragten Vollzeit-Hausfrauen vertreten über 90 Prozent diese Meinung.

Unter jenen, die auf diese Frage mit „Ja" oder „Eher ja" geantwortet haben (die also der Meinung sind, Mütter mit kleinen Kindern können ruhigen Gewissens berufstätig sein), überwiegen die unter 25jährigen (75 Prozent), die selbst noch keine Kinder haben – sich die Praxis also (noch) genauso rosarot vorstellen wie die Theorie.

Die aktuellen Fakten über Kinder berufstätiger Mütter finden Sie ab Seite 244.

Sind Sie der Meinung, daß eine berufliche Unterbrechung von mehreren Jahren der Karriere schadet?

ja	42%
eher ja	47%
eher nein	9%
nein	2%

Die Zahlen zeigen, daß Frauen die Situation auf dem Arbeitsmarkt äußerst realistisch einschätzen: Insgesamt nur elf Prozent vertreten die Ansicht, daß eine mehrjährige berufliche Unterbrechung der persönlichen Karriere nicht schadet, der überwiegende Teil von 89 Prozent nimmt das sehr wohl an. Und hat damit auch recht: Eine mehrjährige Karenzzeit ohne berufliche Einbußen in Anspruch zu nehmen, ist in wirtschaftlich dominierten Bereichen derzeit noch kaum möglich. Frauen in Führungspositionen verzichten deshalb häufig ganz auf die gesetzlich mögliche Karenzzeit und nehmen nur den vorgeschriebenen Mutterschutz in Anspruch. Insgesamt wird sich diese Tendenz auch künftig verstärken, obwohl weltweit an Sozialprogrammen gearbeitet wird, die Müttern eine bezahlte, möglichst mehrjährige Karenzzeit ermöglichen: Durch die immer bessere Ausbildung der Frauen drängen auch immer mehr Frauen auf den Arbeitsmarkt, und zwar immer öfter in hochqualifizierten Berufen. Die wenigsten sind bereit, das beruflich Erreichte durch eine ausgiebige Babypause wieder zu riskieren. Arbeitsmarktforscher prognostizieren deshalb für die nächsten zehn Jahre zwei beherrschende Karenzmodelle: erstens das Modell, das vor allem jene Frauen leben werden, die die Familie vor die eigene Berufstätigkeit stellen: Sie werden verstärkt dazu übergehen, lange Karenzzeiten in Anspruch zu nehmen, wohl wissend, daß danach kein Traumjob, sondern eben nur irgendein Job zur Verfügung steht. Zweitens das Modell, das verstärkt von der Gruppe der beruflich Hochqualifizierten gelebt wird, die Karenzzeiten künftig noch weniger als bisher in Anspruch nehmen werden.

Wie wichtig ist Ihnen Ihr Beruf?

sehr wichtig	37%
eher wichtig	42%
weniger wichtig	18%
nicht wichtig	3%

Die Zahlen sprechen für sich, denn die Meinung, daß Frauen ja doch nur arbeiten, um nebenbei ein bißchen Geld zu verdienen, ist damit eindeutig widerlegt. Nur verschwindende drei Prozent der Befragten betrachten ihren Beruf als „nicht wichtig".

Als „sehr wichtig" wird der Beruf allerdings nur von 37 Prozent eingestuft, was den Schluß zuläßt, daß die Familie im allgemeinen höchste Priorität genießt. Fazit aus diesen Zahlen: Die Zukunft gehört der berufstätigen Frau, die auf Familienleben nicht verzichten will.

Sind Sie derzeit mit Ihrer beruflichen Position sehr zufrieden?

ja	29%
eher ja	46%
eher nein	18%
nein	7%

Nur insgesamt 25 Prozent der Befragten sind nicht oder eher

nicht zufrieden. Schlüsselt man die Nein-Antworten in Hausfrauen und Berufstätige auf, ergibt sich ein interessantes Bild: Die Mehrzahl der Hausfrauen, nämlich 83 Prozent, gibt an, mit der derzeitigen beruflichen Position (also jener der Hausfrau) nicht oder eher nicht zufrieden zu sein. Das Bild der erfüllten, glücklichen Hausfrau hängt somit äußerst schief und wird – wie die Zahlen zeigen – fast ausschließlich durch männliches Wunschdenken geradegerückt.

Wollen Sie beruflich noch um einiges mehr erreichen als bisher?

ja	38%
eher ja	32%
eher nein	20%
nein	9%

Die Mehrheit ist ehrgeizig: 70 Prozent wollen beruflich noch weiter hinauf.

Üben Sie einen Beruf aus, der Ihnen Spaß macht?

ja	54%
eher ja	33%
eher nein	10%
nein	4%

Nur insgesamt 14 Prozent geben an, daß ihnen der Beruf keinen oder eher keinen Spaß macht. Der hohe Prozentsatz jener, die Spaß am Beruf finden, spricht für die insgesamt hohe Berufsfreudigkeit der Frauen.

Wo möchten Sie beruflich in zehn Jahren stehen?

Ich möchte eine Führungsposition innehaben	21%
Ich möchte selbständig/eigenverantwortlich arbeiten	64%
Ich wäre froh, nicht mehr arbeiten zu müssen	4%
Ich möchte zugunsten der Familie beruflich leisertreten	11%

Auch hier sprechen die Zahlen für sich: Die überwiegende Mehrheit von 64 Prozent will selbständig und eigenverantwortlich arbeiten (wobei damit nicht unbedingt die unternehmerische Selbständigkeit gemeint ist, sondern hauptsächlich die Selbständigkeit im Tätigkeitsbereich). Eine ausgesprochene Führungsposition streben 21 Prozent an, ein relativ hoher Prozentsatz. Der Prozentsatz jener, die zugunsten der Familie beruflich künftig leisertreten wollen, ist mit elf Prozent wiederum relativ gering.

Wer ist Ihnen persönlich als Chef/Vorgesetzter lieber?

ein Mann	34%
eine Frau	8%
egal	58%

Hört, hört: Zwar geben 58 Prozent der Frauen auf diese Frage ein unverfängliches „egal" an, doch nur äußerst magere acht Prozent erklären explizit, lieber eine Frau zum Chef zu haben. Das weibliche Konkurrenzdenken schlägt in diesem Fall mit aller Härte zu.

Würden Sie sich selbst als Karrierefrau beurteilen?

ja	9%
eher ja	29%
eher nein	37%
nein	25%

Die Antworten auf der „Nein"-Seite überwiegen: Dem Großteil der Frauen ist der von den Medien geprägte Begriff „Karrierefrau" eher suspekt, 25 Prozent lehnen ihn ganz ab. Wenngleich selbst unter diesen 25 Prozent insgesamt 17 Prozent sehr wohl dem gängigen Klischee der Karrierefrau (gut ausgebildet und im oberen Verdienstdrittel tätig) entspricht.

Definieren Sie sich stark über Ihren Beruf?

ja	11%
eher ja	37%
eher nein	38%
nein	14%

Der Anteil jener, die sich nicht stark über ihren Beruf definieren, überwiegt leicht. Was mit dem Bild der Frau im allgemeinen zusammenhängt: Noch immer werden Frauen, die sich stark (also meistens ausschließlich) über den Beruf definieren, von der Gesellschaft eher verachtet als bewundert. Ergo: Selbst jene, die sich stark über den Beruf definieren, gestehen es in den seltensten Fällen öffentlich ein.

Wie beurteilen Sie die Situation an Ihrem Arbeitsplatz?

Frauen und Männer sind gleichgestellt (finanziell und positionsmäßig)	45%
die Männer sind bessergestellt	52%
die Frauen sind bessergestellt	3%

Auch hier eine sehr realistische Einschätzung: Verschwindende drei Prozent geben an, daß Frauen bessergestellt sind, was tatsächlich nur in typisch weiblichen Berufen (Kindergärtnerinnen, Erzieherinnen, Pflegeberufe etc.) der Fall ist – und auch dort nur aus dem einen Grund, weil so gut wie keine Männer in diesen Branchen tätig sind.
Generell schließt sich die Schere der Gehaltsunterschiede zunehmend: Gleich ausgebildete und gleich tüchtige Menschen verdienen logischerweise gleich viel. (Die derzeitigen Gehaltsunterschiede zwischen Männern und Frauen basieren zum größten Teil auf der Tatsache, daß viele Frauen in typischen schlecht bezahlten Frauenberufen tätig sind – was künftig nicht mehr in dem Ausmaß wie bisher der Fall sein wird.)

Waren Sie schon einmal sexueller Belästigung am Arbeitsplatz ausgesetzt?

ja	26%
nein	74%

Wenn ja, war diese Art der Belästigung

verbal	50%
körperlich	19%
beides	31%

Der Großteil von 74 Prozent gibt an, noch nie sexueller Belästigung ausgesetzt gewesen zu sein, 26 Prozent wurden belästigt, davon die Hälfte verbal. Generell gilt: Je besser die berufliche Position, desto geringer der Belästigungsgrad (Männer belästigen im allgemeinen nur Schwächere, also in der Hierarchie unter ihnen befindliche Frauen).

Finden Sie ein möglichst gutes Styling (Kleidung/Gesamtlook) wichtig für den beruflichen Erfolg?

ja	44%
eher ja	47%
eher nein	8%
nein	1%

Die überwiegende Mehrheit findet ein gelungenes Styling unerläßlich für beruflichen Erfolg, nur insgesamt neun Prozent der Frauen sind der Meinung, daß Styling (Kleidung, Gesamtlook) für den Erfolg nicht ausschlaggebend ist. Tatsächlich wird der nach außen hin repräsentierte Look immer wichtiger: Umfragen unter Personalchefs haben ergeben, daß über 80 Prozent unter ihnen stark auf das äußere Erscheinungsbild ihres Gegenübers reflektieren. Um sich künftig selbst gut verkaufen zu können, ist es wichtig, sich auch optisch so optimal wie möglich zu präsentieren.

Karriere feminin

Die neuen Erfolgstypen – und ihre Aufstiegsstrategien

Nein, an dieser Stelle will ich Ihnen keine Checkliste mit Regeln zum gelungenen Aufstieg präsentieren. Ob und vor allem wie Sie Karriere machen möchten, liegt alleine an Ihnen und Ihrem persönlichen Lebensplan. Vielmehr will ich Ihnen einige Beispiele von Frauen nennen, die den Aufstieg bereits hinter sich haben, die es sozusagen „geschafft" haben, dort anzukommen, wo sie hinwollten. Es sind durchwegs ungewöhnliche und auch unterschiedliche Lebensentwürfe, die aber eines gemeinsam haben: den unbedingten Willen zum Sieg. Prototypen sozusagen, deren Erfolgsrezepte natürlich nicht eins zu eins übernommen werden können. Die aber aufzeigen, daß alles möglich ist – nicht obwohl man eine Frau ist, sondern gerade weil man eine ist.

Und das halte ich persönlich auch für die wichtigste Zukunftsmaxime in Sachen Aufstieg, Karriere und Erfolg: Es ist unnötig und schade um die Zeit, sich der lamentierenden „Alles ist so mühsam, und die Männer sind so böse"-Lobby anzuschließen. Durch Jammern alleine wird um keine einzige Frau mehr in die Chefetagen zugelassen, wird kein einziger Kinderbetreuungsplatz mehr errichtet, wird niemand klüger und niemand geläutert. Im Gegenteil: Je mehr über zweifellos vorhandene Mißstände lamentiert wird, desto weniger passiert. Weil es nämlich immer bequemer ist, sich den Jammernden anzuschließen, als Eigeninitiative zu entwickeln. Verfolgt man den Lebensweg typischer Karrierefrauen, entdeckt man immer das gleiche Muster: Keine erfolgreiche Frau hat sich je damit begnügt, die vorherrschenden Umstände als gegeben zu akzeptieren.

Die vier hier beschriebenen Beispiele von Frauen, die ihren Karriereweg weitgehend ohne Kompromisse eingeschlagen haben, seien nicht als Vorbild präsentiert. Dazu sind sie zu individuell, zu sehr auf die Persönlichkeit der Betreffenden abgestimmt. Ich bin mir aber sicher, daß Sie manche Anregung für Ihren eigenen Lebensplan daraus beziehen können.

Die kompromißlose Karrieremutter

„Hallo Mama, ich seh' dich dann am Wochenende!"

Ihre Karriere betreibt sie mit ungewöhnlich strikter Konsequenz: Die österreichische Unternehmensberaterin Antonella M., schlank, Mitte Dreißig und schon optisch zu hundert Prozent dem Klischee der Erfolgsfrau entsprechend, hat für sich persönlich ein strapaziöses Karrierekonzept entworfen, das trotz Familie anscheinend klaglos funktioniert. Die in Wien lebende Mutter dreier Kinder arbeitet als Geschäftsführerin einer Beratungsfirma in Deutschland und nähert sich der physischen Doppelexistenz: Da ihre Firma in München ansässig ist, weilt sie jeden Montag bis Freitag im Bayrischen. Zu den Wochenenden jettet sie in Richtung Wien und Familie. Ihre Verbündeten und Gefährten auf dem außergewöhnlichen Karriereweg: Großmutter und Kindermädchen, die wochentags die Mutterstelle einnehmen.

Ein unkonventionelles Lebenskonzept wie ihres setzt vor allem eines voraus: die Fähigkeit aller Betroffenen, vermeintlich unauflösbare Traditionen hinter sich zu lassen. Familien-Entrepreneurin Antonella M. über ihr strapaziöses Berufsleben:

„Für mich ist das Verhältnis zwischen meinen Lebensbereichen trotzdem ausgewogen. Ich bin nicht einmal der Typ Frau, der sich selbst als besonders emanzipiert bezeichnen würde. Ich habe ein ganz starkes Familiengefühl, die Erziehung und Betreuung meiner Kinder ist mir genauso wichtig wie allen anderen Müttern. Das Wochenende gehört ausschließlich ihnen. Und sie sind damit zufrieden, eine Wochenendmutter zu haben. Sie kennen mich nicht anders."

Zweifellos eine ungewöhnliche Einstellung, die aufgrund des hohen persönlichen Einsatzes trotzdem kaum Schule machen dürfte. Obwohl die Kinder erstklassig betreut sind, bleiben Schuldgefühle. Es drängt sich allerdings die Frage auf: Warum wird es noch immer als Tabu betrachtet, wenn Mütter nicht ständig für ihre Kinder greifbar sind?

Wenn männliche Manager wochentags abwesend sind (um ihre Kinder nur am Wochenende zu sehen, müssen sie bekanntlich nicht einmal im Ausland arbeiten), käme niemand auf die Idee, das ungewöhnlich zu finden. Männer waren immer schon „draußen", Väter waren immer schon nicht vorhanden, Mütter waren immer schon gewohnt, auf sich alleine gestellt zu sein.

Der umgekehrte Fall, nämlich der, daß Mutti in Cheflaune Montag morgens die Mücke macht und erst Freitag abends wieder heimzukommen geruht, übersteigt das gesellschaftlich akzeptierte Fassungsvermögen. Karriere machen, gut und schön, aber bitte, Mädels, so, daß die Familie davon nichts mitbekommt. Daß Mutter zu sein nicht automatisch mit Selbstaufgabe gleichsetzt werden muß, gilt als schwer bedenklich! Die armen, wohlstandsverwahrlosten Würmer daheim! Der bedauernswert einsame Ehemann, der anderswo um ein wenig Liebe heischen muß. Die gebrochenen alten Eltern, der kranke Hund, der liebestolle Wellensittich, die Topfpflanzen, die keinen haben, der mit ihnen spricht (man weiß ja: liebloses Gießen alleine ist ein bißchen wenig). Alles und jeder schreit nach Muttern, aber die ist mit Geldscheffeln ausgelastet. Garstiger Weibsteufel, qualvoll sollen dir die Schuldgefühle beim Abkassieren auf die Seele drücken! Wenn sich alle so raffgierig wie du aufführen möchten, stünde die Welt nicht mehr lange. Zumindest aber unter anderen Voraussetzungen.

Beruflich erfolgsorientierte Mütter sind, wie das Extrembeispiel der Antonella M. zeigt, die am meisten geforderten Typen unter den neuen Karrierefrauen. Und sie benötigen – vor allem wenn ihr Privatleben nach „männlichen" Prinzipien organisiert wird – eine X-large-Portion an Selbstbewußtsein. Jahrzehntelang wurden karrieremachende Mütter, noch dazu, wenn sie es offensichtlich gar nicht „nötig" hatten, zu arbeiten, als leicht verschrobene und ziemlich verantwortungslose Frauenspersonen eingeordnet. Jetzt gilt es – wir bedanken uns mit dreifachem Kreuzzeichen und schmeißen uns vor Andacht auf die Knie – zwar zunehmend als gesellschaftlich akzeptiert, daß Frauen auf keine der beiden entscheidenden Lebenskomponenten verzichten wollen: nicht auf ein funktionierendes Familienleben und nicht auf berufliche Selbstbestätigung. Vorausgesetzt wird allerdings, daß die äußere Form gewahrt bleibt. Abends muß Mutti das Feuerchen schüren, ihre Lieben an die keusche Hausperlenbrust drücken und auch sonst ein wenig ausgleichen, was sie tagsüber verabsäumt hat. Tut sie es nicht, machen vor allem diejenigen, die Kinder nur als vagen Begriff aus der Fruchtzwerge-Werbung kennen, schimpfe, schimpfe.

Antonella M. hat zumindest für sich persönlich ein Modell gefunden, das ihrer Auffassung von Erfolg und Familienleben entspricht. Ihre Ansichten darüber, warum so wenige Frauen Führungspositionen bekleiden, sind dementsprechend kompromißlos:

„Frauen werden als Mädchen zur Sanftmut, Jungen zum Siegen erzogen. Sanftes weibliches Verhalten bringt beruflich nicht weiter, vor allem in von Männern dominierten Bereichen. Mir selbst wird oft mein hartes Agieren im Beruf vorgeworfen. Bei einem Mann wäre das eine Tugend."

Bedingt durch Erziehung, Umwelt und gesellschaftlichen Verhaltenskodex fehlt Frauen natürlich auch oft der Wille zum Sieg. Antonella M.:

„Wer unbedingt ‚nach oben' will, schafft es selbstverständlich auch als Frau."

Wer es nicht schafft, hat diesen Umstand nicht automatisch den von Männern bestimmten Aufstiegshierarchien zuzuschreiben – viele Frauen ziehen ganz bewußt die angenehmere, familienfreundlichere Laufbahn der absehbar strapaziösen vor. Im Gegensatz zu Männern haben sie in diesem Fall ja die Wahl: Frauen müssen nicht unbedingt um Karriere, Macht und Anerkennung kämpfen, ihr biologisch bedingtes gutes Recht ist es, sich ganz oder teilweise auf ihre Urfunktionen zu besinnen.

Und interessanterweise sind sogar diese im Management zunehmend gefragt. Die Amerikaner prägten für einen Führungsstil, der weibliche Tugenden wie Intuition, Mütterlichkeit, Fürsorglichkeit und Gemeinschaftsdenken mit einbezieht, das Schlagwort „Caring". Die (für Frauen eigentlich selbstverständlich wirkende) Idee dahinter: Wer sich um die Mitarbeiter „sorgt", sie wie Familienmitglieder, nicht wie funktionierende Maschinen betrachtet, erhöht Produktivität und Motivation. Was vereinfacht gesagt den Schluß zuläßt: Wer imstande ist, eine Familie zu managen, ist auch imstande, eine Firma oder – so erwünscht – seine Karriere zu organisieren. Beziehungsweise beides.

Die selbständige Kleinunternehmerin

Am Sonntag wird die Firma geputzt.

Um sich die eigenen Qualitäten ausschließlich selbst zunutze zu machen, gründen immer mehr Frauen ihre eigenen Unternehmen. Die Selbständigkeit wird zudem als Ausweg aus dem Dilemma zwischen Familie und Beruf gesehen. Wer selbständig arbeitet, kann in den meisten Fällen auch bestimmen, wieviel und wo er arbeitet. Zwei Drittel aller Unternehmen werden derzeit von Frauen gegründet – und sie sind nachweisbar krisenresistenter als von Männern gegründete.

Ein Beispiel, das bezeichnend für viele steht, ist die Jungunternehmerin Daniela K., 28, die in Salzburg ein Möbelgeschäft für Designerstücke betreibt. Ihre Motivation für die Selbständigkeit erklärt sie so:

„Für mich kam nie etwas anderes als Selbständigkeit in Frage, nur wenn ich für mich arbeite, habe ich das Gefühl, auch wirklich sinnvoll zu arbeiten." Vor zwei Jahren hat sie ihren Laden, nach achtmonatiger Vorbereitungszeit, eröffnet, nach einem Jahr begannen sich die Anfangsinvestitionen zu rechnen:

„Bisher habe ich noch alles selbst gemacht, vom Wareneinkauf über die Buchhaltung bis zum Auslagenputzen am Wochenende. Seit ein paar Wochen leiste ich mir eine Hilfe, demnächst wird eine feste Angestellte aufgenommen . . ."

Die Grundlage ihres Erfolges sieht sie in unermüdlichem persönlichem Einsatz:

„Das erste Jahr nach der Geschäftseröffnung hab' ich praktisch rund um die Uhr gearbeitet, nebenher eine Familie zu betreuen, wäre unmöglich gewesen. Wäre ein Kind gekommen, hätte ich mir nicht einmal das Gehalt fürs Kindermädchen leisten können. Jetzt geht es schon leichter, ich habe auch wieder so etwas wie Freizeit. Nicht sehr viel allerdings, weil ich die Sonntage für den ganzen Bürokram und zum Putzen aufwenden muß. Die Stücke im Laden brauchen ständige

Pflege, und jemand anderen lass' ich da nicht ran." Zusatz: „In ein paar Jahren möchte ich gerne eine Familie gründen. Dann muß beides funktionieren – Job und Kind. Ich bin überzeugt, daß es klappen kann. Wer eine Firma auf die Beine stellen kann, ist auch in der Lage, sein Kind zu betreuen, notfalls eben in der Firma. Wichtig ist, daß man finanziell in der Lage ist, sich Hilfe zu leisten."

Der Gedankengang der engagierten Jungunternehmerin ist typisch für die Generation der jetzt noch unter 30jährigen: Umfragen bestätigen, daß junge, erfolgsorientierte Frauen zunehmend dazu übergehen, zuerst bewußt beruflich Fuß zu fassen. Und mit der Familiengründung so lange warten, bis alles im Griff scheint. Der einzige Haken dabei ist der biologische: Ab etwa dem 30. bis 35. Lebensjahr, so beweisen diesbezügliche Untersuchungen, nimmt die Fruchtbarkeit bei Frauen um bis zu 50 Prozent ab. Wenn ein Kind endlich willkommen wäre, will es in vielen Fällen nicht mehr klappen. Der Ausweg aus dem Dilemma scheint geradewegs ins nächste Dilemma zu führen: Wer das Kinderkriegen nicht wie einen strategisch klugen Schachzug vorbereiten will, läuft Gefahr, zwischen Beruf und Familie matt gesetzt zu werden. Aber das ist, wie Sie wissen, eine andere Geschichte . . .

Der weibliche Tycoon

„Das letzte Wort habe immer ich."

Deutschlands erfolgreichste Modedesignerin steht in scharfem Kontrast zu den jungen Yuppie-Frauen, die sich heute oft mit einem Schlag ihren Platz im Geschäftsleben sichern: Jil Sander, 52, verkörpert den Typ der zäh und unaufhaltsam an die Spitze drängenden Unternehmerin, die nur einen Lebensinhalt kennt: Arbeit und Erfolg um jeden Preis. Auch um den des Privatlebens.

Vor 30 Jahren war die blonde Hamburgerin noch eine durchschnittlich bezahlte Moderedakteurin bei Magazinen wie „Constanze" und „Petra", arbeitete als freie Stylistin und eröffnete schließlich ihre erste Boutique. Aus der entwickelte sie ein Weltimperium: über 400 Millionen Mark Jahresumsatz, 400 Angestellte.

Frauen wie sie sind allerdings selten geworden: Die Vorbildära der (ohnehin nie übermäßig zahlreich vertretenen) stahlharten Karrieristinnen scheint sich zu neigen, beziehungsweise werden Frauen dieses Zuschnitts heute mit noch größerer Skepsis betrachtet als beispielsweise vor 15 Jahren. Feministisch geschulte Soziologen orten (nicht nur, aber auch) aufgrund dieser Tatsache einen allgemeinen „Backlash", eine Tendenz, die eindeutig in Richtung Heim und Herd weist. Man könnte es auch so sagen: Schuften um jeden Preis hat an Image ziemlich eingebüßt, das Schlagwort Lebensqualität ersetzt für viele den einst untadelig gehaltenen Begriff des Karrieremachens.

Jil Sander nun ist nicht nur der Prototyp des hart erkämpften weiblichen Erfolges, sondern auch dessen Ausstatterin: Sie hat früher als die meisten erkannt, daß ähnlich denkende Frauen wie sie auch Kleidung brauchen, die ihre Haltung nach außen signalisiert. Karriererüstungen, die unantastbar machen, die ihre Trägerinnen gleichzeitig beschützen und nicht mit üblichen Kleidersorgen belasten. Wer Jil Sander trägt, so die Maxime hinter dem Konzept, kann morgens blind (vom nächtlichen Arbeitsaufkommen) in den Schrank greifen und wird dennoch perfekt aussehen. Sanders Mode, aus der sie einen Lebensstil kreierte, ist pur, streng, jeden Schnörkel verachtend. Und sie kostet mehr als üblich. Wer Jil Sander trägt, signalisiert, zum Kreis der Hardcore-Karrierefrauen zu zählen, zu denen, die ohne mit der Wimper zu zukken in der Lage sind, für ein Kostüm so viel wie andere für einen Gebrauchtwagen auszugeben. Da die Klientel, die sich das hochwertige Markentuch auch leisten kann, naturgemäß eher beschränkt ist (und mittlerweile selbst die, die es sich leisten könnten, ganz gerne preiswert einkaufen gehen), setzt die Lifestyle-Unternehmerin auf sogenannte Lizenzen: Sie stellt ihren Namen für ganze Kosmetikserien zur Verfügung, für Parfums, für Accessoires wie Taschen, Schuhe und Brillen. Und macht damit längst das bessere Geschäft. Als eine der ganz wenigen Designerinnen betreibt sie zudem eine strikte Preispolitik: Ist es heute selbst bei Topdesignern üblich, eine preiswertere Zweitkollektion auf den Markt zu bringen (mit der stets die jüngere, noch nicht so finanzkräftige Klientel angesprochen werden soll), geht Jil Sander diesbezüglich keine Kompromisse ein: Ihre Ware gibt es nur zum vollen Preis – wer sie sich nicht leisten kann, der soll es eben lassen.

Ähnlich rigoros ist ihr Arbeitsstil. Die fast ausschließlich weiblichen Angestellten ihres Imperiums sind einer autoritären Chefin untergeben, die von weiblich-sanften Führungsregeln nicht viel hält. Jil Sander im Interview:

„Ein Unternehmen dieser Größe erfordert klare Führungsstrukturen. Ich habe in jedem Punkt das letzte Wort und stehe im Ruf, mich auch in letzte Details einzumischen."

Das geht bis hin zu den Vorlieben, die ihre Angestellten haben dürfen – oder eben nicht: Weil sie ein Arbeitsumfeld schätzt, das genauso klar und geradlinig wie ihre Mode ist, wünscht sie in den Büroräumen keinerlei persönliche Ablenkungen. Dazu zählen auch Blumentöpfe auf den Fensterbänken. Damit niemand Gefahr läuft, sich der Anordnung zu widersetzen, ließ die umsichtige Chefin sämtliche Fensterbretter abschrägen.

Merke: Wer in die Offensive geht, läuft nie Gefahr, übergangen zu werden.

Die alternative Erfolgsfrau

So sanft wie ein Bananenschaumbad.

Ebenso erfolgreich wie Jil Sander ist eine andere Großunternehmerin, die auf völlig anderer Basis arbeitet. Anita Roddick, 54, ist die Eigentümerin der weltweit verbreiteten Body-Shop-Kette und gilt als typisch „alternative" Karrierefrau.

18 Jahre lang hat sie ihr ungewöhnliches Imperium aufgebaut, ehe es wirtschaftlich zum Erfolg wurde: Mit sanften, biologischen Kosmetika, Duftwässern und Cremes, die angeblich ohne Chemie und Tierversuche auskommen (ein Faktum, das von Tierschützern und Umweltorganisationen gelegentlich auch bestritten wird und dann für Schlagzeilen sorgt), setzt sie heute in über 1.000 weltweit gestreuten Filialen Milliarden um. Bestseller wie Pfefferminzfußbalsam, Bananenshampoo oder Seifen in Form bedrohter Tierarten sind mitt-

lerweile zur Lieblingskosmetik von Millionen Frauen geworden.
Im Jahr 1976 hatte die Britin ihr sicheres Auskommen als Lehrerin aufgegeben, um mit gepumpten 4.000 Pfund eine Bioparfümerie zu eröffnen. Ihre erste Erfolgsidee: preiswerte, natürliche Produkte in einfachen, nachfüllbaren Behältern anzubieten, die der Kunde im Laden retournieren bzw. auffüllen lassen konnte. Die Zielgruppe dafür war von Anfang an klar definiert: Roddick setzte auf den wachsenden Kreis der umweltbewußten Klientel, die durch den Erwerb umweltschonend hergestellter Produkte auch ihren Zusammenhalt signalisieren will.
Passend zum Warenangebot ist auch der Führungsstil der Herrin über mittlerweile 6.000 Angestellte – so sanft wie ein Bananenschaumbad aus eigener Fertigung: Roddicks Mitarbeiter handeln eigenverantwortlich, die Chefin selbst hat sich aus dem Tagesgeschäft längst zurückgezogen – und widmet sich neuen, spannenderen Aufgaben:
„Geld", so sagt sie, „interessiert mich nur so lange, als ich geschäftlich das erreicht habe, was ich will. Persönlich interessiert es mich nicht. Was ich verdiene, stecke ich in eine Stiftung für die dritte Welt. Man kann heute nicht auf seinem Hintern sitzen und warten, bis die Erde mit einem großen Knall auseinanderplatzt. Genau das predige ich auch meinen Mitarbeitern."
Derlei Manifeste sind mehr als bloße Ankündigungen: In Brasilien eröffnete die rührige Umweltaktivistin eine Seifenfabrik, die nur ehemalige Arbeitslose beschäftigt. In London gründete sie eine Zeitung, die sich der Problematik der Obdachlosen annimmt. Die Kinder ihrer Angestellten freuen sich samt ihren Müttern über den firmeneigenen Kindergarten. Und manche ihrer Angestellten haben Aids – von Roddick gerade deshalb bewußt eingestellt.
Man lerne daraus: Auch alternative Ideen, die auf den ersten Blick (wie in besagtem Fall) abstrus und abgehoben scheinen, können Frauen erfolgreich machen. Anita Roddick, ihr Erfolgsrezept auf den persönlichen Punkt bringend:
„Erfolg zu haben ist nicht auf Hochschulen erlernbar und

nicht durch Seminare vermittelbar. Für erfolgsorientierte Frauen sind in Wahrheit nur drei Kriterien wichtig: Erstens, sie müssen sich etwas trauen. Zweitens, sie sollen nicht soviel auf die Meinung anderer geben. Drittens, sie sollten Mitarbeiter in Entscheidungen einbeziehen und lernen, Verantwortung zu teilen."

Die Gedanken der Karrierefrauen

In den folgenden Aussagen erklären typische Karrierefrauen, was sie über den weiblichen Aufstieg, Beruf und Mutterschaft denken – und wie das Leben als „Erfolgsfrau" in der Praxis funktioniert:

Susanne Meininger, geschäftsführende Gesellschafterin einer Verpackungsfirma und zur „Jungunternehmerin des Jahres 1994" gewählt (ihre Idee der kompostierbaren Verpackung wurde ausgezeichnet). Ledig, keine Kinder.

„Ich finde es sehr wichtig, in neue Ideen zu investieren und diese auch im eigenen Arbeitsumfeld umzusetzen. Für meine Mitarbeiter ist gleitende Arbeitszeit eine Selbstverständlichkeit, es gibt im Betrieb auch eigene Räumlichkeiten für die Kinder. Meine Angestellten haben weitgehende Entscheidungsgewalt, sie können bestimmen, wann sie anfallende Arbeiten erledigen. Das ist vor allem für die Mütter im Unternehmen ein großer Vorteil.

Generell meine ich, daß Frauen sich im Berufsleben nicht auf eine Kampfebene mit den Männern begeben sollten, sondern ihre Vorteile nützen könnten. Frauen sind weit kreativer und improvisierfähiger als Männer – ein entscheidendes Faktum im Beruf."

Benita Ferrero-Waldner, Staatssekretärin im österreichischen Außenministerium, davor Protokollchefin der UNO in New York. Verheiratet, keine Kinder.

„Ich bin mir nicht sicher, ob ich diese Position erreicht hätte, wenn ich ein Kind bekommen hätte. 16 Stunden täglich zu arbeiten und gleichzeitig Mutter zu sein, ist meiner Meinung nach fast unmöglich. Ich muß zugeben, daß sogar mein Mann zugunsten meiner Karriere zurückstecken muß. Er macht es, weil er weiß, daß es nicht so leicht ist, dorthin zu kommen, wo ich bin."

Ingeborg Hochmair, Geschäftsführerin und Inhaberin einer Firma für medizinisch-technische Geräte, in Österreich zur „Businessfrau des Jahres '95" gewählt. Verheiratet, vier Kinder (15, 11, 5 und 3).

„Mein Beruf macht mir so viel Freude, daß ich die sogenannte Doppel- und Dreifachbelastung nicht als Streß empfinde. Für mich hat immer das Prinzip gegolten: Ich will den Kindern lieber eine zufriedene berufstätige Mutter sein als eine frustrierte 24-Stunden-Mutter. Als Mutter berufstätig zu sein, bringt meiner Erfahrung nach auch viele Vorteile: Man ist selbst ausgeglichener, die Kinder sind selbständiger. In meinem Fall haben sie auch perfekt Englisch gelernt, weil sie immer englischsprachige Au-pair-Mädchen haben.

Die größte Schikane für berufstätige Mütter sind meiner Meinung nach die fehlenden Kinderbetreuungsplätze. Es gibt in Österreich noch immer genügend Kindergärten, die mittags schließen oder Mittagspause machen. Effizientes Arbeiten ist unter solchen Bedingungen schwer möglich. Abgesehen von der Kinderbetreuung, die immer noch Frauensache ist, werden im Berufsleben kaum mehr Unterschiede zwischen Mann und Frau gemacht. Bei Berufen, die eine lange Ausbildung erfordern, ist längst auch die Entlohnung gleich."

Gina Goess, Leiterin der Repräsentanz einer US-Bank in Wien. Verheiratet, zwei Kinder (4 und 3).

„Ich habe immer gearbeitet und nach den Geburten jeweils nur die Mutterschutzpause in Anspruch genommen. Wenn man wirklich Karriere machen will, ist es unmöglich, für ein paar Jahre zu pausieren. Beruf und Familie zu vereinbaren ist keine Kleinigkeit. Ich glaube aber, daß es funktioniert, wenn für die Kinder eine gewisse Kontinuität besteht. Und wenn der Partner mithilft – das ist unumgänglich und wichtig."

Monika Pacher, Geschäftsführerin einer Firma für Industrieansiedelungsberatung und viele Jahre beruflich in New York stationiert. Eine erwachsene Tochter.
„Ich habe mein Kind sehr früh bekommen und war dann fast zwölf Jahre lang eine ganz normale Hausfrau. Erst mit Anfang Dreißig bin ich ins Berufsleben eingestiegen, habe zunächst eine Ausbildung in Yale begonnen. Ich denke, daß sich dieses Modell auf meine Tochter sehr positiv ausgewirkt hat, ich habe erst zu arbeiten begonnen, als ihre wichtigsten Entwicklungsphasen abgeschlossen waren. Die Kinder sind doch das einzige, was im Leben zählt. Dafür sollte man sich Zeit nehmen. Wie mein persönlicher Fall zeigt, ist es nie zu spät, in den Beruf einzusteigen – vorausgesetzt, daß man wirklich will."

Elisabeth Kutschera-Heller, Wirtschaftstreuhänderin und geschäftsführende Gesellschafterin einer Management-Consulting-Firma. Zwei Kinder (7 und 9).
„Mein Leben ist auf beide Bereiche – Beruf und Familie – zugeschnitten. Mein Büro und meine Wohnung befinden sich im selben Haus, ich brauche also, um bei den Kindern zu sein, nur ein Stockwerk tiefer zu gehen. Außerdem hab' ich das Privileg, einen Mann zu haben, der von sich aus mithilft, alles zu organisieren.
Als Unternehmerin bin ich der Meinung, daß berufstätige Mütter auch im Betrieb organisierter sind als andere. Die Mütter in meinem Betrieb dürfen im Sommer mehr Urlaub nehmen, als ihnen eigentlich zusteht, weil ich weiß, daß sie die Zeit im Herbst, wenn viel Arbeit anfällt, wieder einbringen. Man muß improvisieren, dann klappt es auch.
Wenn Frauen keine Karriere machen, liegt es oft an ihren Schuldgefühlen. Wer berufstätig ist und Kinder hat, fühlt sich leicht als Rabenmutter und stellt alles, außer sich selbst, in den Mittelpunkt. Das ist der entscheidende Fehler. Und natürlich auch der, daß unser System nicht ganz stimmt: Um Karriere zu machen, ist Effizienz erforderlich, nicht Anwesenheit. Das hat sich zu vielen Unternehmern noch nicht durchgesprochen. Genau das ist auch der Grund, warum man so

wenige Frauen in Spitzenpositionen findet. Der beste Weg, um diese Anwesenheitspflicht zu umgehen, ist noch immer die Selbständigkeit. Frauen sind prädestiniert dafür: Sie sind zäh, haben ein langes Durchhaltevermögen und eine hohe Frustrationsschwelle."

Marcella Prunbauer, selbständige Wirtschaftsrechtsanwältin. Drei Kinder (13, 10, 5).
„Kinder zu haben ist wunderschön, aber es füllt mein Leben nicht aus. Ich liebe meinen Beruf und hätte ihn nie aufgeben wollen. In meinem Fall gibt es ohnehin keine Möglichkeit zur Teilzeitarbeit, entweder man ist Anwältin oder nicht – so wie man nicht nur halb schwanger sein kann. Ich habe ziemlich unorthodoxe Arbeitszeiten, meistens arbeite ich in der Nacht, damit ich tagsüber mehr bei den Kindern sein kann. Meine Kinder sind zufrieden, sie sind mit der Situation aufgewachsen, eine berufstätige Mutter zu haben. Ich weiß auch, daß sie stolz auf mich sind."

Silvia Steinacher, Geschäftsführerin einer Consulting-Firma. Ledig, keine Kinder.
„Ich bin der Meinung, daß eine Mutter nicht auf allen Kirtagen tanzen kann. Da ich keine Kinder habe, gibt es bei mir eine sehr starke Konzentration auf den Beruf, was der Karriere natürlich zugute kommt.
Sicher ist es organisierbar, alle Lebensbereiche zu vereinen, allerdings kann ich mir kein fürsorgliches Familienleben gekoppelt mit einer strategisch geplanten Karriere vorstellen. Wer oben bleiben will, darf sich keinen familienbedingten ‚Aussetzer' erlauben."

Regina Prehofer, erste Frau, die in einer österreichischen Bank zur Hauptabteilungsleiterin bestellt wurde. Keine Kinder.
„Kinder hätten sich mit meiner Karriere nicht verbinden lassen, deshalb habe ich bewußt auf sie verzichtet. Ich bewundere allerdings Frauen, die es schaffen, Kind und Beruf zu vereinbaren. Die besten Erfahrungen haben wir in unserer Bank diesbezüglich mit Teilzeitjobs gemacht. Wobei einem klar

sein muß: Mit Teilzeitarbeit kann man kaum Karriere machen, je höher man hinaufkommt, desto wichtiger ist das zeitliche Engagement."

Kathrin Zechner, TV-Programmintendantin des ORF. Keine Kinder.
„Die Meinungen über berufstätige Frauen sind immer noch sehr mit Klischees behaftet. Es geht einfach nicht in die Köpfe vieler Menschen, daß eine Frau beruflichen Erfolg haben kann, eine Familie haben kann und dabei auch noch gut aussehen kann. Ich selbst habe ein sehr konservatives Familienbild, weil ich in einer toll funktionierenden Familie aufgewachsen bin. Hätte ich Kinder, würde die Familie bei mir vermutlich an erster Stelle stehen."

Rivalinnen im Büro

Hast du die Neue in der Verwaltung schon gesehen?

Wen meinst du, die mit der Stupsnase? Hab' ich. Die ist jetzt für die gesamte Abrechnung zuständig. Wirkt ganz nett.

Ja, sympathisch! Die Nase geht aber schon eher ins Schweinchenhafte, findest du nicht? Außerdem zieht sie sich komisch an. Schlabberlook ist schon seit fünfzehn Jahren out. Andererseits: Bei der Figur ist es ohnehin egal. Wahrscheinlich eine Frustfresserin.

Der Chef ist jedenfalls ganz begeistert von ihr. Obwohl: Ich finde es eigentlich nicht in Ordnung, daß er sie eingestellt hat. Die Berger aus der Buchhaltung zum Beispiel wäre genauso qualifiziert gewesen. Die hat ja, glaube ich, schon fix damit gerechnet, den Job zu bekommen, den jetzt die Neue hat.

Arme Berger. Hat ohnehin so viele private Probleme. Hätte die Gehaltserhöhung gut brauchen können.

Allerdings. Die hat ja Schulden bis zum Geht-nicht-mehr. Hat sich total übernommen mit diesem Hausbau, und dann die Trennung von ihrem Mann. Angeblich soll sie Beruhigungsmittel einnehmen gegen die ständige Nervosität . . .

Pillen einwerfen ist in Mode. Die Huber aus der Anzeigenabteilung zum Beispiel, die nimmt Pillen zum Abnehmen. Läßt sie sich extra aus Amerika mitbringen, bei uns sind die nämlich verboten. Jetzt ist sie sowieso schon dünn wie ein Strich und frißt das Zeug noch immer.

Hat sie dir das erzählt?

Die Berger hat's mir erzählt. Im Vertrauen natürlich, also bitte sag's nicht weiter.

Aber nein. Ich hab' ja auch niemandem erzählt, daß der Berger ihr Exmann Alkoholiker war. Das weiß ich nämlich von der Huber. Schlimme Geschichte.

Ja, hab' ich auch schon gehört. Übrigens: Meine Gehaltserhöhung ist durch, der Chef hat akzeptiert. Er hat so was angedeutet, daß er mich ganz gerne zur Abteilungsleiterin machen will. Was sagst du dazu?

Super! Dann hätte ich dich ja quasi zur Chefin. Ich gratuliere dir!

Vier Wochen später.

Guten Morgen, hast du die Unterlagen für die Frühsitzung fertig?
Welche Unterlagen meinst du?
Also, ich bitte dich, ich hab' dich doch laut und deutlich gestern gebeten, sie bis heute halb zehn Uhr vormittag fertig zu machen.
Zu mir hast du das nicht gesagt. Ich weiß überhaupt nicht, welche Unterlagen du meinst.
Ich hab's dir doch extra gesagt!
Entschuldige, aber anscheinend überfordert dich dein neuer Job. Du hast nichts gesagt. Und außerdem ist es nicht meine Aufgabe, Unterlagen für Besprechungen zusammenzustellen.
Na bitte, dann lass' es eben, wenn man mit dir nicht zusammenarbeiten kann, dann soll es mir auch recht sein. Die Neue aus der Verwaltung will sowieso in eine andere Abteilung, ich werde einmal mit ihr reden.
Du meinst die mit der Schweinchennase?
Also bitte. Ich finde das ziemlich degoutant, wie du über andere herziehst. Die Frau ist sehr qualifiziert.

Nicht, daß wir uns hier errötend wiedererkennen müßten. Aber Tatsache ist trotzdem, daß freundschaftliche Beziehungen unter Frauen im Privatleben noch immer weit besser als im Berufsalltag funktionieren: Ist eine bestimmte Hierarchiestufe erreicht, reagieren beruflich erfolgreiche Frauen nämlich im allgemeinen anders als Männer. Diese finden nichts dabei, private Freundschaften auch geschäftlich zu nutzen. Mit ihren Freunden tauschen Männer News und Infos aus, entwickeln berufliche Strategien und Perspektiven, verknüpfen das Angenehme, nämlich die Freundschaft, mit dem Nützlichen.
Frauen haben meistens Hemmungen, private Freundschaften für berufliche Kontakte oder Weiterentwicklungen zu nutzen. Der Gedanke, Zweckverbindungen mit anderen Frauen einzugehen, ist ihnen in den allermeisten Fällen völlig fremd. Eine Freundin hat frau, um mit ihr über Männer, Kinder und

das Leben an sich zu reden – wird dieses Spektrum um berufliche Belange erweitert, wird die Sache eher heikel. Beruflicher Small talk unter Frauen gelingt in den meisten Fällen nur unter zwei Voraussetzungen:
Erstens, die Freundinnen arbeiten an getrennten Adressen, haben also im Geschäftsleben nicht viel bis gar nichts miteinander zu tun (obwohl beide selbstverständlich in der gleichen Branche arbeiten können).
Oder zweitens, die beiden sind beruflich auf der gleichen Hierarchiestufe.
Das Verhältnis Sekretärin und Assistentin des Chefs funktioniert prächtig. Auch die Abteilungsleiterin kann mit der befreundeten Prokuristin über alles reden. Merklich gespannt wird die Beziehung üblicherweise, wenn die bisherige Freundin und Abteilungsleiterin beispielsweise per nächsten Monat zur Geschäftsführerin bestellt werden soll (verschärfend: wenn beide Beteiligten im gleichen Unternehmen arbeiten). Nicht selten verwandeln sich Freundschaften dann in blankes Konkurrenzverhalten. Nicht sofort und nicht gleich offensichtlich, natürlich: Zunächst geht ja alles seinen gewohnten Gang. Die eine, die nicht befördert wird, versichert der anderen glaubwürdig, wie sehr sie sich mit ihr freut. Auch wenn die gemeinsame Zeit künftig doch eher beschränkt sein wird. Auch wenn die andere, wie die eine dann irgendwann immer öfter betont, ja auch kaum mehr Zeit für irgend etwas hat. Auch wenn die eine, wie sie ebenfalls gerne betont, die nächsten Jahre gerne beruflich etwas leisertreten würde: „Du weißt ja, die Kinder würden sich so freuen, wenn ich nachmittags bei ihnen sein könnte. Bei dir ist das ja jetzt schwer möglich, nicht . . .?"
Zugespitzt wird die Situation, die irgendwann nicht mehr wirklich freundschaftlich ist, nur noch dadurch, daß die Höhergestellte der Freundin eine Anweisung gibt: „Bring mir doch bitte einmal schnell den Bericht von gestern ins Zimmer . . ." Spätestens dann ist die Freundschaft arg geknickt. Zumindest auf seiten derjenigen, die die Anweisung entgegennimmt.
Fazit aus alledem: Da Frauen einen sechsten Sinn für drohen-

des Unheil haben, trennen sie eben strikt zwischen privaten Freundschaften und geschäftlichen Beziehungen. Eine begreifliche Vorsichtsmaßnahme, um Enttäuschungen zu vermeiden. Frauen sind immerhin dazu erzogen, anderen zu gefallen, sich also so zu präsentieren, daß die Umwelt sie als nett und liebenswert erlebt. Die wenigsten Frauen werden dazu erzogen, Macht über andere Menschen auszuüben. Über Männer – das vielleicht schon. Das ist eine legitime Macht, die Frauen ja wiederum miteinander verbindet.

Sobald die Machtposition in den eigenen Reihen ausgespielt werden soll, wird es für alle Beteiligten extrem kompliziert. Die, die noch unten in der Hierarchie stehen, betrachten es nicht selten als eine Art Verrat, daß die andere nun oben ist. Und die, die oben angekommen ist, was nur in Ausnahmefällen an ihren langen Beinen und dem charmanten Lächeln und in den allermeisten Fällen an ihren Fähigkeiten liegt, betrachtet es ihrerseits als unangenehm, einer anderen Frau sagen zu müssen, was sie zu tun hat.

Zu lange waren die Machtpositionen ausschließlich mit Männern besetzt, als daß Frauen derlei noch immer ungewohnte Situationen spielend in den Griff bekämen. Sie sollten allerdings darangehen, es zu üben: Verbissenes Einzelkämpfertum behindert den Weg nach oben genauso wie Machtkämpfe unter Frauen – von denen letztlich nur die Männer profitieren.

Karrierefrauen in den oberen Führungsetagen bestätigen häufig: Nicht unbedingt die Männer, sondern die eigenen Geschlechtsgenossinnen machen ihnen den Weg nach oben so schwer wie möglich.

Die weibliche Denkweise: „Wenn du als Frau erfolgreicher als ich bist, dann habe ich versagt", ist allgegenwärtig. Wenn anderen Frauen Anerkennung entgegengebracht wird, betrachten das Frauen oft als Herabsetzung ihrer eigenen Person.

Das ist auch der Hauptgrund, warum die Rivalinnen im Berufsalltag allgegenwärtig sind. Dabei dürfen Frauen, so hat man es uns beigebracht, eigentlich gar nicht guten Gewissens gegeneinander vorgehen. Der offene Wettbewerb um Macht, Erfolg und Geld mag bei Männern als normal angesehen wer-

den. Bei Frauen wirkt er – zumindest in den Augen derer, die von außen zusehen – zickig, peinlich, machtgeil oder einfach stutenbissig.
Frauenmagazine übertreffen einander in letzter Zeit mit Ratschlägen, wie man die beste Konkurrentin souverän aufs Abstellgleis schiebt. Doch abgesehen davon, daß der Schuß in die eigenen Reihen auch nach hinten losgehen kann, kostet das Gerangel nach dem Motto „Ich bin die Beste und du nur die Zweitbeste" Energie und Kraft, die sinnvoller investiert werden kann. Zum Beispiel in kooperative Beziehungen zu anderen Frauen.
Nachfolgend haben drei weibliche Chefinnen zusammengefaßt, wie sie das anstellen:

„Ich bin Marketingleiterin in unserem Betrieb und arbeite in der Abteilung mit vier Frauen zusammen. Im großen und ganzen kommen wir gut miteinander aus, kleine Reibereien gibt es aber immer. Im Prinzip habe ich schon das Gefühl, als Chefin voll akzeptiert zu sein, allerdings beobachte ich doch, daß Mitarbeiterinnen mir gegenüber anders reagieren als gegenüber einem männlichen Vorgesetzten. Von mir als Chefin wird automatisch Verständnis für alles vorausgesetzt, sei es bei Krankheiten oder einfach nur, wenn eine vergessen hat, etwas Bestimmtes zu erledigen. Es wird als ganz normal betrachtet, daß ich immer ruhig und ausgeglichen wirke, obwohl ich innerlich manchmal koche. Ich denke aber trotzdem, daß meine Methode, die Abteilung zu führen, effektiver ist als typisch männliches Führungsverhalten. Die Frauen in meiner Abteilung haben das Gefühl, mit mir zusammen ein Team zu sein, eine Einheit, wenn man so will, nach dem Prinzip: gemeinsam sind wir stark. Ich halte das für besser, als durch autoritären Führungsstil Kompetenz zu signalisieren. Kompetent bin ich, das wissen meine Mitarbeiterinnen ohnehin. Es ist motivierender für sie, wenn ich ihnen das nicht bei jeder Gelegenheit zeige." *(Marketingleiterin eines großen Pharmabetriebes, 36 Jahre.)*

„Als ich in meine jetzige Firma eingetreten bin, war zuerst

eine spürbare Atmosphäre der Skepsis in der Luft. Ich bin die Assistentin des Geschäftsführers und dirigiere de facto 50 Mitarbeiter. Das heißt, ich habe natürlich selbst einen Chef, der mich aber als seinen verlängerten Arm betrachtet. An mir kommt sozusagen keiner vorbei, der zu ihm will. Das ist natürlich eine Machtposition, und dessen bin ich mir bewußt. Komischerweise bin ich ein Typ, der mit Männern besser auskommt als mit Frauen. Viele Frauen betrachten mich als Konkurrenz, deshalb ist das Verhältnis oft gespannt. Im Betrieb habe ich den Ruf, eine ‚eiserne Hand' zu führen, ich gelte so ein bißchen als strenge Herrin, bei der man schön bitte, bitte machen muß, wenn man etwas möchte. Zu Unrecht, wie ich meine. Aber dieses Bild wurde eindeutig von gewissen Mitarbeiterinnen entworfen, die in mir von Anfang an eine Art Feindin gesehen haben. Ich lass' mich auf versteckte oder offene Feindseligkeiten natürlich überhaupt nicht ein. Meine Strategie, um mit Frauen im Betrieb auszukommen, ist sehr klar: Ich bin eher kühl, zurückhaltend, nicht sehr privat. Lockeres Geplauder akzeptiere ich persönlich nur bis zu einer gewissen Grenze. Ich grenze mich sozusagen ab. Vielen wirke ich deshalb vielleicht zu unpersönlich, aber das ist mir völlig egal. Ich denke, wer als Führungsfrau mit anderen Frauen gut auskommen will, darf sich niemals zu freundschaftlich, zu privat, zu verständnisvoll geben. Sonst bringt man sich nur selbst in Schwierigkeiten." *(Chefassistentin einer Textilkette, 40 Jahre.)*

„Die Frauen in meiner Firma schätzen mich als ihre Vorgesetzte. Ich glaube, daß ich die Mischung zwischen freundschaftlichem und distanziertem Verhalten ganz gut beherrsche. Ich fordere viel, das wissen meine Mitarbeiterinnen, aber ich kann Leistung auch absolut anerkennen. Das wichtigste ist, denke ich, daß man imstande ist, als Frau die Leistungen von anderen Frauen zu schätzen. Auch wenn sie einen nicht unmittelbar persönlich betreffen. Als ich jünger war, hatte ich damit noch große Probleme, in die Führungsposition bin ich langsam hineingewachsen. Anfangs war es so, daß ich allen zeigen wollte: Ich bin die Beste. Das habe ich mir mittlerweile gründlich abgewöhnt. Gute Arbeit können Mitarbeiterinnen nur dann liefern, wenn sie das Gefühl haben, die Chefin ist auf unserer Seite und eine von uns. Seit ich das erkannt habe, funktioniert alles blendend." *(Leiterin von Buchhaltung und Verrechnungswesen einer Speditionsfirma, 45 Jahre.)*

Karriere mit Zukunft:
In welchen Berufen Sie künftig die besten Chancen haben

Welche Branchen bieten Frauen die besten Aufstiegschancen? Welche neuen Berufsideen gibt es, die Berufseinsteigerinnen oder -umsteigerinnen für die eigene Karriere nützen können? Welche Marktnischen im Dienstleistungsbereich sind am vielversprechendsten? Und welche Berufe bieten Teilzeitmöglichkeiten und flexible Zeiteinteilung, damit berufstätige Mütter nicht (wie derzeit noch viel zu oft) in starre und oft unproduktive Arbeitszeitkorsette gezwängt werden?
Die folgende Übersicht wurde gemeinsam mit deutschen und österreichischen Arbeitsmarktexperten und Personalberatern ausgearbeitet und beinhaltet Vorschläge für Berufe, die (noch) als weitgehend unkonventionell gelten. Und gerade deshalb künftig für Frauen vielversprechende Chancen bieten.
Wenn Sie die einzelnen Berufsprofile lesen, werden Sie sofort erkennen, worauf es künftig ganz besonders ankommt: nämlich auf größtmögliche Flexibilität und die Gabe, aus bestimmten Berufen oder Tätigkeiten das herauszufiltern, was den eigenen Fähigkeiten am ehesten entspricht. Jeder der beschriebenen Berufe bietet unzählige Möglichkeiten der Spezialisierung – oder eben der „Umlegung" auf die eigenen Interessen und das persönliche Können.
Eine wichtige Karriereprognose sei hier gleich an den Beginn gestellt: Aufgrund der steigenden Nachfrage in neuen Dienstleistungsbereichen (unter anderem in dem der bezahlten Kinderbetreuung) wird dieser Sektor künftig für Frauen zum chancenreichsten Gebiet. Bis zum Jahr 2010, so die Prognosen der Arbeitsmarktforscher, werden Dienstleistungsunternehmen drei Viertel aller Arbeitsplätze stellen. Wobei – wie Sie lesen werden – keineswegs die traditionellen Dienstleistungen gemeint sind (also im Gastgewerbe, im Reinigungsdienst, im Verkauf etc.), sondern neue, derzeit noch im Entrepreneur-Stadium befindliche Bereiche.
Es liegt an Ihnen, diese Bereiche für sich zu entdecken und sie auf Ihre persönlichen Fähigkeiten abzustimmen. Denn eines

sollte Ihnen in puncto Karriere(-planung) unbedingt bewußt sein: Die enormen technischen Entwicklungen der letzten Jahre haben nicht zuletzt bedingt, daß Frauen (und Männer) künftig die Wahl haben, wie sie arbeiten wollen. Im Büro mit Kollegen, am Computer zu Hause, als Einzelkämpfer umgeben mit modernster Büroelektronik oder im Team. Jeder kann im Grunde arbeiten, wie es seiner persönlichen Situation am besten entspricht. Und das ist, auf den Beruf bezogen, die wahre neue Freiheit.

Neue Berufe mit Zukunftschancen

Am Ende jedes Berufsprofils finden Sie jeweils eine Bewertung über die Familienfreundlichkeit des betreffenden Jobs.

Ernährungsberaterin (Ökotrophologin)
Ein vielfältig ausbaubarer Beruf mit hohen Zukunftschancen: Ernährungsberaterinnen leiten oder verwalten Kliniken und Kantinen, erstellen Haushalts-, Finanzierungs- und Wirtschaftspläne oder arbeiten individuelle Ernährungskonzepte aus. Große amerikanische und japanische Unternehmen beschäftigen mittlerweile eigene Ernährungsspezialistinnen, die zum Beispiel Ernährungspläne und -konzepte für Mitarbeiter erstellen und sich auch um den Fitneßbereich (individuell zusammengestellte Sport- und Bewegungsprogramme) kümmern. Wenn Sie auch journalistisch interessiert sind, bietet die Ausbildung zur Ernährungsberaterin zahlreiche Zusatzmöglichkeiten (Publikationen in Fach-, Frauen- oder Gesundheitsmedien etc.). Noch eine Möglichkeit: Da immer mehr Menschen auf individuelle Betreuung setzen, bietet dieser Beruf die ideale Ausgangsposition für Selbständige, die sich einen eigenen Kundenstock aufbauen möchen (Sie brauchen dazu genaugenommen nur das nötige Know-how, einen Computer und ein Telefon).
Die Voraussetzungen: Studium oder Fachschule. In allen Großstädten werden für Berufsumsteigerinnen auch Spezialeinschulungskurse angeboten. Vielleicht wichtigste Vorausset-

zung: Sie müssen Menschen mögen und es verstehen, auf deren individuelle Bedürfnisse und Probleme einzugehen.
Familienfreundlichkeit: Optimal. Teilzeitarbeitsmöglichkeiten sind in fast allen Sparten, die mit Ernährungsberatung zusammenhängen, möglich, vor allem, wenn die Beratungen auf selbständiger Basis erfolgen.

Kulturberaterin bzw. Kulturmanagerin

Ohne Finanzzuschüsse aus der Wirtschaft funktioniert im Kulturbereich (fast) gar nichts mehr, Kultursponsoring (das sich auf das Image der sponsernden Industrie gut auswirkt) ist deshalb zum ernstzunehmenden Wirtschaftszweig geworden. Spezialistinnen auf diesem Gebiet erwartet ein breites Betätigungsfeld: Eine Kulturberaterin oder -managerin organisiert Veranstaltungen, überwacht Produktionen oder versucht, für einzelne Künstler, Theater oder Projekte Sponsorengelder aufzutreiben. Sie überwacht die Zuschüsse, engagiert Künstler, organisiert Ausstellungseröffnungen etc. Ihre wichtigste Aufgabe: Kunst und Kommerz so unter einen Hut zu bringen, daß alle Parteien zufrieden sind.
Die Voraussetzungen: Vor allem künstlerisches Interesse und Gespür, Organisationstalent, Menschenkenntnis, Fremdsprachen und ökonomisches Denken. Eine einschlägige akademische Ausbildung (Studiengänge für Literatur-, Musik- oder Theaterwissenschaften) ist nicht unbedingt erforderlich.
Familienfreundlichkeit: Im Prinzip gegeben, da diese Jobs selten an fixe Bürozeiten gebunden sind. Zeitaufwendig insofern, als einzelne Projekt- oder Künstlerbetreuungen auch immer hohen persönlichen Einsatz und Eigeninitiative erfordern.

Sportökonomin

Auch im Spitzensport läuft längst nichts mehr ohne unterstützende Werbegelder. Soll Sport zum Wirtschaftsfaktor werden, sind Spezialisten gefragt – etwa Sportökonomen. Eine Sportökonomin arbeitet aber nicht nur mit Sponsoren für einzelne Sportler und Sportveranstaltungen zusammen, sie kann auch als Managerin, Pressebetreuerin oder Veranstaltungsorganisatorin tätig sein.

Ihr Einsatz ist zudem in den Medien, bei Krankenkassen (Gesundheitsprogramme, Vorsorgeprogramme), im Tourismus (Ferienclubs etc.) und natürlich bei Sportartikelherstellern gefragt. Auch im Medienbereich (Magazine, Fernsehen) gibt es zahlreiche Betätigungsmöglichkeiten.
Die Voraussetzungen: Betriebswirtschaftliche Kenntnisse und Fremdsprachen sind von Vorteil, das Interesse für Sport und Fitneßkultur obligat. Eine fachspezifische Ausbildung (Studium der Sportwissenschaften) ist vor allem bei angestrebten Positionen in Industrie und Wirtschaft von Vorteil.
Familienfreundlichkeit: Eher nicht gegeben, da Tätigkeiten in diesem Bereich meist sehr arbeitsaufwendig sind und oft Auslandsaufenthalte mit sich bringen. Mit Kindern eher nur schwer vereinbar.

Umweltschutztechnikerin
Der Umweltschutzbereich bietet enorme berufliche Chancen, da er erstens immer wichtiger wird und zweitens ein riesiges Arbeitsfeld umfaßt: Natur-, Gewässer-, Strahlen- und Lärmschutz, die Abfallentsorgung, die Entwicklung umweltschonender Produkte und Maßnahmen, Umwelt- und Energieberatung, Umweltforschung etc. Bis zum Jahr 2010 rechnen Arbeitsmarktforscher alleine in Deutschland mit 400.000 neuen Arbeitsplätzen in diesem Bereich. Berufe, die sich mit der Umwelt befassen, haben zudem ein ausgesprochen positives Image.
Die Voraussetzungen: Fast alle Ausbildungswege können zu einer Tätigkeit im Umweltbereich führen, ein abgeschlossenes Studium genauso wie eine Ausbildung als Gärtnerin oder Laborantin. Fortbildungskurse im Umweltbereich werden in allen größeren Städten angeboten, für Interessierte gibt es eigene Broschüren „Berufe im Umweltschutz".
Familienfreundlichkeit: Sehr hoch, da die meisten Tätigkeiten nicht an fixe Zeiten gebunden sind und sowohl Tätigkeiten als auch Zeitaufkommen flexibel gestaltet werden können.

Werbekontakterin bzw. Mediaplanerin
Sie organisiert Werbekampagnen, kümmert sich um Werbe-

produktionen für einzelne Produkte oder Kunden, analysiert Zielgruppen oder Absatzmöglichkeiten eines Produktes, vermittelt zwischen Werbeagenturen und Kunden, verwaltet Werbebudgets und setzt sie zielsicher ein. Das Spektrum für Berufe im Marketing- und Werbungsbereich ist riesig und wird in den nächsten Jahren noch weiter wachsen: Laut Zentralverband der deutschen Werbewirtschaft haben sich die Werbe- und PR-Investitionen der Wirtschaft in den letzten zehn Jahren um 60 Prozent erhöht. Prognose: Sie werden weiter steigen.

Die Voraussetzungen: Topagenturen bestehen bei ihren Mitarbeitern fast immer auf einer Fachausbildung (Studienabschluß oder Abschluß einer Fachschule für Werbung, Marketing oder Kommunikation), mit einer Fachausbildung gibt es im Werbebereich auch die besten Aufstiegschancen (Etatdirektorin, Produktmanagerin). Für Berufsumsteigerinnen gibt es im Werbebereich ebenfalls Dutzende Möglichkeiten: von der selbständig agierenden PR-Beraterin bis zur PR-Agenturunternehmerin.

Familienfreundlichkeit: Eher nicht gegeben, da Tätigkeiten in der Werbe- und PR-Szene – ähnlich wie im Journalismus – rasches Reagieren und Handeln voraussetzen, unabhängig davon, ob es einem gelegen kommt oder nicht. Ernstzunehmende (und gutbezahlte) Jobs in der Werbebranche sind immer auch mit hohem Zeitaufwand verbunden.

Mediendesignerin

Ein neuer, noch weitgehend unbekannter Beruf, der gerade deshalb große Entwicklungsmöglichkeiten bietet. Mediendesigner nutzen Computertechnologien, um Filme, Internetprogramme, Computerlernprogramme, spezielle Software oder die Optik ganzer TV-Produktionen zu entwerfen. Arbeitgeber sind etwa Computerhersteller, Werbeagenturen, TV-Sender, Verlage.

Die Voraussetzungen: Der Ausbildungsweg kann über eine Fachschule für Mediendesign, einen Studiengang (elektronische Medien) oder einfach durch „learning by doing" erfolgen. Da der Beruf relativ neu ist, gibt es auch noch keine starren Voraussetzungen – was kreativen Quereinsteigerinnen mit Eigeninitiative zugute kommt. Gute Chancen für Selbständige! Was man für eine Tätigkeit im Mediendesignbereich unbedingt braucht: grafisches Talent, Neugier – und vor allem keine Angst vor Technik.

Familienfreundlichkeit: Im Prinzip dann gegeben, wenn man auf selbständiger Basis arbeitet und einzelne Projekte betreut. Erfahrungsmäßig „ballt" sich die Arbeit zu gewissen Zeiten trotzdem, dann ist auch die unbedingte Präsenz erforderlich.

Touristikfachfrau

Urlaub will jeder machen, das wird auch in Zukunft so bleiben. Der Stellenwert von Erholung, Freizeit und Urlaub wird künftig sogar noch weit wichtiger als heute: Urlaub wird zunehmend mit Abenteuer, mit außergewöhnlichen Erlebnissen und Luxus gleichgesetzt – der ganz besondere Urlaub wird zum ganz normalen Wunsch. Genau das ist der Grund, warum der Touristikbranche enorme Wachstumsraten vorausgesagt werden. Normale Reisebüroangestellte können den immer spezifischeren Wünschen diverser Zielgruppen längst nicht mehr gerecht werden, Tourismusexperten versuchen es: Sie testen Urlaubsorte und Hotels, konzeptionieren Reisen, Ferienclubs und Hotelanlagen, analysieren Zielgruppen im Auftrag von Touristikunternehmen oder arbeiten für Fremdenverkehrsgemeinden. Quereinsteigerinnen in dieser Branche arbeiten oft als Reiseredakteurinnen, Clubmanagerinnen oder Reiseleiterinnen.

Die Voraussetzungen: Fremdsprachen und Kontaktfreudigkeit. Die Ausbildung kann über eine Lehre als Reisebürokauffrau erfolgen, über eine Hotel- oder Touristikfachschule oder über Privatschulen und Kurse, die einschlägige Lehrgänge anbieten. Ein fachspezifisches Studium ist allerdings meistens die Voraussetzung für Führungspositionen, etwa als Managerin bei Flug- oder Hotelgesellschaften.

Familienfreundlichkeit: Nicht gegeben. Häufige Reisen sind bei Tätigkeiten im Tourismusbereich (ausgenommen die Arbeit in einem Reisebüro) fast immer Voraussetzung.

Personaltrainerin oder Personalberaterin.
Sie vermittelt in Firmen und Großkonzernen zwischen Chefetage und Belegschaft, vertritt die Interessen des Unternehmens, indem sie sich um die Mitarbeiter kümmert, und die Interessen der Mitarbeiter, indem sie die Kommunikation zur Führungsebene erhält. Mit Personalfragen Beauftragte führen Einstellungsgespräche, erstellen Konzepte für Umschulungsmaßnahmen und Weiterbildungskurse, berechnen Gehälter, entwerfen Konzepte für mitarbeiterfreundliche Büro- und Freizeiträume eines Unternehmens. Personaltrainerinnen arbeiten auch als Managementcoachs, das heißt sie „briefen" Manager und Führungskräfte, halten mit ihnen Seminare ab (Antistreß, Mitarbeiterführung etc.) und betätigen sich als Karriereberater.
Die Voraussetzungen: Betriebswirtschafts- oder Jurastudium, psychologische oder/und soziologische Ausbildung. Auch Nichtakademikerinnen können im Personalwesen durch spezielle Traineeprogramme und Kurse Fuß fassen.
Familienfreundlichkeit: Eher nicht gegeben, außer die Tätigkeit im Personalbereich läuft auf selbständiger Basis ab (selbständiger Managementcoach etc.). Doch selbst dann ist die Kundenakquisition etc. fast immer an hohen Zeitaufwand gebunden. Führungskräfte im Personalwesen arbeiten praktisch niemals auf Teilzeitbasis.

Gesundheitswissenschaftlerin
Auf Gesundheitsfragen spezialisierte Experten sind gefragt wie nie. Krankenkassen und Arbeitgeber legen immer größeren Wert auf Vorsorge, Gesundheitsreformen sind zum großen Thema geworden. Auch die Fortschritte in der medizinischen Forschung erfordern immer mehr Experten auf diesem Gebiet. Gesundheitswissenschaftlerinnen haben ein breites Betätigungsfeld: Sie konzeptionieren Gesundheits- und Vorsorgepläne für Krankenhäuser, Krankenkassen oder im Auftrag der Wirtschaft, journalistisch Ambitionierte können im Auftrag von Fachpublikationen arbeiten.
Die Voraussetzungen: Entweder Studium (Medizin, Pharmazie, Wirtschafts- und Sozialwissenschaften, Psychologie) oder einschlägige Fachschulausbildung. Gutbezahlte Führungsposi-

tionen im Gesundheitsbereich sind fast immer Akademikerinnen vorbehalten, es sei denn, sie spezialisieren sich auf selbständige Beratungen.
Familienfreundlichkeit: Individuell verschieden, wobei Forschungstätigkeiten immer mit hohem Zeitaufwand und fixem außerhäuslichem Arbeitsplatz verbunden sind, selbständige Beratungstätigkeiten sind vom Zeitaufwand her steuerbar. Insgesamt aber eher nicht familienfreundlich.

Informatikerin

Ihre Welt ist die der Bits & Bytes. Im derzeit regierenden Multimediazeitalter herrscht nach ihr große Nachfrage, bis zum Jahr 2015 rechnen Arbeitsmarktforscher mit einem Stellenzuwachs von mindestens 150 Prozent im Informatikbereich. Die Informatikerin entwickelt und installiert Computerprogramme, arbeitet via diverse Programmiersprachen an der Lösung wirtschaftlicher und technischer Aufgabenstellungen, analysiert mittels Computerprogrammen verschiedenste Kundenaufträge, kann auch ganze Betriebssysteme (EDV-Anlagen) bedienen, konzeptionieren und überwachen.
Die Voraussetzungen: Informatikstudium, Spezialisierungen auf eine bestimmte Fachrichtung (Wirtschaftsinformatikerin, Medieninformatikerin) jederzeit möglich. Mathematik und Technik sollten Informatikerinnen vertraut sein, gute Englischkenntnisse sind wichtig. Nichtakademikerinnen haben auch im Datenverarbeitungsbereich gute Karrierechancen.
Familienfreundlichkeit: Nur bedingt gegeben, da Berufe in diesem Bereich fast immer mit hohem Zeitaufwand verbunden sind (immer vorausgesetzt, die Stelle ist gut bezahlt).

Finanzberaterin

Sie berät Privatkunden und Unternehmen bei Krediten und Wertpapierangelegenheiten, erstellt Finanzierungskonzepte, informiert über Anlagemöglichkeiten. Banken werden künftig verstärkt in den Dienstleistungsbereich investieren müssen, vor allem die Kundenberatung wird zum beherrschenden Dienstleistungsthema avancieren – was den Einsatz qualifizierter Beraterinnen erhöht.

Die Voraussetzungen: Entweder abgeschlossene Banklehre oder Betriebswirtschaftsstudium (eröffnet bessere Karriere- und Verdienstmöglichkeiten).
Familienfreundlichkeit: Mittelmäßig, da lukrative Tätigkeiten in diesem Bereich mit hohem Zeitaufwand verbunden sind.

Kommunikationselektronikerin

Die Zukunft liegt auf der Datenautobahn. Da die Kommunikationsnetze weltweit immer ausgefeilter werden, gilt die Kommunikationsbranche als jene mit der rasantesten Entwicklung. Und zwar so rasant, daß bisher noch nicht einmal die Unterscheidung in typische Frauen- und Männersparten aufgekommen ist. Was Frauen naturgemäß große Chancen bietet. Kommunikationselektronikerinnen entwickeln Geräte und Systeme der Telekommunikations-, Informations- und Datentechnik oder überprüfen und installieren Geräte (je nach Ausbildung).
Die Voraussetzungen: Fachschulabschluß (Studium meist nicht erforderlich) oder Lehre in einem einschlägigen Betrieb. Gute Aufstiegschancen, etwa zur Systemexpertin, Medientechnikerin, Betriebswissenschaftstechnikerin.
Familienfreundlichkeit: Erfahrungsgemäß nicht gegeben, da der Beruf noch zu neu ist, um nur halb ernst genommen zu werden.

Infobrokerin

Wissen ist schon derzeit Macht, künftig wird es zum noch wichtigeren Wirtschaftsfaktor. Mehr als die anderen zu wissen, wird für Unternehmen überlebenswichtig sein. Die Aufgabe der Infobrokerin ist es, gewünschte und für das Unternehmen erforderliche Informationen zu beschaffen. Infobrokerinnen recherchieren (z. B. via Datenbanken oder Internet) wirtschaftliche Trends oder Flop-Hintergründe, Einzelheiten über bestimmte Kunden oder Konkurse – schlicht alles, was ihre Auftraggeber wissen wollen.
Die Voraussetzungen: Eine spezifische Ausbildung dafür gibt es (noch) nicht, Infobrokerinnen sind also fast immer Autodidaktinnen mit Interesse an wirtschaftlichen und technischen

Zusammenhängen. Grundvoraussetzung ist ein sehr gutes Allgemeinwissen, Computerkenntnisse, logisches Denken. Fast alle Infobrokerinnen arbeiten freiberuflich und auf selbständiger Basis.
Familienfreundlichkeit: Absolut gegeben, da vorrangig einzelne Projekte betreut werden und die meiste Recherchearbeit via Computer erfolgt. Und der kann bekanntlich überall stehen.

Redakteurin für technische Bereiche

Je mehr technische Geräte auf den Markt kommen (und es werden täglich mehr), desto undurchschaubarer werden deren Funktionen – und desto verständlicher sollte die Handhabung für den meistens ohnehin schon techniküberforderten Benutzer sein. Damit auch technische Laien Gebrauchsanweisungen und Benutzerhandbücher verstehen, übersetzt die Technikredakteurin das Fachchinesisch in verständliche Sprache. Sie verfaßt Bedienungsanleitungen, vom Laptopdrucker bis zum Toaster, von der Videokamera bis zum elektronischen Wecker mit eingebauter Kaffemaschine. Sie verfaßt Computer- und Technikhandbücher, konzipiert Schulungslehrgänge im Technikbereich, arbeitet für einschlägige Medien.
Die Voraussetzungen: Akademische Ausbildung, z. B. ein Ingenieurstudium oder Besuch von Fachschulen bzw. Kursen und Lehrgängen. Ein gutes Formulierungsvermögen, Sprachgefühl und technisches Interesse sind notwendig.
Familienfreundlichkeit: Absolut gegeben, da nicht unbedingt an fixe Arbeitszeiten oder Büroräumlichkeiten gebunden.

Kraftfahrzeugsspezialistin

Laut offizieller Jobbeschreibung auch Automobilkauffrau genannt, ist das ein neuer Beruf rund um das (immer wichtiger werdende) Auto, der vom Zentralverband des deutschen Kraftfahrzeuggewerbes konzipiert wurde. Die Automobilkauffrau ist keine normale Autoverkäuferin, sondern hält den Kontakt zwischen Herstellern und Einzelhändlern bzw. kümmert sich um die Bestellung von Ersatzteilen und Neuwagen. Sie organisiert auch den Kundendienst und den Service, arbeitet also etwa Finanzierungsvorschläge für Kunden aus.

Die Voraussetzungen: Kaufmännische Ausbildung, Computerkenntnisse, technisches Know-how. Für Berufseinsteigerinnen kann die Ausbildung auch direkt im Automobilfachhandel (oder bei den Herstellern) erfolgen.
Für Autos sollte man sich generell ein bißchen mehr als die Durchschnittsbevölkerung interessieren. Wer obendrein gerne mit Menschen zu tun hat, liegt richtig.
Familienfreundlichkeit: Eher hoch, da Teilzeitarbeit meistens möglich.

Spezialjuristin

Eine auf Umweltrecht (z. B. auf Umweltschutz, Medien- oder Arbeitsrecht) spezialisierte Anwältin ahndet einschlägige Verstöße und profitiert natürlich – wie alle anderen auf bestimmte Bereiche spezialisierten Juristen – vom stetig wachsenden Paragraphendschungel. Auch große Unternehmen (z. B. Verlage, Medienunternehmen) sind längst dazu übergegangen, hauseigene Jurist(inn)en zu beschäftigen.
Die Voraussetzungen: Jurastudium, Zusatzausbildungen (z. B. an einem Institut für Umwelttechnik, in einem Verlag etc.).
Familienfreundlichkeit: Bedingt, da das Arbeitspensum normalerweise hoch ist. Teilzeit unter Umständen möglich.

Redakteurin/Journalistin/redaktionelle Sachbearbeiterin

Das Multimediazeitalter erfordert immer mehr Fachpersonal, das die Menscheit mit Informationen „füttert". Im Journalismus sind Frauen seit jeher das starke Geschlecht, weil viele ihrer angeborenen Fähigkeiten – Intuition, Situationsgespür, Menschenkenntnis und nicht zuletzt eine gewisse Zähigkeit – Grundvoraussetzungen für diesen Beruf sind. Bei Magazinen, Zeitungen und insbesondere bei TV-Sendern steigt der Bedarf an qualifizierten, redaktionell arbeitenden Frauen stetig, Aufstiegshierachien nach männlichen Prinzipien existieren nur sehr bedingt. Hier zählen – im Unterschied zu vielen anderen Branchen – tatsächlich nur Können und Leistung.
Die Voraussetzungen: Sehr gutes Allgemeinwissen, Fremdsprachen und die Bereitschaft zum 100prozentigen Einsatz. Ein Studium (z. B. Publizistik) ist eher zweitrangig, Maturaniveau

aber immer die Voraussetzung für einen ernstzunehmenden Job.

Familienfreundlichkeit: Nicht gegeben, da guter Journalismus immer den Einsatz der ganzen Person erfordert. Für Journalistinnen in Führungspositionen sind Teilzeitjobs indiskutabel. Freie Journalistinnen und Redakteurinnen können zwar von zu Hause aus arbeiten, ihre Verdienstmöglichkeiten sind aber sehr begrenzt. Bei 100-Prozent-Einsatz ist die Gehaltsskala nach oben offen.

... und das sind die Branchen und Berufe, die Sie künftig eher vergessen sollten

Der Einzelhandel

Arbeitsmarktexperten prognostizieren dem Einzelhandel in den kommenden zehn Jahre einen Beschäftigungsrückgang von 50 Prozent. Verkäuferin zu sein, bietet keine wirklichen Zukunftsperspektiven und ist zudem einer der familienunfreundlichsten und schlechtest bezahlten Berufe (strikte, familienunfreundliche Arbeitszeiten, Kinder sind am Arbeitsplatz nicht erwünscht). Teilzeitmodelle oder Job-sharing-Modelle (zwei Beschäftigte teilen sich einen Arbeitsplatz und gestalten die Zeiteinteilung flexibel) klingen in der Theorie meist gut, sind in der Praxis aber immer mit meist unzureichender Bezahlung verbunden.

Die Textilbranche

Seit Jahren verzeichnet die Bekleidungsbranche einen drastischen Rückgang an Arbeitsplätzen, der laut Experten auch weiterhin andauern wird. Interessant sind in der Textilbranche nur die noch wenig erschlossenen Nischen, also etwa spezielle Berufe im Bereich der Materialentwicklungen (Textiltechnikerin). Die Idee, sich mit einer kleinen Modeboutique selbständig zu machen, sollten Sie schnell vergessen, Klein- und Mittelunternehmen im Textilbereich sind derzeit die wirtschaftlich meistgefährdeten, die Konkurrenz der großen

Billiganbieter (die Markenware zu weitaus günstigeren Preisen) wirkt sich erdrückend aus. Wer dennoch im Textilbereich ein eigenes Unternehmen gründen will, sollte die Möglichkeit einer Franchiselizenz ins Auge fassen (etablierte Unternehmen und Ketten stellen Know-how und Ladeneinrichtung zur Verfügung, haben allerdings auch über das Sortiment Entscheidungsgewalt).

Klassische Büroberufe

Gemeint ist nicht die Chefsekretärin (die wird auch künftig unersetzbar sein, weil der Chef keine Lust hat, in den Computer zu diktieren und die Anrufe persönlich entgegenzunehmen), sondern die Ebenen darunter – Sachbearbeiterinnen etc. werden zunehmend durch automatisierte Arbeitsabläufe ersetzt, wer sich nicht rechtzeitig z. B. in Datenverarbeitung weiterbildet, hat kaum gute Verdienstmöglichkeiten.

Klassische Dienstleistungsberufe

Nur z. B. Friseurin zu sein, ist künftig zu wenig. Zusatzausbildungen (also etwa Kosmetik, Massage, Farb- und Typberatung oder Visagistenkurse, um bei Film oder Fernsehen arbeiten zu können) sind in traditionellen Dienstleistungsberufen künftig unumgänglich. Noch wichtiger: Kreativität, um neue Marktlücken zu entdecken und zu beackern.

Grafische Berufe, z. B. technische Zeichnerin oder Schnittzeichnerin

Der Computer ersetzt zunehmend das, was bisher von Hand gemacht wurde. Wer sich auf die neuen Technologien nicht umstellt, bleibt chancenlos.

Der traditionelle pädagogische Bereich (Lehrerin, Kindergärtnerin, Erzieherin etc.)

Auch wenn diese Tatsache für das System eines Staates ein Armutszeugnis darstellt: Aber die klassischen Frauenberufe wie Lehrerin, Kindergärtnerin, Horterzieherin etc. werden auch weiterhin zu den am schlechtesten bezahlten zählen. Die geringe Wertschätzung und Ignoranz, die der Staat jenen entgegenbringt, die sich mit der Ausbildung und Erziehung

von Kindern befassen, wird auch in den nächsten zehn Jahren nicht plötzlicher Hochachtung weichen.
Fazit, wenn Sie gerne mit Kindern arbeiten und eine gesunde Portion Idealismus in sich spüren: Kinderbetreuungseinrichtungen auf selbständiger Basis sind die Hoffungsträger der Zukunft. Einerseits für berufstätige Mütter, die ihre Kinder qualifiziert betreut wissen möchten. Andererseits für qualifizierte Unternehmerinnen, die daraus eine gesunde Geschäftsidee entwickeln können. Je mehr Eigeninitiativen auf diesem Gebiet entwickelt werden, desto besser für beide Seiten.

Die Frauenfeindlichkeit von Unternehmen

Daß sich Arbeitgeber und Unternehmen künftig verstärkt auf die Bedürfnisse von Frauen einstellen müssen, ist mittlerweile auch den letzten Ignoranten klar. Die Arbeitskraft der Frauen ist unverzichtbar, schon jetzt gibt es mehr weibliche als männliche Studien- und Hochschulabsolventen. Mit der Frauenfreundlichkeit von Unternehmen ist es derzeit allerdings noch nicht weit her: Erstklassige Kinderbetreuungsplätze, z. B. Betriebskindergärten, die ihre Öffnungszeiten den Arbeitszeiten anpassen und den Müttern etwa eine gemeinsame Mittagspause mit den Kindern ermöglichen, sind genauso rar wie flexible Arbeitszeitmodelle.
Falls Sie ein Unternehmen auf seine Frauen- bzw. Kinderfreundlichkeit (eines hängt bekanntlich eng mit dem anderen zusammen) prüfen wollen – hier die Checkliste mit den Kriterien, denen Sie besondere Beachtung schenken sollten und die in Zukunft immer wichtiger werden.

Ein Unternehmen ist frauenfreundlich . . .
. . . wenn es in der Chefetage zumindest 25 Prozent weibliche Mitarbeiter aufweist. Ist die Hierarchie bis zur zweiten Ebene rein männlich besetzt, sollten Sie – sofern Karriere bei Ihnen gleichbedeutend mit Aufstieg und Erfolg ist – nicht in diesen Betrieb eintreten. Sie werden die Strukturen nicht ändern können, oder nur unter besonders schweren Bedingungen.

... *wenn es flexible Arbeitszeitmodelle wie Gleitzeit oder individuelle Arbeitszeit anbietet.* Und zwar auch für führende Mitarbeiter(innen), beziehungsweise wenn es zulässig ist, daß einzelne Mitarbeiter von zu Hause aus via Computer für das Unternehmen arbeiten.
... *wenn es eine Rückkehrgarantie nach einer verlängerten Babypause gibt.* Nicht vergessen: alles schriftlich vereinbaren!
... *wenn während der Familienpause die Möglichkeiten zu Weiterbildungen bzw. zur Teilzeitarbeit angeboten werden.* Erkundigen Sie sich, welche Mitarbeiterinnen sich in Karenz befinden. Ein Anruf bei ihnen kann sehr informativ sein.
... *wenn die familienfreundlichen Maßnahmen rechtsverbindlich sind, also in Betriebsvereinbarungen festgelegt sind.* Vage Zusagen sind nur im Sinne des Erfinders, nämlich dem, der sie dann macht, wenn sie ihm gerade gelegen kommen. Die Zusage: „Ab und zu können Sie bestimmt auch einmal früher nach Hause gehen, Frau Meier", ist alles andere als familienfreundlich, weil sie im Klartext bedeutet: Die restliche Zeit müssen Sie Überstunden schieben.
... *wenn Führungskräfteseminare oder Trainings zum Thema Vereinbarkeit von Familie und Beruf angeboten werden.* Ein Unternehmer, der sich mit diesem Thema befaßt, signalisiert, daß er es ernst nimmt.
... *wenn ein betriebseigener Kindergarten zur Verfügung steht* bzw. bei der Vermittlung von Kindergartenplätzen geholfen wird.
... *wenn es ein innerbetriebliches Frauennetzwerk gibt,* das sich um spezielle Belange der Frauen annimmt.

Da alle Punkte auf einmal vermutlich nur in einem Unternehmen vorzufinden sind, das im Schlaraffenland angesiedelt ist, sollten Sie einen Kompromiß eingehen: Wenn zumindest drei der oben genannten Faktoren zutreffen, können Sie für den Anfang zufrieden sein. Und der Unternehmensleitung gelegentlich dadurch auffallen, daß Sie die ausstehenden Punkte zur Diskussion bringen.

Wieviel Karriere verträgt ein Kind?

Die Wahrheit über berufstätige Mütter und ihre Kinder

Fällt Ihnen ein logischer Grund ein, warum Kinder nicht darin unterstützt werden sollten, mehr als einem Menschen auf der Welt zu vertrauen?

Fällt Ihnen ein Grund ein, warum es für ein Kleinkind schlecht sein sollte, mehrere Bezugspersonen zu haben, die es mögen und mit ihm spielen, wenn die Mutter nicht zu Hause ist?

Finden Sie die Vorstellung beunruhigend, daß Ihr Kleines fröhlich hinter Ihnen herwinkt, wenn Sie ihm den Rücken kehren, und sich umgehend dem Spiel mit seiner Betreuungsperson zuwendet, ohne auch nur eine Träne ob Ihres Abganges zu vergießen?

Falls Sie der Gedanke, ein glückliches Kind zurückzulassen, eher ängstigt als befriedigt, weil Sie vielleicht denken, für eine gute Mutter-Kind-Bindung sei es unerläßlich, daß Kinder kreuzunglücklich sind, wenn ihre Mütter sie zeitweise jemand anderem überlassen, haben Sie zwei Möglichkeiten: Sie bleiben mit Ihrem Kind nach Art eines siamesischen Zwillings lebenslang verbunden und riskieren bei ihm ein paar kleine Neurosen.

Oder Sie trennen sich von der Vorstellung, daß eine ausschließliche Mutter-Kind-*Bindung* auch für eine bessere Mutter-Kind-*Beziehung* spricht.

In vielen Kulturen und in allen Teilen der Welt wurden und werden Kinder in Großfamilien, in Stammesverbänden, in Gruppen von mehreren Menschen, die sich die Betreuung teilen, aufgezogen. Es sind zufriedene, gesunde Kinder, die nicht mehr oder weniger psychische Schäden aufweisen als solche, die in einer Kleinfamilie irgendwo in einer Groß- oder Kleinstadt aufwachsen. Die These, daß ausschließlich die leibliche Mutter für das glückliche Sein oder Nichtsein ihres Kindes verantwortlich zu sein hat, ist eine der unsinnigsten auf dem Markt befindlichen. Leider erfreut sie sich noch immer regen Zuspruchs, obwohl es längst an der Zeit wäre, sie in den Wühlkorb mit der Ausverkaufsware zu stecken (der von der

besonders scheußlichen Sorte, die nicht einmal zum Billigtarif weggeht).
Der Exhibitionist im Parkgestrüpp, der vor der obdachlosen Streunerin den Mantel lüpft, wuchs vielleicht in einer Villa auf, mit einer Mutter, die ihn keine Sekunde mehr als unbedingt nötig alleine ließ. Die benebelte Streunerin hatte möglicherweise eine Mutter, die sie als Baby vor der Kirchentüre aussetzte. Und der nette junge Bankbeamte, der uns immer so flink bedient, wuchs vielleicht bei seiner Tante auf, weil sich seine Mutter als Stripperin häufig auf Provinztournee begab.
Mütter sind zweifellos prägend und wichtig, aber sie sind nicht alleine für das Gelingen oder Scheitern der Existenzen ihrer Kinder verantwortlich.
Mütter gehören einer Spezies an, die sich lieber grämt, als sich zu wehren, und deshalb kann man ihnen praktischerweise alles in die Schuhe schieben, was auf dieser Erde schiefläuft. Mit ihren unnötigen Spraydosen vergrößern sie sekündlich das Ozonloch und sind noch dazu den Kindern ein schlechtes Vorbild, mit ihrem Wäsche-weiß-Wahn versauen sie die Umwelt und sind wieder den Kindern ein schlechtes Vorbild. Und mit ihrem unverantwortlichen Treiben in Büros, Verkaufsräumen und Fabrikshallen legen sie den Grundstock zu einer mißratenen Gesellschaft.
Langsam, ganz langsam, beginnt allerdings eine neue Theorie zu greifen: die, daß zarte Kinderseelen zwar unzähligen Nöten und Gefahren ausgesetzt sind, doch im Normalfall nicht dadurch beschädigt werden, daß Mama einer rechtschaffenen Arbeit nachgeht.
Noch vor zehn Jahre berücksichtigten fast alle Forschungsergebnisse zum Thema nur die negativen Aspekte der mütterlichen Berufstätigkeit. Kaum ein Wissenschaftler nahm sich die Mühe, die zahlreichen positiven zu beschreiben: das höhere Selbstbewußtsein und die größere Lebenszufriedenheit der Mütter etwa, das Vorbild für die Kinder, eine wirtschaftlich unabhängige Frau zur Mutter zu haben – das alles ließ man stillschweigend unter den Tisch fallen.
Engagierte Psychologen und Soziologen klaubten den verschmähten Studienabfall auf, und siehe da: Er entpuppe sich

als ernstzunehmendes Material, das die Mär von der kinderseelenschädigenden berufstätigen Bezugsperson ins Märchenreich der Brüder Grimm verbannt.

Eine der umfassendsten europäischen Studien zur Mütterberufstätigkeit, die über den Zeitraum von drei Jahren geführte Untersuchung „Elternberufstätigkeit und Kindesentwicklung" (durchgeführt von der Österreichischen Arbeiterkammer), kommt zu dem Schluß, daß die Mütterberufstätigkeit kein Problem der Kinder, sondern der Mütter selbst ist. Die meisten Kinder stehen der Berufstätigkeit ihrer Mütter positiv gegenüber, weisen größere Selbständigkeit, Sicherheit und Bereitschaft zu sozialem Engagement auf als Kinder nichtberufstätiger Mütter. Das notorisch vorhandene schlechte Gewissen der Mütter wird demnach durch nichts untermauert.

Die stärkste Tendenz zu Verhaltensbeinträchtigungen (von Störungen kann, wie in der Studie ausdrücklich betont wird, nicht die Rede sein) weisen Kinder von materiell schlechtgestellten, alleinerziehenden berufstätigen Müttern auf. Unter ihnen finden sich allerdings auch ebenso viele, die überhaupt nicht emotionell belastet sind (das Verhältnis ist also ausgeglichen).

Die seelisch stabilsten und zufriedensten Kinder finden sich unter jenen, die in einer Zweikindfamilie aufwachsen und eine höher gebildete Mutter haben – unabhängig davon, ob diese berufstätig ist oder nicht.

Befragt zu ihrer Einstellung gegenüber arbeitenden Müttern, zeigte sich ein selbst für Soziologen überraschendes Ergebnis: Die Mehrzahl der sechs- bis fünfzehnjährigen Kinder ist „voll dafür", also damit einverstanden, daß ihre Mutter berufstätig ist. Die nachfolgende Tabelle zeigt das Umfrageergebnis im Detail.

Kindeseinstellung zum Beruf der Mutter

	Kindeseinstellung zum Beruf der Mutter					
	1	2	3	4	total	
	in Zeilenprozent				N	%
Schicht						
Unterschicht	23	34	37	6	62	22
Mittelschicht	36	30	22	12	181	66
Oberschicht	47	33	17	3	33	12
Gesamt	34	32	24	10	276	100
Familientyp						
Vollfamilie	30	33	27	10	231	84
mutterzentrierte Restfamilie	56	22	11	11	44	16
Gesamt	34	32	24	10	275	100
Bildung des Vaters						
Pflichtschule ohne weitere Ausbildung	30	29	35	6	39	17
Pflichtschule mit weiterer Ausbildung	26	34	27	13	151	67
Matura (Abitur)/ Hochschule	43	36	18	3	37	16
Gesamt	30	33	27	10	226	100
Bildung der Mutter						
Pflichtschule ohne weitere Ausbildung	30	29	29	12	89	32
Pflichtschule mit weiterer Ausbildung	35	30	25	10	149	54
Matura (Abitur)/ Hochschule	38	44	12	6	38	14
Gesamt	34	31	25	10	276	100

(1 = voll dafür, 2 = eher dafür, 3 = egal, 4 = dagegen)
Quelle: „Elternberufstätigkeit und Kindesentwicklung", Österreichischer Arbeiterkammertag

Der Großteil der befragten Kinder zieht eine durchgehende Berufstätigkeit ihrer Mütter der völligen Berufsabstinenz (Haushalt) vor. Die schlechtesten Beliebtheitswerte bei Kindern erreicht die sogenannte „diskontinuierliche Erwerbstätigkeit", das heißt, wenn sich Berufsphasen und Hausfrauphasen abwechseln. Das scheint Kinder mehr zu verunsichern als eine kontinuierliche Lebensform – welcher Art auch immer.

Daß der Großteil der Kinder mit der Tatsache, eine berufstätige Mutter zu haben, durchaus glücklich leben kann, geht aus diesen Daten deutlich hervor.

Der Sozialpsychologe Louis Hoffmann, Professor an der Universität von Michigan, hat sich außerdem die Mühe gemacht, eine fünfzig Jahre dauernde Forschungsarbeit zum Thema berufstätige Mütter auszuwerten („The study of employed mothers over half a century").

Er fand heraus, daß die Töchter solcher Frauen in vieler Hinsicht besser entwickelt sind als die Töchter von ausschließlichen Hausfrauen. Die Töchter berufstätiger Mütter schnitten bei Intelligenztests besser ab, waren selbstsicherer und kontaktfreudiger, hatten bessere Schulabschlüsse und schlugen häufiger eine eigene berufliche Laufbahn ein. Befragt nach ihrem Lebensvorbild, nannten fast 90 Prozent die eigene Mutter. Während die Töchter der Hausfrauen nur zu 45 Prozent ein Vorbild in der eigenen Mutter sahen und es später einmal „anders als sie" machen wollten. Die Töchter profitierten durchwegs davon, das Modell einer berufstätigen Frau in der Familie zu haben. Die Söhne verhielten sich neutral.

Hoffmann kam bei der Auswertung seiner Mammutarbeit zu dem Schluß, daß alle Nachteile, die den Kindern berufstätiger Mütter zugeteilt werden, reine Mutmaßungen sind und in der Praxis durch nichts gestützt werden.

Der britische Psychiater Michael Ruttner kam zu ganz ähnlichen Ergebnissen und verfaßte mehrere Forschungsarbeiten, die belegen, daß feste Bindungen an mehrere Personen für Kinder weit nützlicher als abträglich sind. Seine Überzeugung ist diese: „Auch kleine Kinder können ohne weiteres mehr als eine Person lieben. Tatsächlich ist es vielleicht sogar besser für sie, nicht nur von einer einzigen Person emotional abhängig zu sein."

Der kluge Mann vertritt, wie auch viele seiner Kollegen in den letzten Jahren, zudem die Meinung, daß schlechte Erfahrungen in der Kindheit (die wohlgemerkt nicht durch die mütterliche Außerhäuslichkeit bedingt sein müssen) nicht unbedingt eine dauerhaft schädigende Wirkung haben müssen. Kinder sind seiner Ansicht nach keine kleinen Porzellanpuppen, die beim ersten Anflug eines Problems zerbrechen.

Der naheliegende Schluß aus alldem: Kinder berufstätiger Mütter sind nicht nur ganz normale kleine Menschen, sie haben auch die allerbesten Voraussetzungen, sich zu ganz normalen Erwachsenen zu entwickeln. Tun sie es nicht, kann vieles dafür ausschlaggebend sein, mit hoher Wahrscheinlichkeit ist es aber nicht das Faktum, daß ihre Mutter ihnen nicht ihre uneingeschränkte Zeit zur Verfügung stellte.

Was geradewegs zum nächsten wunden Punkt führt: der Zeit, die berufstätige Mütter mit ihren Kindern verbringen (wenig wohlmeinende Zeitgenossen würden sagen: erübrigen können).

„Einmal im Leben will ich Zeit für mich haben!"

Das Zeitbudget der berufstätigen Mütter

Mütter mit Beruf sind nicht leicht zu beeindrucken, weil sie selbst imstande sind, Unmögliches zu schaffen. Jesus soll ja einmal, so hörten wir es in der Religionsstunde, fünftausend Hungrige mit nur fünf Broten und zwei Fischen genährt haben. Der Gute! Gemessen an heutigen Anforderungen würde er alt aussehen.

Noch können wir zwar nicht Wasser zu Wein verwandeln, sonst sind wir im Wunderwirken aber brauchbar. Durch Handauflegen lassen wir Bauchschmerzen und Angst vor Mathematikprüfungen verschwinden. Ein mißmutig hinter uns herschlurfendes Kind verwandeln wir durch Zauberkraft in ein motiviertes Lebewesen („Wenn du dich jetzt beeilst, dann darfst du . . ."), aus einem an sich leeren Kühlschrank tricksen wir, so ähnlich wie ein Magier die weißen Hasen unterm

Hut hervorzerrt, ein tadelloses Abendessen (diese praktischen, in Pappschachteln gepackten Doppel- und Dreifachdecker, die unsere Kinder binnen drei Sekunden hinunterwürgen; in unseren bisweilen liebevoll gekochten Menüs stochern sie im Regelfall an die 40 Minuten).

Selbst aus Tagen, die so elend beginnen, daß sie eigentlich kein Existenzrecht haben, verstehen wir das Beste zu machen: Das Kind hat Fieber, und wir sollten geschäftlich eigentlich nach Yokohama düsen? Pah, um uns zu irritieren, muß der liebe Gott schon andere Geschütze auffahren. („Hallo Mama? Kannst du einmal kurz für die nächsten fünf Tage bei uns einziehen?") Und dann sitzen wir zwölf Stunden später in der 19. Etage des Hotels Oshimura und telefonieren uns die Gehörmuschel wund, weil Lena oder Patrick oder Chantal-Geneviève auch noch leicht zu hüsteln begonnen hat. Und sich das Kindermädchen auch nicht so besonders fühlt, und sich der Kindesvater abends freigenommen hat. Was abzusehen war.

Prinzipiell hätten wir also alles im Griff, wenn das leidige Zeitproblem nicht wäre. Zeit ist das, was uns fehlt, vorne und hinten, morgens (wenn man sich *einmal* in Ruhe ein bißchen nett machen will und irgendein Familienmitglied diese ganz bestimmten blauen Socken nicht findet, ohne die es heute nicht imstande ist, das Haus zu verlassen) und abends (wenn man sich endlich den Frauenmagazinen zuwenden will, die immer so nette Zeiteinsparungstips bringen, einem aber blöderweise beim Abschnitt: „So effizient verwandeln Sie sich abends zur Geliebten Ihres eigenen Mannes" vor Müdigkeit die Augen zufallen).

Unser Tag ist in kleine Abschnitte geteilt, von denen jeder so knapp bemessen ist, daß wir die gottgegebenen Notwendigkeiten (Toilettenbesuche usw.) in lichtgeschwindigkeitsähnlichem Tempo absolvieren.

Wir parken in der zweiten Spur, um unser Kind – zack, rein mit dir, ein bißchen schneller! – zwischen Termin XY und der Verabredung beim Zahnarzt vor dem Schultor aufzuklauben (an die Irren in der Kolonne hinter uns, die bei solchen Gelegenheiten wie von Sinnen auf ihre Autohupen quetschen, haben wir uns längst gewöhnt. Wir ignorieren sie eisern).

Mahlzeiten, die tagsüber im Büro eingenommen werden, verdienen diesen Ausdruck nur bedingt. Ein Schokoriegel, schnell zwischen zwei Telefonaten eingeschoben, reicht doch auch fürs erste und liefert zudem neue Energie. Wir heißen ja nicht Heinrich Müller oder Emil Kwapill, daß wir so mir nichts, dir nichts für drei Stunden zum ausgiebigen Mittagessen in irgendein Gourmetlokal verschwinden und nebenher die neueste Betriebsintrige spinnen.
So was erledigen wir in fünf Minuten, telefonisch.
Ist das Tagwerk getan, schleppen sich die Privilegierteren unter uns, die z. B. die Einkäufe von einer guten Seele (die das selbstverständlich nur für gutes Geld *und* gute Worte macht) erledigt bekommen, nach Hause. Vielleicht mit einem Berg Manuskripten oder Akten oder sonstwas in der Tasche, damit sie vorsorglich ein bißchen Zeit durch Vorarbeiten oder Nacharbeiten für den nächsten Tag sparen. Richtig, die Kinder vergaß ich zu erwähnen! Die haben wir vorher noch irgendwo eingesammelt oder abgesetzt und wieder eingesammelt, je nachdem. Das fällt aber nicht ins Gewicht.
Die nicht so Privilegierten spurten in den nächsten Supermarkt, rammen den unbeirrt zwischen vier und sechs Uhr nachmittags einkaufenden Rentnern unabsichtlich einen Einkaufswagen auf die Fersenbeine („'tschuldigung, aber ich hab's wirklich eilig"), rennen in Horte, Kindergärten oder andere pädagogisch wertvolle Bewahrungsanstalten, versprechen den Betreuerinnen, beim Nachmittagsausflug nächste Woche als begleitender Elternteil zur Verfügung zu stehen („Mach' ich doch gerne, das kann ich schon einrichten!"), und eilen mit Kind und Kegel heim.
Der anschließende Zeitplan ist variabel, läßt aber trotzdem nur bedingte Ausrutscher zu. Trödeln beim Abendessen ist noch erlaubt, beim Zubettbringen der Kinder ist wiederum Disziplin gefragt. Wer den entscheidenen Fehler macht, sich unter Angabe fadenscheiniger Gründe (Vorlesen? Witze erzählen? Kuscheln?) zu den Kleinen zu legen, läuft Gefahr, in weniger als zehn Sekunden weggetreten zu sein. Und zwar komplett, denn schreckt man zwischen elf und zwölf dann doch noch hoch, mit dem vagen Hintergedanken, noch irgendwas

erledigen zu müssen, bleibt höchstens noch die Energie, um ins eigene Bett zu schlurfen. So ein Fauxpas bringt zeitmäßig alles dermaßen durcheinander, daß sich am nächsten Tag die Bügelwäsche noch zum Abspann von „Columbo" (23.40 Uhr!) im Urzustand befindet (aber nicht, weil wir die Zeit vor dem Fernseher verbracht haben!).
Haare waschen, entspannt im Schaumbad planschen, Nägel lackieren, Turbointensivcreme gegen Augenfalten einmassieren? Heben wir uns alles für das Wochenende auf. Wenn wir dann nämlich am Samstag vormittag für zwei Tage im voraus eingekauft haben, die defekte Fernsehfernbedienung zum Elektriker getragen, den Älteren unter Aufbietung aller Bezirzungskünste zum Friseur geschleppt und den Jüngeren unter Vorspiegelung scheinheiliger Argumente zur Tennisstunde genötigt haben („du wirst sehen, es wird dir gefallen, man kann nicht früh genug damit anfangen"). Und wenn wir irgendwie auch noch den Mann im Haus dazu gebracht haben, die von uns angeschleppten Nahrungsmittel in der Küche einzuräumen, wobei er Dinge, die offensichtlich nicht in den Kühlschrank gehören, fein säuberlich nebeneinander aufschlichtet, weil er nämlich keine Ahnung hat, in welche Schränke sie gehören – wenn wir all das also erledigt haben und nur noch ein samstagnachmittägliches Basketballmatch unseres Sohnes, alternierend mit der Ballettaufführung unserer Tochter, alternierend mit einem lustigen Geburtstagskinderfest (wofür nicht der Rede wert befindliche zehn Fünfjährige in die Wohnung einfallen) auf dem Programm steht: dann können wir beginnen, den Samstagabend zu genießen!
Morgen ist nämlich Sonntag, und da haben wir keine Zeit mehr: acht Uhr aufstehen und raus aufs Land!

Falls Sie noch keine Kinder haben, sollten Sie sich durch die oben beschriebene Praxisstudie nicht abschrecken lassen! Es wird, so Sie berufstätig bleiben, zwar knüppeldick kommen, Sie gewöhnen sich aber schnell daran. Genaugenommen merken Sie nach einer gewissen Zeit der „Doppelfunktion" gar nicht mehr, daß Sie ständig unter Zeitdruck stehen. Der Zustand geht Ihnen schnell in Fleisch und Blut über, und gerne

werden Sie die Abende dazu verwenden, friedlich zu ruhen. Statt auszugehen und einen Babysitter dafür zu bezahlen, daß er in Ihrem Sofa herrlich dösen kann, während Sie vor Müdigkeit der Unterhaltung des Abends kaum folgen können.
Eines sei Ihnen außerdem versichert: So knapp Ihr persönliches Zeitbudget auch sein mag – potentiellen Kindern wird es an nichts fehlen.
Berufstätige Mütter opfern eher ihren Schlaf, ihren Kinoabend, ihre Reit- oder Kung-Fu-Trainingsstunde (trotz knackigem Trainer – man bleibt ja Mensch, auch wenn man Mutter ist), als die gemeinsame Zeit mit ihren Kindern anzutasten.
Die passenden Studien dazu gibt es auch. (Ein Glück, daß es für jede Lebenslage eine passende Studie gibt, finden Sie nicht auch?)
So stellte der bereits weiter oben erwähnte US-Psychologe Louis Hoffmann in seinem großangelegten Forschungsbericht fest, daß Mütter, die ausschließlich zu Hause sind, keineswegs mehr Zeit in die intensive Beschäftigung mit ihren Kindern investieren als berufstätige Mütter.
Hoffmanns Studie hat im Detail untersucht, wieviel Zeit amerikanische Mütter täglich mit welchen Tätigkeiten verbringen. Es stellte sich heraus, daß Vollzeitmütter z. B. mehr Zeit mit Fernsehen verbrachten als mit irgendeiner anderen Tätigkeit. Nur das gemeinsame Essen mit den Kindern hatte eine ähnliche Anziehungskraft wie das TV-Programm. Die Zeit zum Spielen mit den Kindern ist für US-Durchschnittshausfrauen dementsprechend knapp: Laut Hoffmanns Studie sind es nur zehn Minuten täglich.
Diese Daten sind auf europäische Verhältnisse natürlich nicht umzulegen. Tatsache ist allerdings in Europa wie in Amerika, daß eine Mutter, die zu Hause ist, sich auch während eines Großteils der Zeit mit dem Haushalt beschäftigt. Natürlich können Berufstätige tagsüber nicht soviel Zeit für ihre Kinder aufwenden, wenn sie gar nicht da sind. Sie machen das Zeitmanko in der Regel aber ab dem Zeitpunkt ihres Eintreffens wieder wett. Untersuchungen in Familien mit unter zweijährigen Kindern haben zum Beispiel gezeigt, daß arbeitende Mütter insgesamt mehr mit ihren Kleinkindern

sprechen als Mütter, die den ganzen Tag beim Kind zu Hause sind.
Ich weiß von Veranstaltungen zu berichten, wo ich aus besagter Studie zitierte und wo Mütter, die bei ihren Kindern zu Hause sind, ob dieser Behauptung fast hyänengleich über mich herfielen. Deshalb, nur zur Erklärung: Ich selbst habe diese Studie weder durchgeführt noch in Auftrag gegeben, sie stammt von der US-Akademie der Kinderärzte (etwa ein Drittel der amerikanischen Kinderärzte beteiligte sich daran).
Aufgrund der Ergebnisse jedenfalls scheint die Berufstätigkeit von Frauen fast immer Anlaß zu sein, mit ihren Kindern vermehrt in Kontakt zu treten. Wichtig für die Kinder ist einzig die Qualität der Betreuung während Mutters Abwesenheit. Und die Fähigkeit der Mütter, mit ihren Kindern ohne Schuldgefühle zu agieren. Was selbst für geeichte Karrieristinnen, die ihrem Sekretär im Büro ein flottes: „Max, die Unterlagen und dazu einen Kaffee, bitte" hinwerfen, äußerst schwierig sein soll . . .

Eine vor einigen Jahren erstellte österreichische Mütterstudie, bei der 1.243 Mütter gefragt wurden, wieviel Zeit sie am Vortag ausschließlich (also in direkter Beschäftigung) mit dem Kind verbracht hatten, zeigte folgendes:
Im Gesamtdurchschnitt beschäftigen sich Mütter, unabhängig davon, ob berufstätig oder nicht, rund drei bis fünf Stunden täglich mit ihren Kindern (diese Zahlen stimmen auch exakt mit jenen der für dieses Buch erstellten Frauenumfrage überein). Teilzeitbeschäftigte Mütter beschäftigen sich mit den Kindern im nahezu gleichen Ausmaß wie Hausfrauen. Die Zeit, die Teilzeitbeschäftigte in den Beruf investieren, stecken Hausfrauen also in den Haushalt (und nicht in die Beschäftigung mit dem Kind).
Eine nichtberufstätige Durchschnittsmutter arbeitet pro Woche fünfzig Stunden im Haushalt (ausgenommen die Spiel- und Beschäftigungszeit mit den Kindern). Eine berufstätige Durchschnittsmutter arbeitet im Haushalt pro Woche fünfunddreißig Stunden, zusätzlich zu ihrer normalen Fünfunddreißig- bis Vierzigstundenwoche.

Das zeigt erstens, daß Berufstätige im Haushalt wesentlich weniger Aufwand treiben als Nichtberufstätige. Und zweitens, daß das absolvierte Pensum der Berufstätigen nicht von schlechten Eltern ist: Eine berufstätige Mutter kommt insgesamt auf eine Siebzig- bis Fünfundsiebzigstundenwoche.
Ein Lösungsvorschlag für die künftige Reduzierung dieses enormen Arbeitspensums bei berufstätigen Müttern lautet: Investieren Sie, soviel Sie sich leisten können, in Hilfe. Wer finanziell auch nur halbwegs in der Lage dazu ist, bleibt es im Grunde seinen Nerven schuldig, einen gewissen Betrag in Putzhilfen, Babysitter, Au-pair-Mädchen, Wäsche-, Bügel- und Einkaufsserviceleistungen zu investieren.
Hilfe im Haushalt anzunehmen hat nichts mit falsch verstandenem Wohlstandsdünkel, mit Privilegienwirtschaft oder gar Luxus zu tun. Nur mit Klugheit. Wer bereit ist, in Hilfe zu investieren, investiert in sich selbst. Und das ist immer noch das Wichtigste, denn ohne uns läuft bekanntlich überhaupt nichts.
Wie sich berufstätige Mütter ihren Tag einteilen, lesen Sie in den folgenden Berichten.

„Einmal im Leben möcht' ich Zeit für mich haben!"

Michaela N., Buchhalterin in einer Import-Export-Firma, teilzeitbeschäftigt, zwei Kinder (6 und 8).

„Um halb sechs stehe ich jeden Tag auf, weil in der Früh die einzige Zeit ist, wo ich ungestört alles erledigen kann. Ich mach' die Wäsche, bügle manchmal ein bißchen, kümmere mich um Haushaltsdinge. Um halb sieben mach' ich mich fertig, duschen, anziehen, herrichten. Um sieben wecke ich die Kinder, mein Mann steht immer erst später auf. Er ist im öffentlichen Dienst, arbeitet bis zehn Uhr am Abend, aber fängt dafür erst am Nachmittag an. Um zwanzig vor acht sind die Kinder und ich fertig zum Weggehen. Ich führe sie in die Schule und den Kindergarten, das Gebäude ist gleich nebenan. Dann fahre ich mit dem Bus weiter ins Büro. Um 20 Minuten nach acht bin ich dort. Bis um 14 Uhr bleibe ich in der Arbeit, dann fahr' ich meistens sofort nach Hause. Mein Mann hat in der Zwischenzeit die Kinder abgeholt, oft gehen

sie auch schon alleine nach Hause. Das Essen erledigt er mit ihnen, obwohl ich diejenige bin, die immer schaut, daß alles im Haus ist. Er kocht aber mittags für die Kinder oder schaut zumindest, daß sie irgendwas bekommen. Um halb drei bin ich zu Hause, da geht mein Mann grade zur Arbeit. Meistens sind die Kinder ungefähr eine halbe Stunde lang alleine zu Hause. Das ist ihnen aber egal, sie sitzen sowieso vor dem Fernseher, wenn ich komme. Ich versuche dann, sie von dort loszukriegen, indem ich halt irgendein Nachmittagsprogramm organisiere. Im Sommer Schwimmbad, im Winter Eislaufen, irgendwas, damit sie körperlich was tun. Zweimal die Woche geht der Große auch nachmittags Fußball spielen, da bin ich mit dem Kleinen alleine. Einkaufen geh' ich am Nachmittag natürlich auch. Und dann fahr' ich fast jeden Tag auf die Baustelle, weil wir mittendrin im Hausbauen sind. Da sind natürlich tausend Sachen zu erledigen. Am Wochenende sind wir fast immer auf der Baustelle, das geht jetzt seit fast zwei Jahren so. Mein Mann versucht, viel selbst zu machen, ich versuche zu helfen, wo ich kann.
Weil mein Mann erst nach zehn am Abend nach Hause kommt, komme ich kaum vor elf ins Bett. Die Stunde zwischen zehn und elf ist die einzige, wo wir unter der Woche die Dinge besprechen können. Sonst sehen wir uns ja praktisch nicht. Ich muß sagen, ich bin eigentlich schon sehr erschöpft. Jetzt zu arbeiten aufzuhören wäre natürlich unmöglich. Das neue Haus ist eine Sparkasse. Wenn wir mit dem Bauen fertig sind, der Umzug und alles erledigt ist, will ich einmal zehn Tage lang weg. Vielleicht auf eine Beautyfarm oder in ein Gesundheitshotel. Dorthin, wo ich etwas nur für mich machen kann. Einmal im Leben, möcht' ich Zeit für mich haben!"

„Manchmal muß ich mich zusammenreißen."

Andrea F., Abteilungsleiterin in einer Lebensmittelkette, eine Tochter (11).

„Meine Tochter und ich sind ein zusammengeschweißtes Team, unsere Zeiteinteilung unter der Woche ist ganz exakt aufeinander abgestimmt. Um sechs stehen wir auf, um sieben gehen wir beide von zu Hause los. Sie in die Schule, ich in

den Betrieb. Ich fange um halb acht zu arbeiten an, sie geht vor der Schule noch in einen Frühhort. Das ist ihr lieber so, als alleine von zu Hause wegzugehen. Mein Mann ist vor drei Jahren gestorben, vorher war ich nur halbtags beschäftigt. Das ist sich mit dem Kind alles sehr gut ausgegangen, zu Mittag konnte ich sie immer von der Schule abholen. Nach seinem Tod war natürlich alles anders. Ich habe ein paar Monate später ganztags zu arbeiten begonnen, in der Firma, in der ich auch vorher war. Nach einem Jahr bin ich zur Abteilungsleiterin einer Filiale aufgestiegen, das hat mich natürlich schon sehr motiviert. Obwohl: Wenn mein Mann noch leben würde, könnte ich mir nicht vorstellen, den ganzen Tag zu arbeiten. Ich finde schon, daß man als Mutter mehr Zeit als nur die Abende mit seinem Kind verbringen sollte. Aber bei uns ist es jetzt nicht anders möglich, das ist natürlich eine finanzielle Sache. Teilzeit ist immer schlecht bezahlt. Tagsüber komme ich natürlich jetzt zu kaum etwas, höchstens, daß ich zu Mittag einmal eine Erledigung mache. Ums Einkaufen brauche ich mich Gott sei Dank nicht zu kümmern, ich sitze ja an der Quelle und nehm' mir abends das mit, was ich brauche. Um halb fünf gehe ich nach Hause, am Freitag schon um halb eins. Alles, was so unter der Woche anfällt, wird also am Freitag nachmittag erledigt. Arzttermine, größere Einkäufe, Wohnungsangelegenheiten. Meine Tochter kommt um vier aus dem Hort nach Hause und ist meistens schon da, wenn ich dann so um fünf herum komme. Manchmal ist sie bei Freundinnen, ab und zu übernachtet sie auch bei denen. Das sind dann die Abende, wo ich mir schon Zeit für mich selbst nehme, ins Theater oder Kino gehe oder so. Einen neuen Partner gibt es nicht in meinem Leben, das ist auch mit dem Kind nicht so einfach. Für die Kleine war der Tod ihres Vaters damals ein unheimlicher Schock, ich habe länger Zeit gehabt, mich darauf vorzubereiten. Er ist an Krebs gestorben.
Ich habe eigentlich schon das Gefühl, zu wenig Zeit mit meinem Kind zu verbringen. Um fünf komm' ich nach Hause, um neun muß sie ins Bett, da bleibt nicht viel, was man noch unternehmen kann. Ich gehe fast immer vor elf Uhr schlafen, ich bin einfach erledigt am Abend. Meistens sogar zu müde,

um zu lesen. Am Wochenende machen wir natürlich viel zusammen, wir fahren irgendwo raus oder gehen ins Kino oder zum Schwimmen. Je größer sie wird, desto anspruchsvoller ist sie natürlich. Manchmal hab' ich überhaupt keine Energie, um mit ihr etwas zu unternehmen, da muß ich mich richtig zusammenreißen. Aber dann denke ich mir: Ich hab' ohnehin immer zu wenig Zeit für das Kind – also muß ich mitmachen."

„Sind die Kinder im Bett, beginnt mein freier Abend."

Christiane B., Prokuristin einer Möbelfirma, zwei Kinder (9 und 13).

„Ich habe das Gefühl, eigentlich ständig unter Zeitdruck zu stehen. Ich habe immer gearbeitet, nach den Kindern bin ich jeweils nur ein Jahr zu Hause geblieben. Meine Mutter hat mich immer sehr unterstützt, jetzt haben wir ab Mittag eine Tagesmutter, die zu uns ins Haus kommt. Im Prinzip ist mein Tag sehr gut eingeteilt, zumindest wüßte ich nicht, wie ich ihn noch besser organisieren könnte. Um halb sieben steht die ganze Familie auf, das Frühstück fällt aus, weil die Kinder erst in der Schule essen wollen und mein Mann und ich nur einen Kaffee trinken. Aber den eher im Stehen, ich kann mich überhaupt nicht erinnern, wochentags mit ihm schon einmal bei einem gemütlichen Frühstück gesessen zu sein. Das holen wir aber am Wochenende nach.

Um halb acht gehen die Kinder aus dem Haus, um acht gehe ich ins Büro. Mittags esse ich nichts, da erledige ich lieber ein paar Sachen. Einkäufe etc. Meistens geh' ich zwischen vier und halb fünf nach Hause, ab und zu erst um halb sechs. Die Tagesmutter geht, wenn ich komme, mein Mann kommt dann erst so um halb acht herum. Wenn ich zu Hause bin, kommt natürlich der Haushalt an die Reihe. Die Tagesmutter kocht zwar mittags für die Kinder, bereitet auch, wenn ich das möchte, das Abendessen zu. Aber den Kindern ist es lieber, wenn ich selbst koche, sie behaupten, dann schmeckt es ihnen besser. Also koche ich natürlich, schon auch wegen meines Mannes und mir, weil wir zu Mittag beide nichts Warmes essen. So bis um sechs, sieben Uhr herum bin ich immer mit dem Haushalt beschäftigt, die Kinder laufen da so nebenher mit. Mich richtig mit ihnen zusammenzusetzen und zum Beispiel etwas zu spielen, ist unter der Woche schwer möglich. Sie machen am Abend oft noch Schularbeiten, die muß man dann natürlich noch kontrollieren. Und so wird es ohnehin mindestens halb acht, bis wir essen, und neun, bis die Kinder im Bett sind. Ich habe es mir schon seit langem zur Angewohnheit gemacht, nachher nichts mehr zu tun. Wenn die Kinder im Bett sind, beginnt mein freier Abend, oder das, was halt davon übrig ist. Dann lese ich oder sehe fern oder wasch' mir die Haare. Nach neun Uhr hätte ich ohnehin zu nichts mehr Energie. Da fühle ich mich, wie wenn jemand den Stecker herausgezogen hätte. Meistens gehe ich schon vor elf Uhr schlafen, weil ich mich dabei am besten erhole. Generell glaube ich, daß meine Kinder nicht der Meinung sind, ich hätte zu wenig Zeit für sie. Zumindest haben sie mir das nie vermittelt. Ich selbst habe auch nicht das Gefühl, weil ich oft im Bekanntenkreis sehe, wie teilzeitbeschäftigte Mütter oder Hausfrauen mit ihrer Zeit umgehen. Viel uneffizienter, die machen dort und da etwas, fahren dorthin, fahren dahin, aber am Ende kommt das gleiche dabei heraus. Wer mehr Zeit hat, tut sich eben mehr an, aber die Kinder müssen davon nicht unbedingt profitieren.

10 goldenen Regeln für berufstätige Mütter

Die nachstehenden Tips kann ich Ihnen wärmstens ans Herz legen:

Regel Nr. 1. Leisten Sie sich Haushaltshilfen. Ich habe es weiter vorne schon erwähnt: Eine Hilfe im Haushalt ist für berufstätige Mütter kein Luxus, sondern eine Notwendigkeit. Wenn es finanziell nur halbwegs möglich ist, sollten Sie auf Fremdhilfe zurückgreifen. *(Über geeignete Kinderbetreuungspersonen lesen Sie ab Seite 269).*

Regel Nr. 2. Vergessen Sie den Mythos von der Superfrau, die kocht, wäscht, bäckt und Kinderfeste organisiert, schon nach dem Aufwachen aussieht wie Kim Basinger und obendrein ein Unternehmen mittlerer Größenordnung managt. Irgendwo müssen Sie Abstriche machen. Bei sich persönlich sollten Sie nur bedingt Abstriche machen: Zeitaufwendige Hobbys haben Sie sich ohnehin abgeschminkt, aber ein bißchen etwas *müssen* Sie sich gönnen. Zeit, die nur Ihnen gehört, ist ungeheuer wichtig, weil Sie sonst unter Garantie der Übellaunigkeit verfallen (was auch den Kindern nicht recht sein wird). Da Sie bei den Kindern, wie wir wissen, keine Abstriche machen, bleibt noch Ihr Mann. Heikel und Ermessenssache (bei zu großen oder zu häufigen Abstrichen reagieren Männer ziemlich kindisch). Im Beruf Abstriche zu machen bringt nur etwas, wenn Sie keine Aufstiegsambitionen haben bzw. die Arbeit in erster Linie als Mittel zum Geldverdienen betrachten. Bleibt noch der Haushalt – und da setzen Sie an! Wenn zeitweise das Chaos regiert – na und? Wir sind nicht im Mädchenpensionat, wo die Mutter Oberin die Kante-an-Kante-Staffelung im Schrank kontrolliert. Ganz wichtig: keine Hemmungen zu haben, um andere Familienmitglieder ordentlich einzusetzen. Das geht, indem man ihnen bei Mithilfe Dinge in Aussicht stellt, die sie mögen (Zeit mit Ihnen!).

Regel Nr. 3. Kaufen Sie effizient ein, wenn es um Sie selbst geht. Das setzt voraus, daß Sie niemals in Begleitung von Kindern, Ehemännern oder sonstigen Familienmitgliedern Dinge für sich selbst einkaufen. Wer ein Kind im Schlepptau hat, steht meistens unter Zeitdruck (und sei es nur, weil der Junior bockig reagiert, wenn Sie nach der dritten Boutique schnell noch in die vierte schauen wollen) und neigt deshalb zu gräßlichen Spontankäufen. Noch hinderlicher sind nur männliche Familienmitglieder, die in einem Naheverhältnis zu Ihnen stehen. Sie fallen gerne durch peinliches Verhalten auf, indem sie in Ihrem Lieblingsladen die zum Sterben schicke dunkelblaue Jacke, die Ihnen noch dazu wie maßgeschneidert steht, mit den Worten kommentieren: „Du hast doch schon zehn, die genauso ausschauen." Sie kaufen sie al-

so nicht (vergessen aber nicht, der Verkaufsperson nach Art eines britischen Geheimagenten zu signalisieren, daß Sie sie trotzdem gerade gekauft haben) und müssen sich die Mühe machen, zwei Tage später (ohne Handicap an Ihrer Seite) noch einmal vorbeizuhetzen, um sie abzuholen. Ihr liebenswerter Farbenblinder daheim bekommt dergleichen selbstverständlich nicht mit, weil *eine* dunkelblaue Jacke für ihn eben so aussieht wie *alle* dunkelblauen Jacken.
Das alles ersparen Sie sich aber, wenn Sie allein zum Shopping gehen.

Regel Nr. 4. Brechen Sie den Kontakt zu Menschen ab, die Ihnen unsympathisch oder gleichgültig sind. Berufstätige Mütter müssen wählerisch sein, auch was die Leute betrifft, mit denen sie sich umgeben. Sie finden Frau XY besonders nervend, fühlen sich aber irgendwie verpflichtet, mit ihr ein Treffen zu arrangieren, weil sie einander vor 25 Jahren bei den Pfadfinderinnen ewige Freundschaft und jeden Tag eine gute Tat geschworen haben? Vergessen Sie es – die gute Tat zum Tag ist, wenn Sie sich um sich selbst kümmern.

Regel Nr. 5. Legen Sie sich *kein* Handy zu, auf dem Sie jederzeit erreichbar sind. Oder wenn Sie schon eines haben: Schalten Sie es konsequent ab, wenn Sie mit den Kindern zusammen sind. (Der primäre Grund eines Handys ist es nämlich, wie ich meine, für wirklich wichtige Menschen wie etwa Kinder erreichbar zu sein, nicht für Workaholics, die uns morgen im Büro genauso sprechen können.)

Regel Nr. 6. Greifen Sie auf Großmütter, Tanten oder sonstige möglicherweise unausgelastete Familienmitglieder zurück, wenn Sie Hilfe für die Kinder (oder auch den Haushalt) benötigen. Falscher Stolz („Ich schaffe das alleine") ist genauso unsinnig wie Kleinlichkeit in häuslichen oder erzieherischen Bereichen. Ihre Schwiegermutter besteht darauf, die Kinder schon um sieben ins Bett zu bringen, während Sie der Meinung sind, sie sollen erst schlafen, wenn sie müde sind? Lassen Sie die Dame walten, wie sie will. Wenn die von ihr aufgestellten Regeln nichts bewirken, ist sie die erste, die es merkt. Also: Augen zu und durch. Wer weiß, ob Sie im Alter nicht auch etwas skurril werden. Den Kindern schadet's nicht.

Regel Nr. 7. Organisieren Sie Austauschprogramme. Am Samstag darf Marielle zu Ihrer Tochter kommen, dafür darf Ihre Desirée am Montag darauf, wenn Sie ohnhin keine Zeit hätten, sie pünktlich vom Kindergarten abzuholen, zu ihr. Sogenannte Kinderringe, bei denen sich mehrere (meist berufstätige) Mütter zu einer lockeren Versorgungsgemeinschaft zusammenschließen und sich nach Absprache gegenseitig aus der Klemme helfen, funktionieren fast immer grandios. Sprechen Sie sich mit Freundinnen und Bekannten ab, die Kinder im gleichen Alter haben – Sie werden sehen: Der Bedarf an dieser „Betreuungsform" ist enorm.

Regel Nr. 8. Besser als strikte Tageszeitpläne, die oft durch unvorhergesehene Ereignisse umgeworfen werden, ist eine fixe Zeit, die Sie für ganz bestimmte Dinge reservieren: Ich selbst versuche täglich, alle wichtigen und dringenden Angelegenheiten (sei es beruflich oder privat) vor elf Uhr vormittags zu erledigen. Nachher habe ich den Kopf frei für das „Nebensächliche". Falls Sie in einen Arbeitsprozeß eingebunden sind, der Ihnen wenig eigenen Spielraum läßt, versuchen Sie, wichtige Termine usw. immer auf die Morgenstunden zu legen. Termine am Nachmittag zerstückeln den Tag insofern, als man unbedingt rechtzeitig vor dem Termin noch alles Wichtige erledigt haben möchte, dann durch Unvorhergesehenes abgelenkt wird, es doch nicht schafft, eigentlich schon weg müßte . . .
Im umgekehrten Fall können Sie viel entspannter agieren.

Regel Nr. 9. Ihre Kinder sollten alle Personen in Ihrem Arbeitsumfeld kennen (zumindest ab dem Zeitpunkt, wo sie selbständig telefonieren können), um Nachrichten etc. deponieren zu können. Für einen Achtjährigen ist es leichter, eine Nachricht bei einem ihm vertrauten Gesicht zu hinterlassen als bei einer anonymen Person. Generell ist es unsinnig, Kinder komplett aus dem Büro zu verbannen. Wer (wie ich) Mitarbeiter hat, die ihre Kinder gelegentlich mitbringen, sei es, weil gerade niemand auf sie aufpassen kann, oder auch weil das die Kinder einfach möchten, weiß: Kinder, auch sehr kleine, führen sich in einem Arbeitsumfeld mit Erwachsenen im allgemeinen sehr zivilisiert auf und stören keinen Menschen. Im Gegenteil: Ein bißchen Menschlichkeit tut jedem Unternehmen gut.

Regel Nr. 10. Söhnen Sie sich mit Ihrer Situation aus, egal, wie sie sein mag. Das funktioniert am besten, indem Sie sich vor Augen halten, was in Ihrem Leben alles positiv ist (siehe auch „Balancing" ab Seite 159). Und behalten Sie die alte, bewährte goldene Regel berufstätiger Mütter immer im Hinterkopf: Solange Ihnen das, was Sie machen, Spaß macht bzw. Sie damit zufrieden sind – so lange geht es Ihren Kindern gut. Das Schönste für Kinder ist es, eine glückliche Mutter zu haben, die ihnen vermittelt, mit ihrem Leben zufrieden zu sein.

Wer die Kinder der „Rabenmütter" betreut

Unseren Kindern geht es so gut wie keiner anderen Kindergeneration davor. Sie werden schon im Mutterleib zu Mozarts „kleiner Nachtmusik" gewiegt, sie urlauben in Babyhotels, wo man sie im Alter von 18 Monaten unter acht Menüs wählen läßt, sie betätigen Kindercomputer, ruinieren mit links den absolut kindersicheren Kinderkassettenrecorder und lenken schnittige, batteriebetriebene Plastikferraris, in denen sie ungefragt über den Wohnzimmerteppich plättern (und wir sind so entzückt darüber, weil sie so entzückend dabei aussehen, daß uns im Grunde auch egal ist, wenn der Teppich nachher der Entsorgung zugeführt werden muß).
Schreibt der Junior drei Englischarbeiten hintereinander auf eine glatte Fünf, zerfleischen wir uns selbst die Brust (muß wohl irgendwie an uns liegen!), organisieren Nachhilfelehrer, Trostpreise (zur Motivation), notfalls Psychotherapeuten, kä-

men aber nie auf die Idee, daß es an purer Faulheit liegen könnte.
Fernsehverbot, Hausarrest, „Nie wieder darfst du mit auf Urlaub fahren"-Drohungen? Damit konnte man uns damals vielleicht noch zu irgendwas bewegen, vor hundert Jahren oder so ähnlich. Heute würden derlei mündlich vorgebrachte Sanktionen unserem Zwölfjährigen bestenfalls ein flockiges „Ey, Mama, bleib doch cool" entlocken. Oder er würde uns stumm und bedeutungsvoll anblicken, in der Art, wie die Pfleger die Cinemascope-Irrenhausinsassen in „Einer flog über das Kuckucksnest" ansahen. Bleib ganz ruhig, würde sein fester Blick ausdrücken, und mach mir bitte keine Schereien, bis sie dich holen kommen.
Da wir wissen, wie das Kind reagiert, sagen wir auch nichts Böses zu ihm.
Trotzdem wir unsere geliebte Brut also auf Händen tragen und wie die Prinzessin auf der Erbse auf einen Berg von weichen, warmen Daunen betten, wächst sie in einem Umfeld auf, das die Bezeichnung kinderfreundlich nicht verdient. Kinder sind einerseits willkommene Konsumliliputaner, denen so lange eingetrichtert wird, daß ihnen ohne schweineteure Marken-Kunststoff-Latschen die Füße abfallen, bis sie es nicht nur selbst glauben, sondern – besondes blamabel – bis wir es glauben. Und sie ihnen auf der Stelle kaufen.
Andererseits sind sie vielen Menschen lästig und bei manchen auch nur ungern geduldet („Drei Kinder haben Sie? Tut mir leid, die Stelle ist schon weg"). Kinder bewegen sich, sieht man von zu Hause einmal ab, in keinem kinderfreundlichen Umfeld. Sie knotzen vormittagelang auf kleinen Holzstühlen, um mehr über die Hintergründe der ersten Türkenbelagerung zu erfahren, spielen in betonierten Gehegen und lernen früh, daß außer Leistung nur noch eines zählt: nämlich die bessere Leistung zu bringen. Das alles wissen wir und können es doch nicht ändern. Alternativschulen erscheinen uns auch nicht als Alternative, weil sie vor unserem geistigen Auge seltsam lebensfremde Bilder entstehen lassen. Etwa bloßfüßige Knirpse vom Zuschnitt eines Huckleberry Finn,

die schläfrig auf angespeckten Schaumstoffmatten lümmeln oder, wenn sie Lust dazu haben, ihre Emotionen mittels Schrei-und-Stampf-Therapie in den Raum stellen, wobei eine alternative erwachsene Person in Birkenstocksandalen sanft dazu die Bongos schlägt und unablässig murmelt: „Ja, befrei dich, laß es endlich raus."

Dann schon lieber Mathetests nach Leistungspunkten.

Und wir, die Mütter? Bewegen wir uns etwa in einem mütterfreundlichen Umfeld? Nein, nein, und noch einmal nein.

Wir müssen es ja schließlich organisieren, daß unsere Kinder den Anforderungen der Gesellschaft auch gerecht werden, daß sie weder zu Lebensversagern noch zu Konsumtrotteln erzogen werden, daß ihr Leistungsdenken gerade so hoch dosiert ist, daß sie sich nicht unterkriegen lassen und den Ehrgeiz nicht verlieren, daß sie hart im Nehmen sind und nicht in Tränen ausbrechen, wenn ihnen ein Älterer gewaltsam das Pausenbrot entwendet. Ob dieser Mammutaufgabe geraten wir manchmal ganz schön ins Schwitzen, vor allem weil wir Vorbild sein sollen für jene Rollen, die uns selbst höchst undurchsichtig scheinen.

Und dann kommt noch eine alles erschwerende, alles enorm komplizierende Tatsache dazu: die, daß wir tagsüber gar nicht da sind und die Betreuung, Erziehung und Beeinflussung (alleine bei diesem Wort wird uns wieder heiß) unserer Lieblinge an andere abtreten müssen.

Sehen wir uns also an, wer genau an ihnen herumdoktert und sich an ihren formbaren, verletzlichen Seelen zu schaffen macht, während wir den Zaster herbeischaffen, der die zufriedenstellende Ausstattung der Versuchsobjekte garantiert. Wir fangen bei den Jüngsten an:

Die Betreuung von unter dreijährigen Kindern ist fast ausschließlich die Privatangelegenheit der Eltern, und zwar insofern, als der Staat sich ihnen gegenüber blind, taub und stumm stellt, nach Art der drei göttlichen Affen von Nikko. Neuesten Zahlen zufolge besuchen nur etwa zwischen sechs und acht Prozent der unter dreijährigen Kinder eine Krippe bzw. einen Kindergarten. Öffentliche Kinderbetreuungsplätze

für die Jüngsten haben Seltenheitswert, und aufgrund der europaweit allgemein aktuellen Spargesinnung wird sich dieser Zustand in den nächsten Jahren nicht gravierend ändern.
Sie sind im Ernst so naiv zu glauben, daß Kinderbetreuungsplätze für einen Staat weit mehr Sinn machen würden als Autobahnzubringer-Doppelstock-Brückenkonstruktionen mit integrierten Geisterfahrer-Alarmanlagen? Na, na, na, da haben Sie in der Stunde „Politische Bildung" wohl wieder Löcher in die Luft gestarrt, statt zuzuhören! Hier der Lehrstoff also noch einmal zur Auffrischung: Autobahnbrücken sind deshalb wichtig, weil sie von Männern gebaut werden können und deshalb viele, viele Arbeitsplätze sichern. Kindergärten sind deshalb ein Unsinn, weil Frauen durch ihre Existenz nur auf dumme Gedanken kommen. Zum Beispiel könnten sie sich einbilden, dann guten Gewissens arbeiten gehen zu dürfen, was aber grundsätzlich abzulehnen ist. Deshalb ist es für alle Beteiligten besser, man führt die leicht zu begeisternden Frauenspersonen durch das Nicht-zur-Verfügung-Stellen ordentlicher Kinderbetreuungsanstalten erst gar nicht in Versuchung, arbeiten zu rennen. Merke: Taktik ist alles.
Eine Befragung unter 3.000 österreichischen Müttern hat ergeben, daß jede zweite Mutter gerne einer beruflichen Tätigkeit nachgehen würde, wäre die Betreuung für ihr Kind gewährleistet. Auch für Profiignoranten müßte demnach klar sein, daß das Angebot an qualifizierter Kinderbetreuung die Nachfrage auf dem Arbeitsmarkt bestimmt.
Und daß es nicht umgekehrt ist, wie wohlmeinende Politiker immer wieder gerne jovial behaupten:

Politiker: „Schauen Sie, Kinderl, die meisten Frauen wollen doch gar nicht berufstätig sein, die wollen zu Hause bei den Kindern bleiben!"
„Wie kommen Sie denn darauf, Herr Politiker?"
Politiker: „Na, sehen Sie, wie Sie wieder keine Ahnung haben, Kinderl. Also es ist so, schreiben Sie sich das aber auf, weil mit dem Merken haben Sie vielleicht Probleme: Bei uns auf dem Land haben die meisten Kindergärten nur bis Mittag geöffnet, und das hat den Vorteil, daß die Frauen nachmittags

bei ihren Kindern sein können. Wir gehen da mit gutem Beispiel voran, ha-ha, ‚auf in die Zukunft' ist die Devise . . ."

„Aber bitte, Herr Politiker, vielleicht sehen Sie das ja einseitig: Vielleicht müssen die Frauen ja nachmittags bei ihren Kindern sein, weil sie eben niemanden mehr haben, der auf die Kinder aufpaßt, wenn der Kindergarten zu ist . . ."

Politiker: „Mein Gott, Kinderl, seien Sie doch nicht immer derart kompliziert! Wenn ich Ihnen schon sage: Die Frauen wollen doch daheim bei den Kindern sein, und deshalb macht der Kindergarten eben zu um zwölf . . ."

„Aber bitte, Herr Politiker, woher können Sie das denn so genau wissen?"

Politiker: „Kinderl, jetzt werden Sie langsam lästig. Ich weiß das, weil ich ja auch eine Frau daheim hab'. Und die käm' nie auf die Idee, unsere neun Kinder in einen Kindergarten zu stecken und dann in irgendeine Arbeit zu rennen. Hat sie auch gar nicht notwendig, ha-ha, hat eh genug Arbeit daheim. Ich rede da ja schließlich nicht irgendwas daher, ich steh' mitten im Leben. Sollten sich ein Beispiel nehmen, Kinderl, statt immer alles zu verdrehen!"

Alles klar?

Was passiert nun also mit den verbleibenden unter Dreijährigen mit berufstätigen Müttern, die ihr Kind nicht in der Obhut des Staats lassen können? Sie werden, so die themenbezogene Studie „Wer betreut die Kinder?" (Gerda Neyer), überwiegend von Großmüttern betreut, und zwar 60 Prozent unter ihnen. Die restlichen Kinder werden von Tagesmüttern, Verwandten oder den Vätern betreut – die übernehmen die regelmäßige Tagesbetreuung von unter Dreijährigen in (bitte anschnallen!) drei Prozent der Fälle.

Damit liefern sie sich ein knappes Kopf-an-Kopf-Duell mit bezahlten Kinder- und Au-pair-Mädchen, die ebenso häufig wie die Väter zur Tat schreiten.

Was die Väter verweigern, müssen deren eigene Mütter oft wieder wettmachen: In ländlichen Regionen werden Untersuchungen zufolge auch 40 Prozent aller Vorschul- und Grundschulkinder von der Oma betreut.

Im zeitlichen Vergleich zeigt sich außerdem ein enormer Anstieg der großmütterlichen Hilfe in den letzten Jahren: 1969 erhielten 18 Prozent der berufstätigen Mütter regelmäßig Hilfe durch die Großmutter, 1977 waren es schon 20 Prozent. In den letzten zwanzig Jahren hat sich dieser Prozentsatz verdoppelt.
Daß heute die Großmütter zu den wichtigsten Betreuungspersonen für Kinder berufstätiger Mütter zählen, ist für die Kinder im Grunde erfreulich (Sie und ich wissen: Nichts und niemand geht über die Oma!), wirft aber auf die Gesellschaft ein zweifelhaftes Licht. Es zeigt nämlich, daß Politiker die Doppelbelastung berufstätiger Mütter weitgehend als deren Privatsache ansehen.
So gesehen ist es übrigens auch nicht verwunderlich, daß in den USA, wo 70 Prozent aller Mütter mit Vorschulkindern außer Haus arbeiten und die Sozialleistungen um vieles schlechter als in Europa sind, eine Organisation gegründet wurde, die die Vorteile der Kinderlosigkeit verficht. Diese wären etwa:

1. Eine rationale Abwägung des Kosten-Nutzen-Verhältnisses, das durch Kinder entsteht, ergibt ein massives Übergewicht auf der Kostenseite.
2. Kinder sind eine katastrophale ökonomische Last.
3. Kinder sind ein Hemmschuh für ein aktives, freies gesellschaftliches Leben.

Die Anhänger dieser amerikanischen Anti-Kinder-Liga mögen mit ihren Ansichten recht haben oder auch bedauernswerte Narren sein, das ist Ansichtssache.
Wir jedenfalls haben das Problem, unsere massiven „Übergewichte auf der Kostenseite" auch noch irgendwo unterbringen zu müssen.
Da sich das Angebot an institutioneller Kinderbetreuung fast ausschließlich auf Drei- bis Sechsjährige beschränkt, steht man spätestens zum Schuleintritt des Kindes wieder als Gelackmeierter da. Für Grundschulkinder ist die außerschulische Nachmittagsbetreuung zwar immerhin besser als die Betreuung der unter Dreijährigen, trotzdem kann von einem flächendeckenden Betreuungsnetz nicht die Rede sein. Nur

30 Prozent der Kinder (berufstätiger Mütter) im Schulalter besuchen am Nachmittag einen Hort. Die restlichen 70 Prozent teilen sich wiederum auf Großmütter, Tagesmütter und sonstige privat organisierte Personen auf.
Umfragen haben ergeben, daß sich die meisten Mütter nicht mehr als ein Sechstel ihres Gehalts für die Kinderbetreuung leisten können. Das ist natürlich der Hauptgrund dafür, warum die Kindermädchenrate (mit nur drei Prozent) so niedrig ist.
Ich halte die individuelle, sozusagen „maßgeschneiderte" Kinderbetreuung trotzdem für die zukunftsweisende Betreuungsform, und zwar aus zwei Gründen: Erstens wird es immer wichtiger, sich nicht auf öffentliche Stellen zu verlassen, wenn Qualität erwünscht ist. Das gilt für die nächsten Jahre noch mehr als für heute.
Zweitens bietet aber gerade ein Bedürfnis, das von öffentlicher Seite schlimmstenfalls ignoriert, bestenfalls nur alibihalber wahrgenommen wird, alle Chancen für individuelle Ideen. Schon heute zeigen engagierte Unternehmerinnen vor, wie es gehen könnte. In Deutschland existieren bereits sogenannte „Baby- und Kinderbüros", die gegen Vermittlungsgebühr qualifizierte Betreuerinnen nennen, Vorstellungsgespräche organisieren und Mütter bei der Suche nach dem geeigneten Kindermädchen unterstützen. Mag diese Idee in manchen Bereichen auch noch in den sprichwörtlichen Kinderschuhen stecken, so ist sie immerhin ein Anfang. In fast allen Großstädten existieren zudem „Kinderdrehscheiben" (die Nummern erhalten Sie über die zuständigen Rathäuser), die bei der Suche nach der geeigneten Tagesmutter helfen.

Wie Sie künftig erfolgreich nach (Haus-)Perlen tauchen

Alle Untersuchungen zum Thema Kindesentwicklung bei Fremdbetreuung zeigen zwei Ergebnisse: Babies und Kleinkinder unter drei Jahren benötigen größtmögliche individuelle Betreuung, das heißt, sie fühlen sich bei Tagesmüttern oder mit einem Kindermädchen fast immer wohler als in Krippen oder Kindergärten.
Wenn Sie Ihr Kind einer Tagesmutter anvertrauen, fragen Sie

sie, worin sie ihre Aufgabe mit den Kindern sieht, wie ein typischer Tagesablauf mit ihr aussieht, was sie mit den Kindern unternimmt etc. Manche angenehme Vormittagsfamilie mit z. B. einem Baby und einem Krabbelkind verwandelt sich ab Mittag in ein Tollhaus, wenn noch drei bis vier Abc-Schützen dazustoßen. Normalerweise bieten Haushalte, die von einer freundlichen, tüchtigen Tagesmutter geführt werden, aber eine ideale Art der Betreuung.

Kinder über drei Jahre zeigen, so sie in (möglichst kleinen) Gruppen in einem Kindergarten betreut werden, fast immer eine bessere Entwicklung als gleichaltrige Kinder, die im Haushalt betreut werden (egal, ob im eigenen oder in dem einer Tagesmutter).

Mütter, die sich den Luxus einer Vollzeitbeschäftigung leisten oder leisten müssen, sind durch die unflexiblen Öffnungszeiten von Kindergärten oft gezwungen, eine zusätzliche Betreuung zu organisieren. Üblicherweise wird diese Person als Kindermädchen bezeichnet, obwohl der Begriff natürlich äußerst dehnbar ist. Eine ausgebildete Kinderfrau (mit Säuglingsschwesternausbildung), die im Haushalt angestellt ist und alle Arbeitnehmerprivilegien genießt (Überstundenabgeltung inbegriffen: Die Kindesmutter wird nämlich ihrerseits eine Menge davon schieben müssen, um sich den Luxus der angestellten Kinderfrau leisten zu können), zählt genauso dazu wie Etienne aus Paris (auf Au-pair-Basis) oder Jovanka aus dem mehr östlich gelegenen Gebiet.

Die Jovankas überwiegen natürlich eindeutig und werden das auch in Zukunft tun. Sie sind in der Familie offiziell meist nur „zur Gast" (und machen sich, wie das Gäste manchmal tun, gleich ein wenig nützlich), weil alles andere an den Staatsbürokratien scheitert. Wer je versucht hat, für eine Cora von den Philippinen, eine Ivana aus Polen oder eine Etelka aus Ungarn eine Beschäftigungsbewilligung als Kindermädchen zu bekommen, wird bei diesen Zeilen vermutlich in hysterisches Gelächter ausbrechen, sich auf den Boden werfen und mit dem Kopf rhythmische Schlagbewegungen auf harte Widerstände vollführen.

Für die anderen, nur zur Erklärung (während sich unsere be-

dauernswerten Zeitgenossinnen, die sich immer noch hysterisch kichernd auf dem Boden wälzen, ein wenig beruhigen können):
Wer eine Ausländerin als Betreuerin für seine Kinder engagieren will, benötigt für sie eine Arbeitserlaubnis. Diese erhält die Person aber nur, wenn sie eine Aufenthaltsbewilligung vorweisen kann. Und raten nun Sie einmal, wie sie es anstellen muß, damit sie eine Aufenthaltsbewilligung bekommt? Richtig! Sie muß bloß eine Arbeitserlaubnis vorweisen können.
Ist das nicht eine gelungene Idee für eine neue Art der Beschäftigungstherapie? Gleich zwei Menschen ist auf einen Schlag dadurch geholfen, daß sie viele, viele Monate mit vielen, vielen Ansuchen und Behördengängen verplanen: einer Mutter, die händeringend jemanden zur Betreuung ihres Kindes sucht *und* der potentiellen Betreuungsperson, die händeringend eine Beschäftigung sucht. Was die beiden emsigen Bienen aber gar nicht wissen, während sie einem Fetzen Papier mit amtlichem Stempel nachjagen: Ihr Treiben ist absolut sinnlos. Das teilt man den Betreffenden aber erst ungefähr acht Monate später mit.
Hei, vor soviel Raffinesse bliebe selbst James Bond die Spucke weg. Wobei wir uns zutrauen würden, eher noch seinen Herkules-Gegenspieler mit dem seltsamen Metallgebiß fertigzumachen, als den Code für die legale Beschäftigung eines ausländischen Kindermädchens zu knacken. Dem Metallheini kann man notfalls ein Betäubungsmittel in die Bloody Mary kippen, die Amtsperson, die unser Anliegen bearbeitet, hat das starke körperfunktionsvermindernde Mittel schon von Natur aus im Blut. Es ist deshalb wirkungslos.
Sie wissen also nun: Widerstand gegen die diesbezüglich agierende Staatsgewalt ist zwecklos, Sie haben aber das Recht, eigene kreative Ideen zu verwirklichen (etwas anderes bleibt Ihnen, genau gesagt, auch gar nicht übrig). Will man also möglichst rasch und problemlos zu einer möglichst optimalen Betreuungsperson für seine Kinder kommen, sollte man folgendermaßen vorgehen:

1. Für Kinder unter drei Jahren eignen sich fast ausschließlich Personen, die zumindest volljährig sind. Ein Au-pair-Mädchen, das für ein halbes Jahr oder ein Jahr in die Familie aufgenommen wird, ist für die Betreuung von Kleinkindern und Babys meistens völlig ungeeignet. Einzige Ausnahme: das Au-pair ist nur ergänzend tätig, das heißt, die Mutter ist den Großteil des Tages ohnehin bei den Kindern. Au-pair-Mädchen (die über eigene Au-pair-Stellen vermittelt werden, in jeder Stadt gibt es zumindest eine) bekommen Heimweh, wollen abends ausgehen (sie sind nämlich in erster Linie nicht dazu da, um unsere Kinder zu hüten, sondern um Land und Leute kennenzulernen), absolvieren Sprachkurse, die dummerweise in unsere Bürozeiten fallen. Wer ein Au-pair aufnimmt, muß sich im klaren sein, daß er, wenn es schlimm kommt (was sehr oft der Fall ist), noch ein zusätzliches Kind im Haushalt hat.

2. Der gutgemeinte Vorsatz, Kleinkinder durch das Engagement einer fremdsprachigen Person deren Sprache lernen zu lassen, erweist sich in der Praxis oft als Pleite: Unter Dreijährige lernen auch dann nicht perfekt Englisch, wenn Mary-Ann aus Birmingham mit ihnen sechs Stunden pro Tag in ihrer Muttersprache konversiert. Wenn Sie abwesend sind, spricht Mary-Ann erstens ohnehin nur bedingt mit dem Kind. Zweitens pflegen Kinder das Gehörte sofort wieder zu vergessen, wenn Mary-Ann wieder nach Birmingham abreist. Eine (sehr teure, sehr luxuriöse, aber wirklich perfekte) Alternative: z. B. eine englischsprachige Nanny zu engagieren (in England, z. B. London, gibt es eigene Nanny-Agenturen, die perfektes Betreuungspersonal auch ins Ausland vermitteln). Dann können Sie sicher sein, daß wirklich alles stimmt und das Kind auch wirklich Englisch lernt. Voraussetzung ist immer, Sie haben im Haushalt Platz für eine weitere Person und verdienen genug, um sich eine gutbezahlte Angestellte leisten zu können.

3. Vergessen Sie den Mythos vom „billigen" Kindermädchen. Ein ambitioniertes, gutgelauntes Kindermädchen bleibt nur ambitioniert und gutgelaunt, wenn es anständig bezahlt wird

– unabhängig von seiner Nationalität. Eine mir bekannte berufstätige Mutter, Gattin eines Generaldirektors und selbst Unternehmerin, erzählt im Bekanntenkreis gerne, wie stolz sie darauf ist, ihre Kindermädchen preislich zu „drücken". Nie, so erwähnt sie öfters, gehe sie über einen gewissen festgelegten (äußerst niederen) XY-Betrag hinaus. Die Dame hat zwei Kinder im Alter von sechs und acht Jahren und beschäftigt mittlerweile das 13. Kindermädchen.
Fazit: Für gute Worte und ab und zu ein Eis oder wegen der hübschen blauen Augen Ihrer Kinder bleibt keine Betreuerin bei Ihnen. Sie mag kinderliebend sein, sie mag sich auch mit Ihren Kleinen ganz besonders gut verstehen. Aber sie will anständig dafür bezahlt werden.

4. Vergessen Sie den Mythos vom „perfekten" Kindermädchen. Mary Poppins mag durch Fingerschnippen das Unmögliche möglich machen, ein reales Kindermädchen wird immer nur eine Person bleiben, die gegen Bezahlung das macht, was Sie ihr anordnen. Deshalb: lieber viel zu wenig erwarten und dann positiv überrascht sein als umgekehrt.

5. Vergessen Sie den Mythos vom Kinder-„Mädchen". Auch Burschen eignen sich hervorragend zur Kinderbetreuung. In meinem Bekanntenkreis haben zwei Mütter auf „Kindermänner" zurückgegriffen und sind hoch zufrieden. Ohne jetzt chauvinistisch scheinen zu wollen: Kindermänner aus dem Ausland sind oft auch hervorragende Köche.
Nur als Tip: Väter haben mit männlichen Kinderbetreuern meistens von Anfang an ein Problem, oder sie bekommen es im Laufe der Zeit. (Hat uns eigentlich schon jemals wer gefragt, ob wir eifersüchtig auf die weibliche Betreuungsperson unserer Kinder sind?)

6. So finden Sie ein Kindermädchen (oder Ihren Kindermann – schließlich muß man als berufstätige Mutter Visionen für die Zukunft entwerfen): Schalten Sie eine Anzeige, am besten in Lokalzeitungen, unter möglichst genauer Beschreibung des Aufgabengebietes. Lokalzeitungen eignen sich deshalb besser

als Massenblätter, weil Sie durch die Wahl der Zeitung natürlich auch vorbestimmen können, aus welcher Gegend die gewünschte Person kommen sollte. Wer eine Ausländerin engagieren will, sollte gleich in betreffenden ausländischen Zeitungen inserieren.
Niemals die Telefonnummer in der Anzeige angeben, immer auf schriftliche Zusendungen bestehen. An der Form und am Inhalt der Briefe erkennen Sie gleich, wer geeignet ist und wer nicht. Am Telefon läßt sich das fast nie ad hoc feststellen.
Noch eine Möglichkeit: Erzählen Sie den Kindermädchen Ihrer Freundinnen, daß Sie jemanden suchen (natürlich nicht das Kindermädchen Ihrer Bekannten. So etwas zerstört Freundschaften nachhaltig). Vor allem Mädchen aus dem Ausland wissen immer von Freundinnen, die ebenfalls Arbeit suchen.

Ein paar Worte noch zur steuerlichen Absetzbarkeit von Kinderbetreuungspersonen: Derlei ist bisher nur möglich, wenn Sie selbst z. B. Alleinerzieherin sind und Ihr Gehalt einen gewissen (sehr gering bemessenen) Mindestlohn nicht übersteigt. Wenn Sie also nachweisen können, daß die Fremdbetreuung des Kindes nötig ist, um Ihren eigenen Lebensunterhalt zu sichern. In 99 von 100 Fällen lehnt das Finanzamt derartige Anträge aber ab. Sprich: Um Kinderbetreuungspersonal steuerlich geltend zu machen, dürfen Sie nur so wenig verdienen, daß Sie sich Kinderbetreuungspersonal ohnehin nicht leisten könnten. (Das System ist ähnlich ausgeklügelt wie das von der Arbeitsbewilligung und der Aufenthaltsgenehmigung.)
Eine Änderung wird es auch hier in den nächsten Jahren nicht geben: Der Staat braucht Geld, und die Staatsmänner denken nicht im Traum daran, berufstätigen Müttern jenseits der Sozialhilfe auch nur einen Millimeter entgegenzukommen.

Motto: „Kinderl, auf was für originelle Ideen Sie manchmal kommen! Und jetzt plappern Sie nicht länger verworrenes Zeug, der Kindergarten schließt!"

Der Test

Wo liegen in Zukunft Ihre Stärken?

Wie sieht Ihre persönliche Entwicklung aus? Wieviel Zukunft hat Ihre jetzige Partnerschaft? Wie steht es um Ihre beruflichen Perspektiven?
Mit diesem Test können Sie jetzt schon einen Blick in Ihr persönliches nächstes Jahrzehnt werfen – und vielleicht zum ersten Mal wirklich feststellen, ob es *Ihr* Jahrzehnt wird. Oder ob Sie an der Verwirklichung mancher Wünsche und Träume noch arbeiten müssen.
Der nachstehende Test wurde vom Institut für Angewandte Tiefenpsychologie in Wien auf der Grundlage der Frauenbefragung des Wochenmagazins NEWS (10.000 ausgewertete Fragebögen) erstellt.*

So führen Sie diesen Test durch. Gehen Sie die nachfolgenden Aussagen der Reihe nach durch. Abhängig davon, ob und wie sehr eine Aussage auf Sie zutrifft, schreiben Sie auf das weiße Feld der zur Frage gehörenden Spalte a (= nicht zutreffend), b (= mittelmäßig zutreffend) oder c (= sehr zutreffend).

HIER EIN BEISPIEL (Ergebnis zählt nicht für den Test!):

5. Ich fühle mich oft überfordert.
9. Ich gehe auf Menschen aktiv zu.

5.			
		9.	

Fühlen Sie sich normalerweise nicht überfordert, schreiben Sie auf das weiße Feld in der betreffenden Spalte den Buchstaben a. Fühlen Sie sich gelegentlich überfordert, schreiben Sie auf das weiße Feld b. Fühlen Sie sich oft überfordert, schreiben Sie auf das weiße Feld den Buchstaben c.

* Die verwendeten Prädiktoren sind statistisch abgesichert und mit einer Irrtumswahrscheinlichkeit von einem Prozent signifikant.

Hier die Testfragen

Beantworten Sie die einzelnen Fragen bitte möglichst spontan, und schreiben Sie a für nicht zutreffend, b für mittelmäßig zu-

1. Ich habe akzeptiert, daß nicht alles in Erfüllung geht, was ich mir wünsche.
2. Situationen, in denen ich mit fremden Menschen in Kontakt treten muß, vermeide ich normalerweise.
3. In der Schule gehörte ich in Deutsch und Mathematik zum oberen Drittel.
4. Ich bin meistens voller Lebensenergie und im allgemeinen auch gut gelaunt.
5. Ich habe zuweilen das Gefühl, daß andere hinter meinem Rücken schlecht über mich sprechen.
6. Ich bilde mich regelmäßig weiter (z. B. durch Lesen, Kursbesuche).
7. Auch in schwierigen Lebenslagen verläßt mich mein Humor nicht.
8. In einem Gespräch kann ich gut abschätzen, wie ich auf andere wirke und wie das, was ich sage, ankommt.
9. Um ehrlich zu sein, beruflich möchte ich noch mehr erreichen als bisher.
10. Ich kann mich schwer beherrschen, was bestimmte Genußmittel betrifft (Nikotin, Alkohol, Süßigkeiten).
11. Es gelingt mir leicht, im persönlichen Kontakt andere Menschen für mich einzunehmen.
12. Es kommt gelegentlich vor, daß ich auf Kränkungen mit Bösartigkeit reagiere.
13. Neue berufliche Herausforderungen verunsichern mich zunächst.
14. Normalerweise fühle ich mich in den meisten Lebenssituationen eher locker und entspannt.
15. Ich fühle mich niemandem wirklich nahe und verschließe mich vor anderen gerne.
16. Für politische oder gesellschaftliche Vorgänge interessiere ich mich nur am Rand.

treffend oder c für sehr zutreffend in jene Spalte, in der die zur Frage gehörende Ziffer steht.

1.							
		2.					
				3.			
4.							
		5.					
				6.			
7.							
		8.					
				9.			
10.							
		11.					
12.							
				13.			
14.							
		15.					
				16.			

17. Im Umgang mit dem anderen Geschlecht bin ich unbefangen.
18. Es passiert mir manchmal, daß ich Gefühle oder Verhaltensweisen anderer völlig falsch auslege.
19. Im Grunde genommen wäre ich froh, nicht mehr arbeiten zu müssen.
20. Es kommt gelegentlich vor, daß ich unter Angstzuständen leide.
21. Normalerweise vertrage ich es eher schlecht, von jemandem kritisiert zu werden.
22. Ein gewisses Maß an Streß empfinde ich mitunter durchaus als anregend.
23. Es fällt mir in Gesprächen schwer, anderen in die Augen zu schauen.
24. Aus Angst, etwas Falsches zu sagen, beteilige ich mich an Gesprächen zumeist nicht.
25. Üblicherweise bin ich in der Lage, mich sprachlich gut auszudrücken.
26. Im Leben kommt es vor allem auf eine gewisse Ordnung an.
27. Ich lasse Menschen auch dann aussprechen, wenn diese sich umständlich oder langatmig ausdrücken.
28. Es macht mir Spaß, mit anderen Menschen zusammenzuarbeiten.
29. Ich bin im Grunde ein sparsamer Mensch, der sich selbst nicht allzu viel vergönnt.
30. Ich bin gewohnt, auf Menschen, die mich interessieren, aktiv zuzugehen.
31. Ich habe durchaus abwechslungsreiche erotische Phantasien.
32. Ich bin ein Mensch, der eher vieles beginnt, aber nicht alles zu Ende bringen kann.
33. Ich bin leicht verletzbar und fühle mich vielleicht schneller angegriffen als die meisten Menschen.
34. In erotischen Belangen zähle ich mich eher zu den selbstbewußten Typen.
35. Im Umgang mit anderen Menschen fühle ich mich sicher und unbefangen.

17.							
		18.					
				19.			
20.							
		21.					
				22.			
23.							
		24.					
				25.			
26.							
		27.					
				28.			
29.							
		30.					
						31.	
32.							
		33.					
						34.	
		35.					

36. Es ist mir eher peinlich, über meine sexuellen Wünsche offen zu sprechen.
37. Ich bin ein Mensch, der eher oft über den Sinn des Lebens nachdenkt.
38. In Beziehungsangelegenheiten bin ich skeptisch, d. h., ich vertraue niemandem bedingungslos.
39. Wenn ich mit meinem Partner intim bin, kommt es vor, daß meine sexuelle Erregung sich plötzlich verflüchtigt.
40. Es fällt mir generell schwer, für andere Menschen tiefe Gefühle zu entwickeln.
41. Wenn ich jemandem zuhöre, schweife ich oft in Gedanken ab.
42. Ich habe manchmal Angst, im Bett „nicht gut genug" zu sein.
43. Es gibt Phasen, in denen mir das Leben eher sinnlos und mühsam vorkommt.
44. Mir fällt es eher schwer, mit anderen über mich persönlich zu sprechen.
45. Generell schätze ich mich selbst als sehr kontaktfreudigen Typ ein.
46. Manchmal denke ich mir, ich möchte in meinem Leben noch einmal ganz von vorne anfangen.
47. Wenn ich von einer Sache überzeugt bin, ist es für andere fast unmöglich, mir mein Vorhaben auszureden.
48. In der Liebe fällt es mir nicht schwer, mich fallenzulassen und zu genießen.
49. Im nachhinein denke ich oft schlecht über Menschen, mit denen ich zu tun hatte.
50. Gelegentlich neige ich zu schlechter Laune und Schwermütigkeit.
51. Ich halte mich für einen interessanten, anziehenden Menschen.
52. Wenn mir eine Person, egal ob Mann oder Frau, gefällt, bin ich auch in der Lage, ihr das mitzuteilen.
53. Beruflich fällt es mir manchmal schwer, meine tatsächlichen Interessen zu vertreten.
54. Ich halte mich im großen und ganzen für einen aufgeschlossenen Menschen.

						36.	
37.							
		38.					
						39.	
40.							
		41.					
						42.	
43.							
		44.					
						45.	
46.							
		47.					
						48.	
		49.					
50.							
						51.	
		52.					
				53.			
54.							

55. Ich interessiere mich häufig für das private Schicksal von Menschen, mit denen ich zu tun habe.
56. In meiner Beziehung kann ich meine sexuellen Vorstellungen ausleben.
57. Es ist mir wichtig, im Leben eine gewisse Geltung zu erlangen.
58. In meiner Partnerschaft besteht zwischen Geben und Nehmen eine Ausgewogenheit.
59. Ich bin ein traditionsbewußter Mensch, dem gewisse Werte und Richtlinien wichtig sind.
60. Ich spüre oft intuitiv, wie es anderen Menschen gerade geht.

Auflösung

Für die Fragen: 1, 3, 4, 6, 7, 8, 9, 11, 12, 14, 17, 22, 25, 27, 28, 30, 31, 34, 37, 45, 48, 51, 52, 54, 55, 56, 57, 58, 60
gilt: a = 0 Punkte, b = 1 Punkt, c = 2 Punkte.
Für alle restlichen Fragen gilt: a = 2 Punkte, b = 1 Punkt, c = 0 Punkte.
Schreiben Sie die Punkteanzahl zur jeweiligen Frage in die entsprechenden grau unterlegten Felder.

So steht es künftig um Ihre Selbstverwirklichung

Um zu erfahren, wie es künftig um Ihre Selbstverwirklichung steht, bilden Sie nun den Summenwert aus der ersten Spalte (links) und tragen Sie die Gesamtpunkteanzahl am Ende der Spalte ein.

Liegen Ihre Punkte über 24, haben Sie allen Grund, mit sehr großem Optimismus in die Zukunft zu blicken. Falls nicht unvorhergesehene Schicksalsschläge eintreffen, steht Ihrer persönlichen Selbstverwirklichung nichts im Wege. Ihr Selbstvertrauen und Ihre Fähigkeit zur Selbstreflexion ergeben ein optimales Fundament für die Zukunft. Mit hoher Wahr-

		55.					
						56.	
57.							
						58.	
59.							
		60.					
gesamt		gesamt		gesamt		gesamt	

scheinlichkeit werden Sie in den nächsten zehn Jahren einen gewaltigen Schritt nach vorne machen, sei es beruflich, sei es bei der Verwirklichung anderer persönlicher Ziele. Ihr persönliches „Wachstumspotential" in der Zukunft ist hoch. Falls Sie eine Familie haben: Sie sind nicht der Typ, der aus Aufopferung eine gewisse Befriedigung bezieht, sondern ein eher lustbetonter, erfolgsorientierter Mensch. Mit Sicherheit sind Sie keine Frau, die in ihren späteren Jahren vom „Leeren-Nest-Syndrom" befallen wird.

Liegen Ihre Punkte zwischen 17 und 24, können Sie mit hoher Wahrscheinlichkeit davon ausgehen, daß Ihre persönliche Entwicklung kontinuierlich vorangehen wird. Vielleicht nicht ganz so rasch, wie Sie es gerne hätten, dafür aber stabil. Sie sind der Typ, dem Erfolg zwar wichtig ist, der aber auch flexibel genug ist, um Enttäuschungen leicht zu verkraften – und daran zu wachsen. Gelegentlich neigen Sie zu Übervorsicht und zu Selbstzweifel. Mit hoher Wahrscheinlichkeit wird Ihre Zukunft so verlaufen, wie Sie sich das in Ihren positiven Gedanken ausmalen.

Liegen Ihre Punkte unter 16, dann sollten Sie Ihrer persönlichen

Entwicklung künftig mehr Aufmerksamkeit schenken als bisher. Sie neigen dazu, sich selbst manchmal nicht wichtig genug zu nehmen und die Signale des Körpers und der Seele gelegentlich zu überhören. Denken Sie darüber nach, ob Sie nicht auch dazu neigen, sich auf andere zu sehr zu verlassen. Mit großer Wahrscheinlichkeit laborieren Sie an den Folgen Ihrer Lebensgeschichte. Bemühen Sie sich herauszufinden, was hinter Ihrer gelegentlichen Antriebslosigkeit tatsächlich steckt. Um offen auf neue Entwicklungen zugehen zu können, sind Sie derzeit zu sehr mit sich selbst beschäftigt. Oder mit anderen Worten: Sie sind zu sehr in der nicht immer unproblematischen Gegenwart verhaftet, als daß Sie sich allzuviel mit der Zukunft beschäftigen könnten. Langfristig sollten Sie das aber ändern. Nur wenn Sie vergangene Unerfreulichkeiten abhaken lernen, sind Sie offen für neue Perspektiven.

So steht es künftig um Ihre Beziehung zu anderen

Bilden Sie den Summenwert der zweiten Spalte (Mitte links) und tragen Sie die Gesamtpunkteanzahl am Ende der Spalte ein.

Liegen Ihre Punkte zwischen 25 und 40, gelingt es Ihnen schon derzeit leicht, die Sympathien anderer zu erobern. Ihr Einfühlungsvermögen und Ihre Fähigkeit, auf andere einzugehen, sind gute Wegbereiter für die kommenden Jahre – auch was Ihre persönliche Partnerschaft betrifft. Da Sie über gute kommunikative Fähigkeiten verfügen, wird es auch in Ihrer Partnerschaft mit hoher Wahrscheinlichkeit nicht zum großen Schweigen kommen. Ihre Beziehungen, auch die sehr persönlichen, haben die besten Chancen, weiter zu bestehen und zu wachsen.

Liegen Ihre Punkte zwischen 16 und 24, verfügen Sie absolut über die nötigen Ressourcen, um Ihr Beziehungsleben lebendig und abwechslungsreich zu gestalten. Sie sind zwar kein ausgesprochenes Kommunikationstalent, doch verstehen Sie es, auf andere einzugehen und im richtigen Moment auch Ihre eigenen Interessen durchzusetzen. Ihre persönlichen Beziehungen zu Lebenspartnern werden nie ganz frei von Problemen sein, aber Sie verstehen es, Probleme anzupacken.

Liegen Ihre Punkte unter 15, gelingt es Ihnen derzeit eher schwer, wirklich befriedigende zwischenmenschliche Beziehungen herzustellen. Sie sollten den Ursachen dafür unbedingt auf den Grund gehen, sonst laufen Sie Gefahr, auch in Ihrer eigenen Partnerschaft auf Dauer unzufrieden zu sein.

So steht es künftig um Ihre berufliche Laufbahn
Bilden Sie den Summenwert aus der dritten Spalte (Mitte rechts) und tragen Sie die Gesamtpunkteanzahl am Ende der Spalte ein.

Liegen Ihre Punkte über 12, spricht das für eine sehr gute berufliche Zukunftsperspektive. Arbeit ist Ihnen mehr als nur simpler Gelderwerb, was generell eine gute Voraussetzung ist, um berufliche Ziele zu erreichen. Sie verfügen über die nötigen persönlichen Fähigkeiten, um Ihre Vorstellungen durchzusetzen. Herausforderungen machen Ihnen eher Spaß als Angst, und somit sind Sie prädestiniert für eigenverantwortliche Positionen.

Liegen Ihre Werte zwischen 9 und 12, haben Sie gute Chancen, Ihre Ziele zu verwirklichen. Ihr Hauptinteresse gilt allerdings nicht unbedingt dem Beruf, insofern ist es Ihnen auch nicht unbedingt wichtig, in leitender Position tätig zu sein.

Liegen Ihre Werte unter 8, deutet das eher auf eine berufliche Stagnation innerhalb der nächsten Jahre hin. Sie betrachten Ihren Beruf vielleicht eher als notwendiges Übel denn als Mittel zur Selbstentfaltung. Nur wenn Sie das ändern (indem Sie versuchen, eine Tätigkeit auszuüben, die Ihnen Spaß macht), werden Sie im Beruf künftig auch ein Mittel zur Selbstbestätigung sehen.

So steht es künftig um Ihr Liebesleben

Bilden Sie den Summenwert aus der vierten Spalte (ganz rechts) und tragen Sie die Gesamtpunkteanzahl am Ende der Spalte ein.

Liegen Ihre Werte über 12, wird Ihr Liebesleben bzw. Ihre Partnerschaft auch in den nächsten Jahren aller Wahrscheinlichkeit nach positiv verlaufen. Ihre entspannte Einstellung gegenüber erotischen und partnerschaftlichen Belangen ist die beste Voraussetzung für künftiges Liebesglück.

Liegen Ihre Werte zwischen 8 und 12, hat Ihre Beziehung gewisse Schwachstellen, die Ihnen vermutlich aber wohl bewußt sind. Um dauerhaftes Liebesglück zu erlangen, ist bei Ihnen auch Beziehungsarbeit erforderlich, vielleicht mehr als bei anderen Paaren. Arbeit (in diesem Sinne) macht aber bekanntlich auch das Leben süß. Sie müssen nur ein wenig aufpassen, daß Ihnen der Spaß an der Arbeit nicht verlorengeht.

Liegen Ihre Werte unter 8, haben Sie derzeit Schwierigkeiten mit Ihrer Genußfähigkeit, die allerdings eine wichtige Voraussetzung für ein erfülltes Liebesleben bzw. eine erfüllte Partnerschaft ist. Leider zeigt die Erfahrung, daß sexuelle Unsicherheit mit den Jahren eher zu- als abnimmt. Sie sollten Schwierigkeiten oder Probleme im Partnerschaftsbereich keinesfalls übergehen, sondern aktiv anpacken. Analysieren Sie, wie Sie in gewissen Situationen reagieren und warum. Versuchen Sie zu ergründen, wo Ihre eigenen Schwachstellen im Partnerschaftsbereich liegen oder was Ihr Partner anders machen müßte, um bei Ihnen positive Gefühle in Gang zu setzen.
Nur wenn Sie eventuelle Schwierigkeiten auf ihre Ursache hin ergründen, können Sie lustvoll ins nächste Jahrzehnt einsteigen.